O IMPERIALISMO SEDUTOR

ANTONIO PEDRO TOTA

O imperialismo sedutor

A americanização do Brasil
na época da Segunda Guerra

2ª edição revista e ampliada

COMPANHIA DAS LETRAS

Grafia atualizada segundo o Acordo Ortográfico da Língua Portuguesa de 1990, que entrou em vigor no Brasil em 2009.

Capa
Ettore Bottini
sobre *Segunda visita de Roosevelt ao Brasil*, óleo sobre tela de Raymond Neilson, 1942.
Imagem cedida por Franklin D. Roosevelt Library, Hyde Park, NY.

Índice remissivo
Caren Inoue

Preparação
Carlos Alberto Inada

Revisão
Alberto R. Souza
Isabel Jorge Cury
Angela das Neves
Lilian de Lima

Dados Internacionais de Catalogação na Publicação (CIP)
Câmara Brasileira do Livro, SP, Brasil

Tota, Antonio Pedro, 1942-
O imperialismo sedutor : a americanização do Brasil na época da Segunda Guerra / Antonio Pedro Tota. — 2ª ed. rev. e ampl. — São Paulo : Companhia das Letras, 2020.

Bibliografia.
ISBN 978-85-359-3355-0

1. Brasil — Civilização — Influências americanas 2. Brasil — História — República, 1889- 3. Guerra Mundial, 1939-1945 4. Imperialismo I. Título.

20-36061 CDD-981.06

Índices para catálogo sistemático:
1. Americanização : Período da Segunda Guerra : Brasil : História 981.06
2. Brasil : Americanização : Período da Segunda Guerra : História 981.06
Maria Alice Ferreira — Bibliotecária — CRB-8/7964

EDITORA SCHWARCZ S.A.
Rua Bandeira Paulista, 702, cj. 32
04532-002 — São Paulo — SP
Telefone: (11) 3707-3500
www.companhiadasletras.com.br
www.blogdacompanhia.com.br
facebook.com/companhiadasletras
instagram.com/companhiadasletras
twitter.com/cialetras

Sumário

Apresentação e agradecimentos

Quem foi criança ou adolescente nos dez anos depois do fim da Segunda Guerra conviveu, direta ou indiretamente, com a cultura americana. Brinquedos, revistas, rádio, automóveis, cinema, lanchonetes e, claro, Coca-Cola. No cotidiano das cidades, vivíamos uma versão abrasileirada do *American way of life*. No fim da década de 1950, os meninos tinham aviõezinhos que reproduziam os modelos que combateram na Europa ou no Pacífico; os soldadinhos de plástico verde-oliva copiavam a imagem do GI americano; os tanques de guerra imitavam os Shermans. As meninas brincavam com bonecas que vestiam roupas e penteados hollywoodianos. No cinema, John Wayne, como sargento dos marines em *Iwo Jima, o Portal da Glória* [*Sands of Iwo Jima*], ou Pato Donald, presente também em suplementos infantis de jornais. No subsolo da farmácia Drogadada, na rua 24 de Maio em São Paulo, guiado pela dona Dadinha, minha mãe, saboreava-se um milk-shake que acompanhava um sanduíche de queijo quente em pão Pullman. Na rua Augusta, era no Hot-Dog que se comia um cachorro-quente com ketchup, acompanhado de batatas chips, sugando o líquido escuro de uma Coca-Cola com um canudinho de palha e não de plástico. No rádio, os programas eram retransmitidos pela Voz da América, e na vitrola RCA Victor soavam as vozes de Bing Crosby e Peggy Lee, a clarineta de Benny Goodman e as primeiras notas de um rock 'n' roll.

A presença dos americanos era inquestionavelmente sedutora. A narrativa breve e impressionista por certo não podia satisfazer as indagações de um historiador. O pesquisador, com o pouco que lhe resta da memória, procurou resposta para a pergunta: como e por que nos americanizamos? Por que o modelo era admirado? Havia opositores, mas a alternativa oferecida não conseguia superar os atrativos da sedução. Daí o livro *O imperialismo sedutor* — embora alguns amigos próximos insistissem que o imperialismo não podia ser sedutor. Paradoxos. Reminiscências do marxismo rústico da universidade. Numa época pré-internet, o único jeito de conseguir a resposta era ir direto às fontes, qual seja, a própria *America*, como se diz por lá. E lá fui eu, com a ajuda de agências do governo federal — fundações como a Fapesp, associada à Fulbright Foundation, por exemplo —, em uma época em que o Estado guardava ainda resquícios de um humanismo ilustrado.

Nos Estados Unidos, comecei por Washington, no National Archives Record Administration (NARA) no edifício localizado no Mall (existe outro prédio em College Park), em cujas paredes estão gravadas em bronze as seguintes palavras: This building holds in trust the records of our national life and symbolizes our faith in the permanency of our national institutions [Este prédio guarda os registros de nossa vida nacional e simboliza nossa fé na permanência de nossas instituições nacionais]. Lá encontrei muitos documentos das relações entre o Brasil e os Estados Unidos durante a guerra. Surgiam pistas e mais pistas que respondiam às perguntas que havia muito me acompanhavam.

Depois foi a vez da Biblioteca do Congresso, considerada a maior do mundo. Levei um velho livrinho de minha autoria sobre o rádio em São Paulo, pelo qual a bibliotecária agradeceu amavelmente, dizendo que já o tinham catalogado. A Library of Congress, como é conhecida, não possui só material impresso, mas também filmes documentários e programas de rádio, gravados ainda em discos ou fita cassete. Vi Oswaldo Aranha, Getúlio Vargas, Franklin Roosevelt, Nelson Rockefeller em 16 milímetros. Vi filmes de propaganda de Walt Disney contra a febre amarela. Ouvi quase todos os programas de rádio transmitidos em português dos Estados Unidos para o Brasil durante o grande conflito mundial. Ouvi também o primeiro programa de rádio de Carmen Miranda no show semanal do famoso bandleader Rudy Vallee no Radio City Music Hall.

Em Nova York, pesquisei nos acervos da Biblioteca Pública da cidade, nos arquivos da CBS, na Biblioteca da Universidade de Columbia e, em especial, no Rockefeller Archive Center, particularmente na seção de The Coordinator of Inter-American Affairs. Encontrei correspondência entre Vargas e o presidente americano na Franklin Delano Roosevelt Presidential Library and Museum, situada no Hyde Park, na mansão às margens do rio Hudson onde o presidente morava.

Com a pesquisa avançando, pedi opiniões a vários amigos e professores, como Ralph Della Cava, meu *sponsor* na Universidade Columbia, Richard Morse e Jordan Young, ambos já falecidos. Deles recebi muitas sugestões e críticas. Lorena Ellis, da City University of New York, que depois traduziu o livro para o inglês (2009), me auxiliou na interpretação de certas expressões usadas nos documentos. Dain Borges, da Universidade de Chicago, que chama até hoje *O imperialismo sedutor* de um *quiet book*, deu ótimas opiniões. No Brasil, alguns amigos e professores leram os primeiros ensaios e contribuíram com críticas, como Raimundo

Campos (in memoriam) e Ricardo Maranhão (in memoriam). O mesmo posso dizer de Matthew Shirts, que ajudou na interpretação das "várias" americanizações e em especial na ideia do título do livro.

Não contemplei todos que, de uma forma ou de outra, estiveram presentes na feitura d'*O imperialismo sedutor*. As respostas para as perguntas acima, há muito escondidas no fundo da memória da mocidade, aparecem ao longo do livro. Espero que o leitor encontre e construa o seu próprio ponto de vista do que foi a nossa americanização na época da guerra — com ênfase em *época da guerra*, para não chegarmos a conclusões apressadas, como o fez Moniz Bandeira, que chamou o hábil embaixador brasileiro Carlos Martins de pet de Cordell Hull, o secretário de Estado nos anos 1930 e 40. Muniz foi obnubilado por uma interpretação rústica do conceito de imperialismo, aliás como alguns acadêmicos continuam fazendo. Se assim for, que adjetivo podemos usar para os responsáveis pela política atual do Itamaraty?

São Paulo, verão de 2020

Introdução

Nós não estamos ficando surdos com as coisas americanas, mas estamos ficando cegos; e, na clássica imagem, somos como mariposas que a luz atrai, para matá-las.

Não temos o bom senso de repelir os grosseiros e megatéricos ideais americanos e ficar nós mesmos. O mundo não é sempre o mesmo, embora sua substância possa ser uma e única; e os homens, portanto, não podem ser e devem variar com ele.

Substituir o ideal coletivo que é espontaneamente o nosso, por um outro que vai de encontro à nossa mentalidade e ao nosso temperamento, é suicidar-nos.

A fascinação do modelo estrangeiro [...] entra em algum grau na formação de qualquer sociedade, mas, para ser útil e progressiva, não deve substituir inteiramente o modelo próprio e ancestral.

Não é possível que, tomando hoje uma aparência, amanhã outra, depois aquela outra, haja quem deseje que sejamos afinal o brutamonte americano.

Lima Barreto, "O nosso 'ianquismo'".
Revista Contemporânea. Rio de Janeiro, 22 mar. 1919

Em meados de 1942, a base aérea americana em Natal, a conhecida Parnamirim Field, estava pronta. Os aviões começaram a chegar ao Brasil, trazendo dos Estados Unidos soldados e técnicos. Do Nordeste partiriam em direção ao norte da África para ajudar os ingleses que estavam encurralados pelos soldados alemães do marechal Rommel, comandante do *Afrika Korps.*

Americanos convivendo com brasileiros nordestinos. Antes de acionar os motores dos aviões, para se comunicar com os mecânicos, os pilotos no interior da cabine mostravam a mão fechada, o polegar para cima. Era o "positivo", o *thumbs up.*[1]

Quando o primeiro tabaréu, observando os aviões e os pilotos americanos com seus gestos, mimetizou o "positivo", com o dedão para cima, o Brasil já estava americanizado. Luís da Câmara Cascudo, que detectou o fenômeno em nossos gestos, não previu a extensão do *thumbs up*. Além de substituir o tradicional aperto do lóbulo da orelha com os dedos para indicar algo bom ou positivo, o *thumbs up* tornou-se sinônimo de concordância, de amizade, de beleza, de interrogação, de bom-dia, boa-tarde e boa-noite. Serve para quase tudo. Muito mais internacionalizado do que o "da pontinha" da orelha, usado até há algum tempo. De Parnamirim Field, nos anos 1940, o gesto que simboliza a nossa americanização espalhou-se pelo Brasil (e pelo mundo).

Foi difícil para muitos admitir que o Brasil estava se americanizando. Transformado em verdadeira polêmica, o tema da "americanização", quase sempre associado à modernização, é objeto de perene discussão. Acadêmicos, intelectuais e artistas gastaram, e ainda gastam, consideráveis argumentos a favor e contra. Os laços entre cultura e dependência econômica são bastante evidentes nas análises. Irresistível o maniqueísmo nos estudos da "americanização" do Brasil. As aspas têm, pois, sua razão de ser. O fenômeno é ora interpretado como um grande perigo destruidor da nossa cultura, influenciando-a negativamente; ora, de forma oposta, é visto como uma força paradigmática e mítica, capaz de tirar-nos de uma possível letargia cultural e econômica, trazendo um ar modernizante para a sociedade brasileira.

Monteiro Lobato foi um dos que se apaixonaram pela via americana como saída para o nosso atraso. Umas botinas protetoras da saúde nos pés dos jecas e um trator, como o descrito na conversa com Mr. Slang, em *América*, seriam suficientes para criar um homem novo, um brasileiro verdadeiramente forte, capaz de levar os Estados Unidos do Brasil a se equiparar aos *United States of America.*[2]

A corrente que responsabiliza a "americanização" por desestruturar e mesmo destruir a nossa cultura possui um arsenal teórico herdado do marxismo. Os argumentos desse grupo fundam-se em modelos socioeconômicos que relacionam, quase sempre, a dependência cultural à economia. Um trabalho que marcou época analisa, de forma mais geral, a "americanização" da cultura latino-americana. Trata-se de *Para ler o Pato Donald*, de Ariel Dorfman e Armand Mattelart,[3] que, no primeiro lustro da década de 1970, numa edição em espanhol, circulava, por razões óbvias, quase clandestinamente pelas mãos da esquerda brasileira. Pato Donald, Mickey e outros personagens de Walt Disney eram agentes destruidores das tradições culturais latino-americanas. Os autores concluíam que os nossos jovens absorviam, das aventuras dos personagens da Disneylândia, ensinamentos da avareza, do individualismo e do materialismo consumista norte-americanos.

No Brasil, José Ramos Tinhorão, o polêmico pesquisador e historiador de nossa cultura, é um dos mais ferrenhos críticos da "americanização" da música popular brasileira. Para Tinhorão,

> [...] o cantor Farnésio Dutra, que muito sintomaticamente escolhera o pseudônimo norte-americano de Dick Farney, estivera

> nos Estados Unidos [...] na crença quase infantil de que conseguiria fazer carreira naquele país cantando música norte-americana.
>
> No caso desse cantor — que é, aliás, bom pianista — o processo de alienação da mentalidade chegava a ser alarmante: sua voz era quase uma réplica da de Bing Crosby [...]
>
> De volta ao Brasil, Farnésio Dutra, feito Dick Farney, resolveu tentar a sorte fazendo a coisa que mais parecesse com Bing Crosby, cantando fox-blues [...]
>
> O sucesso junto ao público igualmente alienado foi imediato.[4]

Tanto "apocalípticos" como "integrados", para usar as expressões criadas por Umberto Eco, têm contribuído para manter a discussão acalorada. Mas têm também ofuscado uma investigação mais substancial da natureza da influência cultural americana exercida pelos meios de comunicação. Nem sempre podemos responsabilizar o imperialismo dos meios de comunicação pela influência e pela preponderância de outras culturas sobre a nossa. Com isso se correria o risco de fetichizar esses mesmos meios de comunicação.[5]

Embora não se referisse diretamente aos meios de comunicação, Carlos Drummond de Andrade se intrigou com o binômio imperialismo-cultura nacional quando participou de um almoço com o professor americano William Berrien, diretor-assistente da Fundação Rockefeller, que visitou o Brasil na época da guerra. Da conversa, durante o almoço, Drummond pôde concluir que "[...] qualquer concepção das relações culturais baseada na inoculação de uma cultura mais débil por outra mais poderosa ou mais bem provida de elementos de expressão seria uma concepção imperialista a serviço de fins econômicos e políticos indesculpáveis [...]". Por mais atenção que o poeta mineiro dedicasse às falas do americano, ele não conseguia perceber intenções imperialistas planejadas, de "uma cultura mais poderosa". O interesse do simpático americano pelo Brasil, segundo o poeta mineiro, era, isto sim, de caráter intelectual e humanista.[6]

Na mesma época, Sérgio Buarque de Holanda também participou da discussão:

> Nosso crescente contato, já agora não só econômico e político, mas também cultural, com os Estados Unidos é um tema ao mesmo tempo inquietante e sugestivo para a imaginação. Não falta quem se sobressalte ante o espetáculo desse intercâmbio cada vez mais íntimo e onde a ideia já tem lugar considerável — quase direi proeminente — como ante um perigo mortal para nossas tradições autênticas, nosso caráter nacional, nosso ritmo de vida, nossa própria razão de existir [...]. Acolheríamos com docilidade uma nova forma de colonização, pouco mais tolerável do que a antiga — colonização de ideias, de maneiras e até de entusiasmos e ódios —, abandonando o edifício de convenções veneráveis que o passado nos legou.
>
> Na viagem de algumas semanas que acabo de realizar à América do Norte, acostumei-me a julgar melhor semelhante opinião. Exigindo de nós um comércio espiritual que promete consequências amplas e duradouras, exatamente o contrário de uma pura aquiescência, ela é, ao menos por esse motivo, digna de atenção e respeito. De um patriotismo hemisférico, feito de abdicações e compromissos, é que nenhum grande proveito pode resultar.[7]

DO FRANCÊS PARA O INGLÊS

No começo dos anos 1930, o carioca Lamartine Babo compôs o foxtrote "Canção para inglês ver". Nos versos, a maioria das palavras tinha homofonia com o inglês:

Ai love iú
Forget isclaine maine Itapiru
Forget faive ander uda ai shel
no bonde Silva Manuel (money well)
[...]
Ai, Jesus!
Abacaxi, whiskey of chuchu
Malacacheta independencin day
No strit flash me estrepei (step away)
Delícias do inhame
Elixir de inhame
Reclame de andaime
Mon Paris, je teme
Oh! yea! mai veri gud nait [...]

O ritmo, calcado no fox, torna irresistível acompanhar com as clássicas batidinhas de pés a canção de Lamartine, conhecido pela crítica irônica de suas letras. O próprio título, "Canção para inglês ver", está ligado à tradicional relação entre luso-brasileiros, de um lado, e ingleses, de outro. A expressão teria nascido da frase de d. João, príncipe regente, quando, em 1808, chegou a Salvador, toda iluminada para recebê-lo: "Está bem bom para inglês ver".[8]

A grafia das palavras na canção de Lamartine, num inglês aportuguesado, seguia uma tendência dos anos 1920 de crítica aos estrangeirismos, contida, por exemplo, nas poesias e crônicas de um Juó Bananére. Não encontraremos em nenhum dicionário de inglês o significado de algumas palavras que Lamartine Babo usou nessa canção. A crítica ao estrangeirismo adquire um caráter quase antropofágico (no sentido modernista): o uísque (*whiskey*) era feito de chuchu, ingrediente de pratos populares, e não do malte escocês ou do milho americano do Kentucky. O "*Ai love iú*" rima com a palavra *Itapiru*, de raiz ameríndia.

Em 1933, foi a vez de Noel Rosa. Atacou a americanização em "Não tem tradução", samba que mostra as tensões e resistências da cultura popular num momento em que se registrava um aumento dos "estrangeirismos", via meios de comunicação:

O cinema falado
É o grande culpado da transformação
[...]
Se eu fizer uma falseta,
A Risoleta
Desiste logo do francês
E do inglês
[...]
Depois o malandro deixou de sambar
Dando o pinote
Na gafieira a dançar
O fox trot
[...]
Da exibição
Não se lembra que o samba
Não tem tradução
No idioma francês.
Tudo aquilo
Que o malandro pronuncia
Com voz macia
É brasileiro:
Já passou de português...
Amor lá no morro é amor pra chuchu.
E as rimas do samba não são I love you
E esse negócio de alô
Alô boy, *Alô Jone,*
Só pode ser conversa de telefone.

Tanto Noel como Lamartine criticaram, cada um a seu modo, a "americanização" da sociedade brasileira. Criticaram também o tradicional afrancesamento, que por essa época começava a cair em desuso. Vivia-se, em meados dos anos 1930, uma mudança de paradigma. A Europa liberal era relacionada com passadismos. A modernização vinha da América do Norte. Ou, para alguns, da Alemanha.

O Estado liberal, exigência mínima para a "americanização", de acordo com a teoria gramsciniana,[9] estava longe da realidade do Brasil dos anos 1940. "Apocalípticos" e "integrados" não chegaram a levar em conta que a "americanização" do Brasil tem sua gênese no Estado não liberal de Vargas, das décadas de 1930 e 1940. Uma "americanização" paradoxal.

Dispensando as aspas, ficam as indagações: o que significou exatamente a americanização da sociedade brasileira? É possível determinar um momento inicial desse processo?

O AMERICANISMO COMO PARADIGMA

Em 1940, um pequeno incidente ocorrido no show business brasileiro demonstrou que a americanização tinha de superar algumas resistências manifestadas por um setor importante da sociedade brasileira. Na noite de 15 de julho, a elite carioca que viu o show de Carmen Miranda no Cassino da Urca mostrou-se bastante refratária à cantora, recém-chegada de Nova York, onde se apresentara na Broadway, no rádio e no cinema.

Logo no início, Carmen cumprimentou a plateia com um "Good night, people". O público nem sequer reagiu ao inglês incorreto de Carmen. O certo seria *good evening*. Nem mesmo a faceta gozadora da americanização da Pequena Notável foi aceita pelo público. O mal-estar aumentou depois que ela cantou “The South American Way”, rumba de autoria de Jimmy McHugh e Al Dubin, que, na interpretação da cantora, até chegava a parecer um samba. Um silêncio sepulcral foi a resposta do público que tinha ido ao Cassino para rever a Pequena Notável.

Refratária pode não ser o melhor adjetivo para qualificar a reação do público que estava no Cassino da Urca naquela noite. Talvez ele não tenha reagido tão somente em defesa de nossa nacionalidade e da nossa cultura popular, que estavam sendo bombardeadas exatamente por uma de suas representantes mais conhecidas. A reação estava, isto sim, mais próxima da atitude de um mazombo, para usar a expressão restaurada por Vianna Moog em seu livro *Bandeirantes e pioneiros.*[10] Mazombo como símbolo do caráter brasileiro, que se manifesta desde os tempos da colônia. O mazombo, filho de portugueses nascido no Brasil, sofria de uma eterna saudade daquilo que nunca havia sido, isto é, um urbanita dos grandes centros culturais da Europa. Para certos brasileiros, qualquer manifestação cultural, ainda que popular, não poderia vir da própria América e, muito menos, dos Estados Unidos, identificado sempre com a “bárbara” cultura de massa. Eça de Queirós sintetiza o pensamento dos mazombos: para eles, havia muito “mais civilização num beco de Paris do que em toda vasta Nova York”.[11] O paradigma era a Europa, principalmente a França. A plateia julgava Carmen americanizada e algo vulgarizada, distante da “civilização dos becos de Paris”.

Carmen Miranda, ofendida, deu uma resposta aos mazombos dois meses depois. Apresentou-se no mesmo cassino cantando o samba “Disseram que voltei americanizada”, que Vicente Paiva e Luís Peixoto compuseram com um molho de brasilidade:

E disseram que voltei americanizada,
Com o burro do dinheiro,

Que estou muito rica,
Que não suporto mais o breque de um pandeiro
[...]
Que já não tenho mais molho,
Ritmo nem nada.
E dos balangandãs
Não existe mais nenhum [...]
Mas pra cima de mim
Pra que tanto veneno?
Eu posso lá ficar americanizada?
Eu que nasci com o samba
e vivo no sereno,
Nas rodas de malandros,
Minhas preferidas.
Eu digo mesmo eu te amo
E nunca I love you,
Enquanto houver Brasil.

Carmen cantou no mais tradicional estilo dos sambistas cariocas. Estilo que a tinha caracterizado como intérprete *brasiliana.*[12] Na segunda parte do samba, quando responde com um "Mas pra cima de mim", ela muda de tom, dando à voz um toque malandro. E, no fim da canção, pronuncia a palavra *Brasil* à maneira dos políticos sulistas, carregando na letra *l*, como o presidente Getúlio Vargas. Entretanto, a cantora que havia reafirmado sua condição de *brasiliana*, de volta aos Estados Unidos, foi engolida pela engrenagem hollywoodiana. Fez filmes, shows na Broadway, cantou e, evidentemente, encheu o "burro" de dinheiro. Americanizou-se, enfim.

A conjuntura mundial de 1940 sugeria à política externa norte-americana que atitudes como a da plateia do Cassino da Urca precisavam ser examinadas atentamente. O Brasil era visto como um importante parceiro no hemisfério. Americanizar o Brasil, por vias pacíficas, era, pois, tido como o caminho mais seguro para garantir essa parceria.

A americanização da nossa sociedade quebraria possíveis resistências à aproximação política entre os Estados Unidos e o Brasil. A Política da Boa Vizinhança de Roosevelt era o instrumento, de amplo espectro, para a execução do plano de americanização. A sintonia fina da operação ficou a cargo, como veremos, de uma verdadeira "fábrica de ideologias", criada pelo governo americano nessa conjuntura mundial.

Dentro dessa "fábrica" foi reelaborado, com determinadas "matérias-primas", o americanismo, entendido aqui como uma ideologia programática, em que o sufixo *-ismo* tinha se transformado num poderoso armamento intencional, com o claro objetivo de suplantar outros *-ismos*, autóctones ou não. A americanização foi o processo de implantação dessa ideologia nas "culturas mais débeis" da América Latina.

O americanismo pode ser mais bem entendido se analisarmos alguns de seus elementos mais importantes, que tomaram corpo nos Estados Unidos principalmente a partir da primeira metade do século XX.[13] Um deles é a democracia, sempre associada aos heróis americanos e, em especial, às ideias de liberdade, de direitos individuais e de independência. A democracia, a liberdade e os direitos individuais estavam garantidos para todo o povo americano, superando diferenças de classe, credo e raça.

Mas o componente ideológico mais importante do americanismo é o progressivismo. Fortemente arraigado na cultura americana, o termo (*progressivism*) não pode ser literalmente traduzido para o português, mas está associado ao racionalismo, à ideia de um mundo de abundância e à capacidade criativa do homem americano (a chamada *American ingenuity*). Essa dimensão do americanismo enaltece o homem energético e livre, capaz de transformar o mundo natural. Graças a isso, o mercado podia oferecer em abundância vários produtos úteis e atraentes, criando uma nova forma de prazer: o prazer de consumir. Ora, como esses produtos estariam ao alcance de qualquer pessoa, independentemente da posição na sociedade de classes, a vida ficaria muito mais fácil, agradável e enriquecedora. O mesmo se pode dizer da música. A via era o mercado. Luís da Câmara Cascudo acertou quando identificou nas síncopas das canções de George Gershwin o ritmo incessante das máquinas de produção em série da Ford ou outra grande *corporation* americana.[14] O ritmo do swing e da big band de Glenn Miller atraía muito mais do que as músicas marciais das bandas militares alemãs, a marcar o passo de ganso das SS. Tudo, enfim, era ditado pelo ritmo do capital gerador do dinheiro. Irresistível. Eliminadas as dificuldades da vida no mundo moderno, estariam também removidas as fontes de insatisfação social. Paz social alcançada pela generalização do consumo. Algumas palavras adquiriram um significado mítico na ideologia do americanismo: *progresso*, *ciência*, *tecnologia*, *abundância*, *racionalidade*, *eficiência*, *gerenciamento científico* e *padrão americano de vida*.

O tradicionalismo é outro ponto importante na ideologia do americanismo. O mito da vida pura e saudável na fazenda, a relação íntima com a natureza, a cidade pequena, o enaltecimento dos valores familiares, a coragem dos indivíduos, o temor a Deus. Tudo, na verdade, só tinha validade para uma América de brancos, fundamentalistas religiosos, anglo-saxões, anticomunistas e imperialistas apaixonados.

O paradoxo democracia-escravismo — presente nos primórdios do americanismo — foi varrido ao final da Guerra de Secessão pelas tropas de Grant e Sherman. Em nome da união, o escravismo foi destruído e uma economia de mercado mais dinâmica foi instaurada à força pela política de reconstrução dos magnatas do Norte.

As diferenças regionais diminuíram diante do implacável avanço das estradas de ferro, do telégrafo, do telefone, do jornal, da fotografia, componentes da dinâmica e padronizada modernização americana. Padronização em todos os níveis, inclusive cultural. O cinema, a maior de todas as inovações americanas na área do *entertainment*, divulgou, mais do que qualquer outro meio, o *American way of life*, americanizando, primeiro, os Estados Unidos, depois o resto da América. Difundia a imagem pastoral do passado dos pioneiros, dos *farmers*, das pequenas cidades, da vida simples — o tradicionalismo, enfim —, por meio de modernos e complexos meios de comunicação de massa. O americanismo mercantilizado.

Tocqueville já previra que o americanismo, "[...] mais do que significar simples preponderância política, militar e econômica sobre a América do Sul, apontaria para um processo em que o atraso ibérico, sob o impacto das diferentes influências exercidas pelo seu vizinho anglo-saxão, se converteria 'às luzes' e se modernizaria, rompendo com os fundamentos de sua própria história".[15] Na primeira metade do século XIX, ele já afirmara que "cada povo que nasce ou cresce no Novo Mundo nasce e cresce, pois, de certo modo, para proveito dos anglo-americanos".[16]

Na conjuntura mundial de 1940, a ideia tocquevilliana de uma propensão das Américas ao americanismo era mais real do que nunca. Uma parte considerável do mundo estava praticamente fechada aos Estados Unidos. A Europa, dominada pelos nazifascistas, estava fora do alcance dos norte-americanos.

De todos os componentes ideológicos do americanismo, o progressivismo, por seu caráter simples e direto (trabalhar, produzir, ganhar dinheiro e consumir), era adequado para "conquistar" as "outras Américas". Os outros componentes ideológicos do americanismo, atenuados, estavam embutidos e presentes no progressivismo.

O GERMANISMO COMO PARADIGMA ALTERNATIVO

Para afirmar a condição do Brasil como nação soberana, vários brasileiros tentaram apontar caminhos para o futuro do país. No Império, Tavares Bastos e André Rebouças enalteceram a fórmula americana. Eduardo Prado repudiou-a, defendendo a monarquia, tendo como inspiração o passado do país e o regime britânico. Na época da Primeira Guerra Mundial, um livro destinado "aos brasileiros de ação, de vontade e de coragem" sugeria a Alemanha como uma "terceira via" para nos livrarmos dos tentáculos ingleses e da influência ianque. Dunshee de Abranches escreveu, em *A ilusão brasileira*, que a

> [...] lição da Allemanha, tornando-se em 25 annos de sábia e feliz reconstrucção interna, de uma potência de terceira ordem, no POVO LEADER [com destaque no original] dos progressos contemporaneos, podendo victoriosamente resistir ao universo quase inteiro contra ella colligado, era digna de ser imitada por nós outros que possuímos o mais vasto e o mais fructuoso dos territórios do Novo-Mundo.[17]

Comparando-a com outros países europeus, Abranches deixava claro que, em todos os campos, a Alemanha tinha se mostrado superior. E nós, com muito mais recursos, poderíamos fazer o mesmo ou melhor, pondo um fim na sangria constante que era causada pela associação com a "Pérfida de Albion", como a Inglaterra era chamada pelos franceses.

Se nos Estados Unidos a formulação do americanismo

era a ideologia que explicava a modernização da nação no Novo Mundo, na Alemanha buscava-se, no germanismo, a justificativa ideológica da expansão e da modernização pela via conservadora. Abranches viu a Alemanha como um país modelar durante a Primeira Guerra Mundial. Essa concepção ecoou entre os brasileiros que faziam parte do núcleo de poder no Brasil à época da Segunda Guerra Mundial. Genericamente, a ideologia do germanismo era atraente para muitos brasileiros que pensaram o futuro do país na década de 1930 e no início da década de 1940. O germanismo era, pois, um outro paradigma, que se apresentava como alternativa à dependência em relação à Inglaterra e à crescente influência dos Estados Unidos. E, por isso, a República da América do Norte, por meio do americanismo, teria de suplantar o paradigma germânico. Dessa forma, os Estados Unidos passariam a ser aceitos como um modelo mais viável do que o fascinante modelo germânico, àquela altura uma azeitada e aparentemente imbatível máquina de guerra.

O aspecto técnico-consumista do americanismo não era visto com bons olhos por uma significativa fração do oficialato das Forças Armadas brasileiras. Os militares identificavam a produção em massa das indústrias de bugigangas dos norte-americanos com os desvarios de uma sociedade excessivamente materializada e mercantilizada. Naquele momento, o modelo autárquico experimentado pela Alemanha nazista era um paradigma aparentemente mais adequado para muitos militares brasileiros. O avanço implacável dos nazistas na Europa ocidental na primeira metade da década de 1940 entusiasmou não só o alto escalão do governo brasileiro, mas também as populações de origem germânica do Sul do país, que não estavam devidamente integradas à sociedade brasileira. A colônia alemã nos estados do Rio Grande do Sul, Santa Catarina e Paraná havia muito já era alcançada pelas ondas da Rádio Berlim, acentuando o germanismo.

O lado "fascinante" do fascismo dava mais brilho ao modelo germânico. O poder de atração da elegância e da sensualidade do fascismo foi sentido por um personagem sartriano. Ao assistir à marcha dos soldados alemães por Paris, Daniel "[...] deleitava-se com seus belos cabelos, suas faces bronzeadas, com olhos que pareciam lagos de gelo, seus corpos esguios, seus quadris incrivelmente longos e musculosos [...]. Uma sensação deliciosa, insuportável, espalhou-se por todo seu corpo [...] ele repetia, ofegante: 'Como se fosse manteiga — estão entrando em Paris como se fosse manteiga'. [...] Ele gostaria de ter sido uma mulher para lhes jogar flores".[18]

Se alguns franceses masoquistas se deleitaram com a vitória nazista, o que dizer da população de origem germânica do Sul do Brasil? Será que, aos olhos de nossos oficiais, os soldados alemães não pareceriam mais elegantes do que os soldados franceses, com seus "uniformes cáqui"? Para Susan Sontag, os soldados nazistas eram esteticamente mais atraentes. Em especial os ss, com o uniforme bem talhado, botas negras que pareciam obrigar os soldados a ficar eretos e as luvas brancas escondendo as mãos. Essa elegância fazia com que os soldados americanos, com suas gravatas e sapatos de amarrar, parecessem vendedores em suas roupas civis.[19] O paradigma estético-militar era a Alemanha.

Até mesmo Frank Capra, considerado um dos mais destacados "fabricantes" do sonho americano, ficou impressionado com a ideologia estetizada nazista. Em abril de 1942, ele e Anatole Litvak foram ao MoMA, o Museu de Arte Moderna de Nova York, e numa sessão especial viram *O triunfo da vontade*, o já famoso filme de Leni Riefenstahl. Capra ficou atônito: "Aquilo me deixou aterrorizado. Minha primeira reação foi a de que estávamos mortos, nunca poderíamos ganhar aquela guerra [...] como aconteceu com os austríacos, [...] com os países do norte da Europa. Foi aquela fotografia que os venceu. Quando vi aquilo, simplesmente pensei: 'Como poderemos vencer esta enorme vontade de lutar?'. Rendam-se ou vocês serão mortos — era isso o que o filme dizia".[20]

O Frank Capra que se sentia atemorizado diante do "fascinante fascismo" era o esteta distanciado momentaneamente da realidade cultural e mercadológica americana. O filme transformava o poder em espetáculo, a política em estética. Uma demonstração de camaradagem, de juventude e da força de vontade do *Volk* e do sangue. Mas, fora do contexto profundamente ideologizado daquele momento histórico alemão, as marchas, os discursos, os desfiles, as tochas e as referências aos cultos pagãos das tribos germânicas primitivas não significavam quase nada. Tocaram, quando muito, o coração de alguns integralistas e oficiais isolados do Exército brasileiro, e, assim mesmo, por pouco tempo: não demorariam muito a se converter à americanização.

Quando Capra se recuperou do impacto, tentou uma resposta à altura e lançou, juntamente com Litvak, a série *Why We Fight?*, destinada aos soldados do front. Um documentário com intenções propagandísticas patrocinado pelo Office of War Information e pela Signal Corps, companhia cinematográfica ligada às Forças Armadas americanas. A série teve pouca repercussão além dos quartéis. Hoje é parte integrante de arquivos sobre a Segunda Guerra Mundial. Os filmes comerciais de Capra, como *Felicidade não se compra* (*It's a Wonderful Life*), por exemplo, eram muito mais eficientes como veículo do *American way of life*. Ou seja, o mercado era o melhor caminho para a americanização.

No entanto, o modelo germânico não era muito simples de ser compreendido e muito menos de ser aplicado à realidade brasileira. O padrão autárquico nazista encontrava suas raízes num passado remoto da história alemã, mesclado de fragmentos da cultura conservadora do Império e da modernização da era weimariana. A Alemanha nazista, enfim, tinha como base o projeto de expansão autossustentada. E o plano ideológico era reforçado pela combinação da cultura tradicional, do racismo e do racionalismo iluminista.[21] A isso se deve somar a ideia, desenvolvida na época por uma ampla literatura belicista, de que a Alemanha também contava com uma cultura mais masculinizada, vinda da *Fronterlebnis* (experiência do front). Forjava-se assim uma geração capaz de combater o *Amerikanismus*, visto como uma verdadeira praga que — com seu taylorismo, a produção e o consumo massificados, a mistura de raças — ameaçava o espírito alemão. A *Fronterlebnis* produziria almas fortes para combater o *American way of life* e seus escapismos.

De certa maneira, essas formulações, que pareciam transformar a Alemanha nazista em uma notável potência mundial, chamavam a atenção de parte dos oficiais do Exército brasileiro. O general Pedro Aurélio de Góis Monteiro foi convidado a assistir a um dos muitos e grandiosos desfiles-manobras militares em Berlim. Góis Monteiro não chegou a visitar a Alemanha, mas de uma forma ou de outra havia, no ideário dos militares que fizeram a Revolução de 1930, um projeto de expansão autossustentada. Embora não contássemos com um passado de experiências técnicas proveniente dos bancos das faculdades de engenharia,[22] tínhamos, ao menos, recursos naturais incomparavelmente maiores que os da Alemanha.

Enquanto não conquistasse sua independência técnica, o Brasil poderia comprar, pelo sistema de compensações oferecido pelos alemães, armas e máquinas produzidas nas grandes indústrias germânicas. Na transação não haveria exatamente dinheiro, mas a troca de produtos por produtos. Já em 1935 "[...] o governo brasileiro fez um acordo para uma compensação informal com a Alemanha, apesar de ter assinado um tratado de comércio bilateral com os Estados Unidos".[23]

A manifestação de autonomia do governo brasileiro gerou o protesto dos americanos. Mas, para os setores militares mais nacionalistas, atitudes como essa, de independência em nossas relações comerciais, só reforçavam a ideia de afastamento do Brasil da órbita excessivamente mercantilizada e — por que não? — "judaizante" da economia americana. Ao mesmo tempo, nos livraríamos da imagem feminina elaborada pela imprensa norte-americana desde os fins do século XIX para representar a América Latina.[24] Isso se daria através de uma *Fronterlebnis* transposta para a realidade brasileira e forjada na longínqua Guerra do Paraguai, em Canudos, no Contestado, nos levantes de 1922, 1924, 1926-7, no movimento de 1930 e nos breves combates de 1935.

As formulações dos militares encontravam, no entanto, obstáculos em nossa realidade histórico-cultural, que exigia mecanismos diferentes do modelo germânico. Vargas parecia entender melhor nossa formação. Ele procurava manter-se, no plano internacional, equidistante em relação tanto ao imperialismo mercantil ianque como ao imperialismo romanticista germânico. Esse jogo não era facilmente entendido pelo estado-maior das Forças Armadas. Alguns hábeis e sensíveis assessores de Roosevelt, responsáveis pela política externa americana, estavam atentos aos conflitos de nossa política.

O expansionismo alemão ameaçava, como já se disse, o hemisfério e o equilíbrio montado pelos interesses dos Estados Unidos. Três dias antes de a bandeira com a suástica tremular na torre Eiffel, Getúlio Vargas soube aproveitar-se da situação: em 11 de junho de 1940, a bordo do *Minas Gerais*, navio da Marinha de guerra brasileira, pronunciou um discurso conhecido por suas mensagens dúbias: "[...] marchamos para um futuro diverso [...] passou a época dos liberalismos imprevidentes, das demagogias estéreis [...] Os povos vigorosos aptos à vida necessitam seguir o rumo de suas aspirações. [...]".[25] Em seu diário,[26] ele comentou a repercussão do discurso. A fala foi tida por muitos como germanófila. À Inglaterra era assim que ela soara. Os

Estados Unidos ficaram, num primeiro momento, surpresos. Houve uma movimentação diplomática envolvendo o chanceler Oswaldo Aranha, o embaixador americano Caffery e o subsecretário de Estado Sumner Welles. A tensa situação foi contornada.

Vargas havia sido hábil o suficiente para, alguns dias depois de ter criticado as democracias, manifestar simpatia pela política de solidariedade pan-americana proposta por Roosevelt. Já no dia 12, Vargas registrara em seu diário: "Começaram os entendimentos entre o chefe da missão militar americana com os nossos militares e o ministro do Exterior sobre o nosso planejamento bélico".[27] O jogo do chefe de Estado brasileiro dava seus primeiros resultados.

A POLÍTICA DA BOA VIZINHANÇA, OS INTELECTUAIS E O AMERICANISMO

Não há como negar: a Segunda Guerra Mundial é o ponto de virada na história das relações culturais entre o Brasil e os Estados Unidos. No entanto, a ideia de uma Política da Boa Vizinhança, que incluía a cultura na agenda internacional, foi pensada algumas décadas antes, na gestão do republicano Herbert Hoover. Eleito em novembro de 1928, Hoover embarcou numa viagem pela América Latina que, segundo ele, não era exatamente uma viagem de recreação. Pretendia mudar alguns aspectos importantes da política externa americana. Assim que chegou a Amapala, Honduras, Hoover fez um discurso no qual usou a expressão *good neighbor*,[28] que seria adotada por Roosevelt em 1933.

Hoover preparava as bases de sua política externa para a América Latina. Não foi exatamente bem recebido em todos os países que visitou. A Argentina e o Uruguai manifestaram pouco entusiasmo. Em Buenos Aires, houve até manifestações contra a presença do presidente americano. Mas quando Hoover chegou ao Rio de Janeiro, em 21 de dezembro de 1928, teve uma recepção das mais calorosas.[29] O poeta Oswald de Andrade também deu, a seu modo, as boas-vindas ao líder norte-americano:

Hip! Hip! Hoover!
Mensagem Poética ao povo brasileiro

América do Sul
América do Sol
América do Sal [...]
Onde vem o presidente eleito
Da grande democracia americana
Comboiado no ar
Pelo voo dos aeroplanos
e por todos os passarinhos
do Brasil
As corporações e as famílias
Essas já saíram pelas ruas
na ânsia
De o ver
Hoover!
E este país ficou que nem antes da
descoberta [...]
Mas que mania
a polícia persegue os operários
Até neste dia
Em que eles só querem
O ver
Hoover! [...]

Os versos de Oswald de Andrade revelavam a crítica que setores da intelligentsia brasileira faziam à crescente presença dos anglo-americanos em nosso país. Revelavam, também, o desacordo com o racismo, como neste exemplo de Mário de Andrade:

Mas por que tanta esquivança!
Lá tem boa vizinhança
Com prisões de ouro maciço
lá te darão bem bom lanche
e também muito bom linche
Mas se você não é negro
O que você tem com isso!
No, I'll never be
in Color Line Land [...][30]

Durante muito tempo, os Estados Unidos haviam forjado uma imagem desabonadora da América Latina. Valorizava-se o homem branco, protestante, sempre mencionado como condutor do progresso na luta contra a vida selvagem, e criava-se uma imagem oposta para os latino-americanos. Segundo essa concepção, ao sul do rio Grande estava a América dos índios, dos negros, das mulheres e das crianças. Uma América que, via de regra, precisava aprender as lições do progresso e do capitalismo para abandonar essa posição "inferior". Uma América que, em última instância, precisava ser domesticada.[31]

Essa imagem de superioridade começou a ser criticada por uma corrente de intelectuais americanos que se formou principalmente depois da Primeira Guerra Mundial. Eram os anos 1920, que já foram descritos, em referência aos Estados Unidos, como os *splendid drunken years*.[32] Os anos do inconformismo, com as *flappers* — melindrosas, na versão brasileira —, como eram conhecidas as moças de comportamento livre, que gostavam de dançar. As moças que Monteiro Lobato descreveu como

> [...] essas criaturas encantadoras, únicas no mundo, as *American girls* que os pintores europeus em trânsito proclamam os mais lindos seres da Terra, os mais perfeitos de plástica, esguias que são de corpo, sólidos como Hellen Wills, a rainha do tênis, seguras de si, amigas do *whiskey* em doses maciças depois que a proibição tornou o uso do álcool um crime, essas flores de carne [...] que trotam na rua rumo ao trabalho de escritório donde andam a alijar homens, que mantêm uma série de *boyfriends* [...][33]

Um dos números da revista *Life*, de fevereiro de 1920, tinha na capa uma esguia melindrosa lobatiana. Um grande colar, as ligas das meias aparecendo, cheia de pulseiras, rosto pintado, dançando com um velho de fraque, óculos na ponta do nariz. Embaixo, uma pequena legenda: "Teaching old dogs new tricks" — "Ensinando novos truques a velhos cachorros". O velho cavalheiro que dançava com a *flapper* representava a América tradicional, que não resistiu aos apelos ao prazer de uma América que era quase sua antípoda. Foi uma época em que o paradigma do americano puritano e honesto se abalou. Um momento de agitação cultural. "Aquela década não parecia fazer parte da história da América [...] Se os ingleses tinham como ditado 'O sol nunca se põe no Império britânico', o mote americano era: 'Há um trouxa nascendo a cada minuto' [...]"[34]

Mas também foi uma época de culto à prosperidade material do entreguerras. Calvin Coolidge, presidente republicano de 1923 a 1928, tinha uma ligação bastante íntima com o *big business.* Coolidge tinha uma religião: riqueza e trabalho, no mais profundo sentido puritano e individualista. O templo era a fábrica.

A década de 1920 é bastante conhecida na história dos Estados Unidos como um momento de grande expansão da economia. Era de intensa mecanização da produção e de um crescimento vertiginoso do mercado. O lucro era o mote dos grandes investidores que pregavam nos "templos" de Coolidge. Os sacerdotes supremos eram Frederick W. Taylor e Henry Ford. Um mercado que produzia tudo em massa: automóveis, aspiradores de pó, rádios, refrigeradores e alimentos. Haveria sempre algum trouxa (*sucker*) pronto para comprar as bugigangas que se produziam. O *progressivism* e o reformismo que haviam marcado o governo de Theodore Roosevelt revestiram-se, depois de Coolidge, de uma máscara, meio caricata e mesquinha, reduzindo-se a um conceito produtivista e empreendedor. O moralismo andava de mãos dadas com a "religião" da produção e do consumo. Ford opunha-se publicamente ao tabaco, ao álcool, à dança. A culpa de todos os vícios da sociedade recaía sobre os imigrantes, judeus e negros.

Para o provincianismo dos moralistas-fundamentalistas, a cerveja estava sempre relacionada à tentação do demônio e ao imigrante. O mesmo valia para o sexo e a música. Daí a emenda constitucional que instaurou a *prohibition*, em vigor desde 1919. Começava o que nós chamamos de "lei seca". Moralismo e concupiscência. Tempo de burlar severas leis. Bebia-se muito nesses *drunken years*, época em que a bebida era ilegal.

A transgressão da lei acabou por produzir um tipo específico de cultura e comportamento. Surgiram os *speakeasies*, bares clandestinos onde se podia beber à vontade; os *bootleggers*, traficantes de bebidas alcoólicas; e os *rumrunners*, variação latino-caribenha de traficantes, que traziam rum do Caribe para o sedento mercado americano.

O moralismo dos anos Coolidge-Hoover não podia controlar os apelos sexualizados da publicidade das grandes empresas. Não havia, por exemplo, como impedir que um fabricante de cigarros anunciasse seus produtos em outdoors com uma linda jovem morena, cujos lábios sedutores esperavam um imaginário Lucky Strike, ou quem sabe um beijo. Sexo, e não só na propaganda. O cinema, mudo ainda, mostrava as curvas da *It Girl* Clara Bow; ou o "símbolo sexual masculino" da época, Rodolfo Valentino.

Para a alma puritana e moralista do americano médio, não era fácil controlar os chamados instintos primitivos. A abundância e a oferta eram tais que sexo e álcool, partes integrantes do mercado, não podiam ser abolidos apenas pela força da lei. Evidentemente, os limites morais e religiosos estavam presentes. O homem branco que se sentia atraído pelo lúdico se via na contingência de ultrapassar os limites estabelecidos pela moral e pela lei. Saindo literalmente de seu território, ele buscava uma espécie de absolvição antecipada de seus pecados. O Harlem, bairro negro de Nova York, representava um verdadeiro território livre para uma parcela da população branca.[35]

Buscar em outros "territórios" o que era vedado no seu próprio. No Harlem, os brancos americanos descobriram a sensualidade da música negra americana. No Harlem, não havia pecado. Mesmo que houvesse, quando o homem branco voltasse para o seu território a salvaguarda da moralidade puritana não levaria em conta o pecado cometido em outra "jurisdição" espiritual.

Nessa época, uma geração de intelectuais norte-americanos começava, em sintonia com os latino-americanos, a questionar o caráter segregacionista e materialista-consumista da sociedade americana. Criticavam, acima de tudo, as interpretações preconceituosas que vários jornais faziam de nossa singularidade cultural. Formados nos *drunken twenties* e na época da Depressão, esses intelectuais achavam que o essencial era entender exatamente aquilo que o senso comum apontava como qualidades depreciadoras: o aspecto "selvagem" e "natural" de certos grupos sociais de seu próprio país e dos povos latino-americanos. Era uma fase de introspecção para esses intelectuais. Entender as forças selvagens e não depreciá-las. Este era o caminho para uma América mais espiritual. *A natureza como fonte de regeneração.*[36] Esse mote encarregou-se de manter viva a ideia de que o faroeste, a *frontier*, não havia morrido. Muitos saíram em busca do puro e do verdadeiro junto aos índios Pueblo do Novo México. Aprendendo seus costumes, suas danças, conhecendo suas comidas, suas músicas, e mesmo dormindo com eles, pretendiam criticar o *American way of life*. Ir às origens era a ideia que guiava os jovens americanos. Mary Austin, Franz Boas, John Collier, Robert Herrick, Lewis Mumford. Todos, de certa forma, entraram em contato com os índios e criticaram a cultura norte-americana, viciada, capitalista e materialista. Talvez esteja aqui uma das bases da sociologia brasileira freiriana: Gilberto Freyre tinha fortes ligações com Franz Boas.

Dos índios para as mulheres, das mulheres para as crianças, das crianças para os negros e sua música folclórica. E daí para o jazz, que brancos como Gershwin se encarregaram de incorporar à música de concerto. É "natural" que a América Latina tenha sido o próximo passo. Segundo Frederick Pike, "[...] a mestiçagem cultural e racial da América Latina, em vez de ser tomada como um rótulo de inferioridade, transformou-se em símbolo de esperança para uma geração que pretendia sintetizar cultura e natureza".[37]

Um dos intelectuais que mais buscaram essa síntese foi Waldo Frank. Segundo Frederick Pike, Frank precisa ser entendido como parte integrante de uma geração de intelectuais judeus da costa leste com uma concepção milenarista e messiânica da história. A ideia do melting pot americano deveria, segundo Frank, ser levada além das fronteiras norte-americanas. A Cabala forneceu as bases para uma curiosa teoria de integração entre o norte e o sul do continente: o aspecto feminino de Deus (*shekhinah*) havia se separado de sua cabeça divina; mais tarde, o sacro casamento se encarregou de juntar novamente as partes, havendo uma união de Deus com os princípios femininos. Frank bebeu nessa fonte e reelaborou a interpretação popularizada segundo a qual os Estados Unidos foram sempre vistos como a parte masculina e os povos latinos, como a parte feminina das Américas.[38] Para ele, deveria haver uma união entre as partes feminina e masculina da América, e não a dominação de uma sobre a outra.

Frank e outros intelectuais da época achavam que a América Latina não deveria seguir os passos do desenvolvimento histórico norte-americano, que havia produzido uma sociedade excessivamente materialista. A América Latina, por intermédio de seus intelectuais, deveria, isto sim, aprofundar sua sensibilidade mística e com isso ajudar os norte-americanos a recuperar a espiritualidade perdida, o passado pioneiro. Em 1942, em viagem pela América Latina, Waldo Frank disseminou suas interpretações. Não foi por acaso que a *Good Neighbor Policy* foi entendida por alguns setores daqui como o primeiro estágio de uma sincera aproximação com os Estados Unidos.

No entanto, na década de 1940, nem Waldo Frank foi o verdadeiro "mensageiro" da Política da Boa Vizinhança, nem esta significou o tipo de aproximação que os espíritos ingênuos e sinceros anglo e ibero-americanos esperavam. A americanização do Brasil foi obra de um Estados Unidos mais interessado em manter o continente como parte de seu mercado.

O protestante tradicionalista foi muito pouco influenciado pela atuação de outsiders como Frank e, na verdade, procurou isolar a atuação desses jovens contestadores do "materialismo excessivo" da sociedade norte-americana, divulgando uma imagem moralmente favorável do aspecto material e consumista do americanismo.

A ideia de americanização dos próprios Estados Unidos era traduzida numa política pedagógica e disciplinadora carregada de preceitos da moral protestante anglo-saxônica de uma elite branca. O alvo dessa política era uma massa de imigrantes que havia pouco chegara ao país. A cultura heterogênea, indisciplinada e mesmo anarquista dos imigrantes precisava ser controlada para não pôr em risco os "pilares" básicos da "civilização cristã".

Tome-se a denominação dos Estados Unidos. Trata-se de um dos únicos países do mundo, se não o único, que não possui um nome específico substantivado. Tem-se a sensação de um ente abstrato que possui qualidades políticas. Seria no máximo um conjunto de estados independentes que decidiram se unir em torno de alguns ideais comuns. Foi o estado de Nova York que se uniu ao estado de Maryland, que se uniu ao estado da Virgínia, que se uniu ao estado de Massachusetts etc. Mantendo a ideia de independência, o conjunto de estados adotou um nome comum: Estados Unidos da América. Um conceito sociológico e político. Não se formou, talvez por isso mesmo, uma ideia mais clara de pátria. Não existe, em inglês, uma palavra que defina os nascidos nos Estados Unidos. Ou melhor, existe: *Americans*. Havia, desde os primórdios, um desejo inconsciente, que se traduziria na ideia do "destino manifesto": os Estados Unidos se apropriaram da palavra *América* para denominar o país. O intrigante é que, em toda a documentação do Departamento de Estado examinada, a expressão "Outras Américas" (*Other Americas*) era usada para todos os países americanos com exceção dos Estados Unidos. Claro, essa perspectiva não incluía o Canadá, por razões culturais e raciais óbvias. "Outras Américas" soa como uma verdade paradigmática. Existia uma América, isto é, os Estados Unidos, país grandioso, com revolução industrial, magnatas, operários,

Hollywood, arranha-céus, a modernidade, enfim, e as *Outras*, sem nada disso.

Nós, em parte por displicência, acabamos por nos acostumar com essas denominações ao nos referirmos aos Estados Unidos e aos estadunidenses. Os imigrantes, por sua vez, acabaram por "americanizar-se" no espaço de uma geração. As possíveis resistências ou eram reprimidas ou eram vistas como manifestações pitorescas. No Brasil, os imigrantes, em especial os alemães, ficaram isolados, o que facilitou a manutenção da germanidade e a penetração do nazismo nas colônias do Sul.[39] Os alemães-americanos, ao contrário, se incorporaram rapidamente à comunidade anglo-saxônica protestante.

Para americanizar o resto da América seria necessário um projeto mais simples. Alguns pontos formulados pelos intelectuais contestadores — crítica ao segregacionismo, a ideia de superioridade do branco protestante — foram sem dúvida incorporados, mas tão somente para a consolidação de um modelo condenado pelos outsiders, isto é, para o enaltecimento da ideia de progresso material e a inserção dos países latino-americanos na esfera mercantilista do americanismo. Os outsiders foram, de certa forma, usados para realizar o projeto de americanização, pelo menos no plano das representações.[40] E no governo de Franklin Delano Roosevelt foram criadas as condições para que esses preceitos servissem de base para a relação com a América Latina.

A Depressão surpreendeu a eufórica e *drunken* América. Um panorama que mostrava dados conhecidos. A renda nacional caiu de 81 bilhões para 49 bilhões de dólares, e as ruas foram tomadas por 11 milhões de desempregados. A classe média foi perdendo suas economias, o seguro, as rendas de pequenos investimentos. Não podendo mais pagar suas prestações, perdeu a casa própria, símbolo máximo do *American way of life*. Ironicamente, favelas, conhecidas como *hoovervilles*, e filas para comprar pão pareciam ser os novos símbolos da América empobrecida.

O novo governo do democrata Roosevelt trouxe, depois de 1933, a ideia do New Deal. Reconstrução da América. Com ele surgiu o sentimento de que os anos 1920 foram anos de pecado e por isso precisavam ser esquecidos. Havia que se concentrar num grande esforço de reconstrução. O país adquiriu a feição de uma imensa família reunida em torno de um "pai" que, a propósito, entrava em contato com os lares americanos semanalmente, por meio dos *fire side chats*[41] que Roosevelt fazia pelo rádio.[42]

Um dos primeiros atos de Roosevelt foi a abolição da *prohibition*. Acabara a "lei seca". O vinho e a cerveja, agora liberados (o uísque continuou proibido por algum tempo), não eram tão atraentes como antes. Além de não haver dinheiro, era tempo de se concentrar no árduo trabalho de reerguimento da nação. O espaço e o tempo lúdico se reduziram ou, pelo menos, se disciplinaram e se domesticaram.

Na música notava-se esse caráter disciplinar. Se nos anos 1920 — batizados por Scott Fitzgerald como a "Era do Jazz" — um grande número de músicos de talento ficou conhecido pelo virtuosismo individual, destacando-se em pequenos grupos nas *house-rent-parties* do Harlem, em Nova York, ou do South Side, de Chicago, o período do New Deal foi marcado pelo nascimento das big bands, a era do swing. Na formação das orquestras da época do New Deal, "[...] o músico individual tinha de trabalhar muito mais do que antes. Ele tinha de estar preparado para swing, separadamente ou com sua 'seção' [...] isso implicava a perda de sua individualidade".[43]

O jazz também se moralizava e se disciplinava. Era um momento em que havia uma espécie de moralismo informal, por assim dizer. Ou melhor, havia um moralismo muito mais político-econômico do que cultural. Alguns anos mais tarde, no começo da década de 1940, o bebop foi uma reação ao "disciplinamento" da música. Mesmo assim, para "[...] milhões de americanos comuns, especialmente trabalhadores e granjeiros [...] o New Deal era uma grande cruzada moral capaz de restaurar os valores da justiça, da equidade, da democracia e da igualdade na vida econômica da República [...]".[44]

DA AMÉRICA ANGLO-SAXÔNICA À IBERO-AMÉRICA

"Por muy bien cortado que esté un frac, puesto sobre el lomo de un yanqui parece siempre un frac de prestidigitador." Essa conclusão do ditador culto de *El recurso del método*, de Alejo Carpentier, resume bem o modo como as aristocracias latino-americanas viam os ianques: como incultos e deselegantes. Ariel, personagem de Rodó "contemporâneo" do ditador, achava que a "[...] concepção utilitária, como ideia do destino humano, e a igualdade na mediocridade, como norma de proporção social, compõem, intimamente relacionadas, a fórmula do que se convencionou chamar na Europa de espírito do americanismo".[45]

Para a opinião pública do subcontinente, os norte-americanos estiveram sempre associados à arrogante e prepotente imagem do Tio Sam com o mefistofélico cavanhaque. Eis a figura a um só tempo ironizada, cômica e feroz do Tio Sam com sua indefectível cartola a ameaçar os povos latino-americanos.

Novos tempos, novas imagens. Já no ano de 1938, a arrogância era agora do embaixador alemão Karl Ritter, que destratou o chanceler Oswaldo Aranha.[46] À antiga imagem dos americanos se contrapunha a elegância europeia do embaixador Jefferson Caffery: o refinamento do gentleman sulista impedia que se associassem seus fraques das cerimônias oficiais à imagem de qualquer mágico. Rockefeller foi um dos grandes responsáveis por essa mudança, "[...] difundindo entre os latinos informações de que os ianques [...] tinham um interesse genuíno em promover um sistema de vida melhor: eles não eram os bárbaros culturais, como frequentemente julgavam os pensadores da América Latina [...]".[47]

Numa fotografia tirada no Rio Grande do Norte em janeiro de 1943, quando voltava da Conferência de Casablanca, o presidente Roosevelt aparece sorrindo num jipe, de terno de linho branco e chapéu panamá, acompanhado por um Getúlio Vargas também sorridente e confiante. Uma nova imagem sedutora transmitida por Roosevelt aos brasileiros.

Nessa nova fase, o latino-americano até podia admitir ser representado como a parte feminina da América, mas não nos mesmos moldes que antes. Para o norte-americano, que vivia a "moralidade informal" do New Deal, a América Latina, representada por essa imagem feminina, passou a ser, no plano lúdico, um território liberado. Uma espécie de Harlem internacional.

Carmens Mirandas genéricas e hipotéticas tomaram o lugar da *flapper*. O que era difícil de encontrar nos Estados Unidos poderia ser encontrado com facilidade no Brasil. Os cronistas religiosos dos séculos XVI e XVII escreveram sobre a ausência de pecado ao sul do Equador. Os norte-americanos pareciam ter descoberto os velhos escritos, interpretando-os segundo uma concepção mais marota. Waldo Frank pôde comprovar essa tese com uma mulata de Belo Horizonte, em 1942.

No mesmo ano, Orson Welles fez um programa de rádio com Carmen Miranda, no qual ela o ensinava a cantar e a dançar. Quando se ouve o programa, nota-se que a relação de troca que se estabelece entre os dois revela a malícia delicada da mulher-América seduzindo o homem-América, ao mesmo tempo que é seduzida por este.[48]

1. Uma verdadeira "fábrica de ideologias": O Office of the Coordinator of Inter-American Affairs

A coordinator is someone who can
keep all the balls in the air without loosing his own.

Nelson Rockefeller para Henry Wallace,
vice-presidente dos Estados Unidos

A AMÉRICA LATINA: DESTINO MANIFESTO DE NELSON ROCKEFELLER

O sucesso das forças alemãs na parte ocidental da Europa, com a conquista da Dinamarca, Noruega, Bélgica e Holanda, e, depois, com a invasão da França, deixava claro aos Estados Unidos que o Ocidente estava ameaçado. De certa forma, tanto a América Central como a América do Sul estavam nos planos do Eixo. A Inglaterra, pensava-se, não suportaria, sozinha, a poderosa máquina de guerra nazista.

A política exterior dos Estados Unidos, até então orientada pelo isolacionismo e pelo neutralismo — ou internacionalismo independente, como bem assinalou uma historiadora americana —,[49] passou a ser objeto de um intenso debate nos meios políticos do país. Desde o final da Primeira Guerra, a sociedade americana rejeitava qualquer envolvimento na política europeia. Dizia-se que os americanos não mais queriam ser os mercadores da morte, alusão à venda de material bélico para a Europa, que enriquecera ainda mais as grandes corporações. Em 1935, o Congresso aprovou o Ato de Neutralidade, que proibia a venda de armas a países beligerantes. Roosevelt assinou a nova lei com restrições. Quando, em 1937, a China foi atacada pelos japoneses, Roosevelt encontrou uma forma de interpretar o ato de 1935, permitindo que o país vendesse material bélico aos chineses. No final daquele ano, as relações dos Estados Unidos com o Japão tornaram-se mais tensas, depois que os japoneses bombardearam um *gunboat* (navio armado) americano que protegia navios-tanques da Standard Oil.

Antes do avanço alemão na Europa ocidental, Roosevelt enviou, em março de 1939, uma peculiar mensagem a Hitler, pedindo que a Alemanha não invadisse cerca de vinte países, que ele nomeou um a um. Um cinejornal da época mostra Hitler lendo a mensagem no Reichstag e a alta cúpula nazista rindo, às gargalhadas, do presidente americano. Da invasão da Polônia, em setembro de 1939, à derrota da França, em junho de 1940, o perfil isolacionista da opinião pública americana foi aos poucos se modificando, apesar de uma declaração oficial, em 5 de setembro de 1939, ter reafirmado a neutralidade. Em um pronunciamento no rádio, Roosevelt disse que o país ficaria fora do conflito, mas que ele não poderia exigir a neutralidade de todos os americanos.

No dia 10 de junho de 1940, quando seu moribundo governo deixava Paris, o primeiro-ministro francês Paul Reynaud fez um dramático pedido de ajuda a Roosevelt, indicando que dificilmente os americanos ficariam neutros por muito tempo. Os isolacionistas, liderados por nomes como Charles Lindbergh e Herbert Hoover, organizados no chamado America First Committee, perdiam terreno.

No mesmo mês em que Roosevelt havia reforçado a declaração de neutralidade americana, o Congresso aprovou uma lei (o Burke-Wadsworth Act) instituindo pela primeira vez o recrutamento em tempos de paz. Até o começo de 1941, os Estados Unidos já contavam com 1,6 milhão de soldados convocados e em treinamento. Ao mesmo tempo, Roosevelt atendeu ao pedido de Churchill, enviando-lhe cinquenta destróieres da Primeira Guerra, em troca de bases inglesas nas Bermudas, no Caribe e no Canadá (Newfoundland). No final de 1940, em mais uma *fire side chat*, Roosevelt anunciou a lei do empréstimo e arrendamento (Land-Lease Bill), aprovada em março do ano seguinte. Por essa lei, os Estados Unidos poderiam emprestar, praticamente sem garantia, recursos para financiar a resistência da Inglaterra à Alemanha. No ano seguinte, o envolvimento dos Estados Unidos nos assuntos europeus cresceria ainda mais, depois do encontro entre Churchill e Roosevelt em Newfoundland, onde assinaram a chamada Carta do Atlântico, prenhe de promessas de ajuda mútua até a derrota do nazismo.

Com a aproximação das eleições presidenciais de 1940, Roosevelt tentou, contra a tradição política americana, uma terceira reeleição. A América Latina teve um papel importante nesse processo. Na campanha, Roosevelt deu ênfase crescente à defesa e cooperação continental, o que garantiu o apoio de certos republicanos. Isso reforçou os setores que advogavam um estreitamento das relações com a América Latina.

O mais ágil e dinâmico dos grupos não oficiais que propunham uma urgente aproximação com a América Latina era o liderado pelo multimilionário e republicano Nelson Rockefeller, que teria doado 25 mil dólares[50] para a campanha do Partido

Democrata. Os republicanos ficaram enfraquecidos sem o apoio de nomes como Rockefeller, e Roosevelt foi reeleito com 54% dos votos.

Foi nesse contexto que o governo americano reelaborou, não sem grandes controvérsias, sua política para a América Latina. O destino reservou para o "missionário" evangelista Nelson Aldrich Rockefeller um importante papel nessa política.

Nelson era o segundo filho de John D. Rockefeller Jr., da conhecida família de multimilionários que era dona da Standard Oil Company, empresa presente em vários países da América Latina. Em 1930, graduou-se em estudos econômicos pelo Dartmouth College. Não era bom aluno nem tinha muita vocação para os negócios, como confessou ao pai em algumas cartas. Tinha, isto sim, inclinação para as artes, característica que parece ter herdado dos Aldrich, do lado materno. A familiaridade com as artes foi usada com habilidade por Nelson, para navegar entre a política e os negócios.

Nelson foi educado com base em preceitos evangelistas. Todas as manhãs, às 7h45, a família reunia-se para o café e para as primeiras orações. O ritual era repetido ao entardecer, antes do jantar. Seguindo os mesmos princípios religiosos, os Rockefeller adotaram uma política filantrópica, visando mudar a imagem de suas empresas, conhecidas pela violência no trato com os trabalhadores. Segundo Monteiro Lobato, eles haviam se transformado em "[...] captadores e redistribuidores do dinheiro. Realizavam uma obra de socialização que constitui o sonho dos radicais russos".[51] As ações filantrópicas da família ficavam a cargo da Fundação Rockefeller, dirigida por Raymond Fosdick, dedicado funcionário evangelista que sabia gerenciar os recursos provenientes das companhias de petróleo e estradas de ferro, entre outras empresas.

No exterior, as missões religiosas e culturais ligadas à fundação usavam como bases as companhias da família. No México e na Guatemala, por exemplo, seus religiosos sanitaristas combatiam a malária e a febre amarela com o mesmo zelo com que faziam a apologia antirrevolucionária. A revolução era encarada como uma doença social que precisava ser combatida com auxílios, donativos e propaganda. Para muitos liberais, intelectuais democratas e para a própria esquerda dos Estados Unidos, a "diplomacia do dólar" dos Rockefeller era preferível à política do *big stick* do início do século.[52]

O primeiro envolvimento de Nelson Rockefeller com atividades propriamente econômicas se deu no Departamento de Negócios Estrangeiros do Chase National Bank, que pertencia à família. O departamento era dirigido pelo vice-presidente do banco, Joseph Rovensky. Do trabalho com Rovensky surgiu uma forte amizade, que mais tarde foi importante para a carreira política de Nelson. Trabalhava no Rockefeller Center, o quartel-general do clã, em estilo art déco, localizado na Quinta Avenida, em Nova York. Graças à intervenção de sua mãe, tornou-se presidente do Museu de Arte Moderna (MoMA) e conselheiro do Metropolitan Museum. O MoMA foi aos poucos transformado em verdadeiro território livre para as manifestações artísticas da América Latina, e teve grande importância para a nova política norte-americana em relação ao subcontinente.

Seu cargo no Chase exigia que viajasse com frequência, em especial pela América Latina. Em 1935, fez sua primeira viagem à Venezuela, onde apoiou financeiramente um grupo de artistas plásticos que expunha no Museu de Arte Moderna local.[53] Essa viagem ligou-o mais estreitamente à divisão internacional da Fundação Rockefeller, que desenvolvia um programa de saúde em vários países da América Latina.

Em 1937, nova viagem pela América Latina, iniciada pelo

rio Orenoco, na Venezuela. O esplendor selvagem, visto do iate da Standard Oil, ajudou a aumentar o interesse do jovem milionário pelo subcontinente.[54] O objetivo principal da viagem foi inspecionar as áreas de exploração da Standard Oil na América do Sul. Rockefeller percebeu, acima de tudo, que os funcionários de suas companhias viviam isolados, literalmente separados da população local por cercas de arame farpado. Quando voltou para Nova York, propôs a seus executivos que, por meio da fundação, fosse iniciada uma política de saneamento e mudança de imagem de suas empresas, com o envio de professores, médicos e missionários. Tinha uma concepção bastante prática da situação, e queria evitar, com uma política de bem-estar social, uma onda de antiamericanismo que certamente atingiria seus negócios.

No mesmo ano em que Nelson viajou pela Venezuela, os Estados Unidos mergulharam na chamada Depressão Roosevelt. Cerca de 2 milhões de desempregados juntaram-se aos remanescentes de 1929. Também nesse ano, a política exterior de Roosevelt começou a mudar de rumo, depois do conflito entre navios japoneses e da Standard Oil, na China.

As Américas, não só os Estados Unidos, tinham, segundo Roosevelt, de se transformar numa fortaleza do hemisfério. Na reunião pan-americana de setembro-outubro de 1939, os países americanos, instados pelos Estados Unidos, formaram uma comissão, que deu origem ao Conselho Econômico e Financeiro Interamericano. Os delegados dos Estados Unidos também conseguiram aprovar a formação de uma zona de neutralidade de trezentas milhas em torno do continente americano. Essa medida mostrou-se ineficiente. No final do ano, o estuário do Prata foi palco de uma batalha naval envolvendo o navio alemão *Graf Spee* e uma esquadra britânica.

Depois que o Exército nazista invadiu a Dinamarca, em abril de 1940, a política externa americana precisava com urgência encontrar fórmulas que garantissem a segurança do continente. A miséria resultante do atraso econômico dos países latino-americanos poderia propiciar revoluções lideradas por nacionalistas, socialistas ou simpatizantes do nazifascismo, movimentos que punham em xeque os interesses dos Estados Unidos. Em meados desse ano, formou-se a Comissão Interamericana de Desenvolvimento, com o objetivo de promover as potencialidades econômicas das "outras Repúblicas americanas". Aos olhos dos estrategos norte-americanos, a fraqueza — não só econômica e social, mas também militar — dos países da América Latina era uma ameaça direta aos Estados Unidos.[55]

Durante a campanha para as eleições de 1940, dois grupos haviam formulado propostas diferentes para uma política com a América Latina. O primeiro deles era liderado por Sumner Welles, subsecretário de Estado, auxiliado por Adolf Berle, assistente do secretário, e pelo líder da União Pan-Americana, Leo Rowe. O segundo, já mencionado, foi organizado por Nelson Rockefeller, e não era tão conhecido, nem oficial, mas começava a ser notado nos meios políticos. O grupo se autodenominava *Junta*, numa referência às ditaduras na América Latina. A personalidade de destaque na Junta era Beardesley Ruml — tesoureiro da Macy's, conhecida loja de departamentos nova-iorquina —, que se converteu no elo entre Rockefeller e Washington. Harry Hopkins, secretário do Comércio e alter ego do presidente, apresentou Rockefeller a Roosevelt, que, de olho na reeleição, aceitou o convite do magnata para participar de um programa de rádio transmitido em ondas curtas para a América Latina, diretamente do MoMA.[56] A partir daí, a projeção política de Nelson foi notável.

Nas reuniões da Junta, no luxuoso apartamento de Nelson na Quinta Avenida, foi formulado um plano com medidas políticas e econômicas para a América Latina. O objetivo era impedir o crescimento do comércio e da influência do Eixo no subcontinente, e para isso os Estados Unidos deveriam adequar sua política aos nascentes movimentos nacionalistas, em vez de combatê-los. Em 14 de junho de 1940 — no momento em que Paris estava sendo tomada pelos nazistas e três dias depois do discurso de Vargas no navio *Minas Gerais* —, Nelson Rockefeller desembarcou em Washington e apresentou seu plano para o secretário Harry Hopkins, que sugeriu que Nelson o enviasse a Roosevelt. Um dia depois, Roosevelt encaminhou a proposta de Rockefeller à Comissão de Assuntos Interamericanos, formada pelos secretários de Estado, da Agricultura, do Comércio e do Tesouro. O memorando era acompanhado por uma nota em que o presidente se dizia ansioso por uma rápida resposta sobre as propostas de relações com a América Latina, a qual ele esperava obter até o dia 20 de junho, e por isso estava submetendo o documento à apreciação dos diversos departamentos.[57]

O memorando, intitulado *Hemisphere Economic Policy*, era uma síntese do texto de Nelson Rockefeller e de sua Junta. Continha muitas críticas às fórmulas burocratizadas que saíam das várias e demoradas reuniões pan-americanas. A única, e mais eficiente, maneira de combater o totalitarismo era, segundo o documento, a adoção de medidas que tornassem a economia latino-americana mais competitiva. A segurança da nação norte-americana dependia de uma estreita cooperação — econômica e cultural — com todos os governos das Américas. Seria possível alcançar um salto qualitativo nas condições de vida dos povos latino-americanos com medidas de emergência como a compra da produção agrícola e mineral da região. Rockefeller colocava em prática a experiência que tinha obtido em suas viagens pelos campos da Standard Oil, juntamente com Rovensky. Nessas viagens, ele percebera a necessidade urgente de reformular a relação da empresa com os habitantes dos países "hospedeiros". O objetivo dessa realpolitik era controlar, por vias ditas pacíficas, o antiamericanismo. Isso porque uma intervenção armada dos Estados Unidos não fazia parte dos planos da Política da Boa Vizinhança defendida por Roosevelt e seus auxiliares mais próximos.

A proposta do grupo de Rockefeller tinha uma grande vantagem sobre as outras, vindas de organismos do próprio governo: contava com o fantástico poder financeiro de Nelson e com a independência de seu grupo em relação à burocracia.[58] O programa da Junta era bastante arrojado. Sugestões para que os Estados Unidos reduzissem ou eliminassem taxas sobre produtos importados das "outras Américas"; desenvolvimento de um sistema de transporte mais adequado ao escoamento da produção dos países latino-americanos; incentivo aos investimentos, com o objetivo de assegurar a produção de matérias-primas etc. A dívida externa deveria ser analisada segundo um ponto de vista realista, isto é, segundo as possibilidades do devedor e não das exigências do credor. Fazia uma crítica aos funcionários americanos que trabalhavam na América Latina: faltava a eles conhecimentos sobre a cultura e as necessidades locais.

Para sua realização, o programa promoveria a integração do governo federal americano com a iniciativa privada. Uma comissão interdepartamental, assessorada por representantes das empresas privadas, se incumbiria de assegurar o bom andamento do projeto.

A CRIAÇÃO DO OFFICE OF THE COORDINATOR OF INTER-AMERICAN AFFAIRS

Para evitar possíveis rivalidades entre os departamentos, Nelson Rockefeller foi hábil ao não sugerir abertamente seu nome para coordenar o programa, embora estivesse bastante ansioso para ocupar um cargo político no governo. O conflito de interesses no seio dos *new-dealers* era grande, impossibilitando que a escolha do líder do novo organismo fosse tranquila. Por isso mesmo, o presidente preferiu o nome de Nelson Rockefeller. Sem ter nenhuma relação oficial com o governo Roosevelt, Nelson havia criado condições para que o nome a ser sugerido fosse exatamente o seu: ele era "neutro" e republicano. Não foi outra coisa o que aconteceu. Aos 32 anos, Nelson Rockefeller foi guindado para o interior da máquina política do governo Roosevelt. No dia 16 de agosto de 1940, foi criado o Office for Coordination of Commercial and Cultural Relations between the Americas, cuja direção foi entregue ao jovem milionário. No ano seguinte, como veremos, a agência mudaria o nome para The Office of the Coordinator of Inter-American Affairs (OCIAA),[59] o que dá bem uma ideia do aumento da autoridade de Nelson: de escritório de coordenação passou a escritório do coordenador.

A recém-formada agência encontrou sérios obstáculos. O maior deles vinha de dentro do próprio Departamento de Estado. O subsecretário Sumner Welles, conhecido por sua habilidade diplomática, tinha certeza de que o ansioso magnata iria colidir principalmente com a política cultural do Departamento para os países da América Latina. As previsões de Welles se confirmariam, mas, como vimos, o plano de Rockefeller era um dos mais viáveis, e o subsecretário acabou aceitando a presença de Nelson nos quadros da burocracia do Estado.

A Junta de Rockefeller mudou-se para Washington, e a rotina para organizar o Office foi, desde o começo, bastante intensa e dura, como seria de esperar de um protestante que tinha no trabalho a sua fé. O dia de Nelson e de sua família começava como nos tempos de sua infância. Só que agora era ele quem sentava à cabeceira da mesa. Acordava às seis horas, fazia algum tipo de ginástica — o que, às vezes, incluía uma partida de tênis com Henry Wallace, o vice-presidente "esquerdista" de Roosevelt —, depois ia tomar o café da manhã com os filhos. Após uma breve oração, substituindo a Bíblia pelos jornais diários, lia as notícias para a família.[60]

Os escritórios do Office estavam localizados no mesmo edifício do Departamento de Comércio, chefiado por Harry Hopkins. Ali foi instalado o "quartel-general" de Rockefeller. Apesar do possível exagero da expressão, no caso ela se aproximava da realidade. A organização semimilitar da Fundação Rockefeller modelou o funcionamento da agência capitaneada por Nelson. Ele era o centro, e não permitia que ninguém ofuscasse sua liderança. Quando isso acontecia, o jovem Rockefeller, cioso de seu poder, alicerçado em uma das maiores fortunas do planeta, movia todas as forças para destruir seu possível oponente. Sob a aparência democrática das reuniões do Office escondia-se o autoritarismo de seu líder.

O Office for Coordination of Commercial and Cultural Relations between the Americas era composto de três divisões: Divisão Comercial e Financeira, Divisão de Comunicações e Divisão de Relações Culturais. Objetivos político-econômicos estavam na base do projeto da agência, que falava numa "hemisphere economic policy". No entanto, para atingir esse objetivo, deu-se uma importância notável às atividades culturais e à comunicação. Num primeiro momento, Nelson esperava que, com ajuda financeira, pudesse manter politicamente estável a região ao sul do rio Grande. Sem dúvida, ele estava envolvido na luta contra a expansão do nazismo, mas acima de tudo prevalecia a visão política do empresário que queria afastar da América Latina os produtos alemães que concorriam com os americanos. Ao mesmo tempo, as propostas socialistas — que salientavam o antagonismo capital-trabalho — poderiam ser combatidas com a propaganda do modelo americano: consumo de produtos maravilhosos, progresso material e bons salários.[61] Por tudo isso, a industrialização do subcontinente deveria ser estimulada, interligada com a intensificação das relações comerciais. A agilização dessas relações exigia a implementação de uma rede de comunicação.

Com a tomada da França pelos nazistas, os ingleses bloquearam o continente europeu. Desaparecia um importante mercado para o Brasil e outros países da Ibero-América. Os Estados Unidos não conseguiram, inicialmente, absorver sozinhos a exportação brasileira. Os homens do Office anteviam um colapso econômico que transformaria todo o subcontinente em campo fértil para a germinação do nazismo, que, no plano das representações, se opunha ao capitalismo liberal. Diante desse quadro, Roosevelt assinou um "cheque em branco" para Nelson Aldrich Rockefeller.

Em 27 de setembro de 1940, o presidente americano mandou uma carta ao Conselho Nacional de Defesa, dizendo que

> cerca de 40% do mercado exportador latino-americano está paralisado por causa da guerra. Isso se traduz num grande perigo. Em alguns dos países a situação pode se deteriorar gravemente [...] Em nome da solidariedade do hemisfério e como bons vizinhos o governo dos Estados Unidos deve fazer o possível para impedir a continuidade dessa situação. Uma coisa podemos começar a fazer: comprar de nossos vizinhos materiais considerados estratégicos. Entre esses produtos é possível mencionar peles, lã, manganês, nitrato, estanho [...]. Espero que se dêem prioridade e consideração para os produtos latino-americanos [...] e é isso o que requisito.[62]

A América Latina se incorporaria ao mercado norte-americano oferecendo o imenso potencial de seus recursos naturais, contribuindo na construção da poderosa máquina de guerra que fazia parte dos planos, ainda não muito explícitos, do governo rooseveltiano. O desemprego desapareceria dos países latino-americanos e, com ele, o campo para que nazistas e socialistas disseminassem suas ideias.

Nos meses que se seguiram à criação da agência, vários projetos para a área econômica estavam em andamento. Um ano depois de sua formação, o coordenador escreveu ao vice-presidente Wallace dizendo que toda a energia do grupo havia sido gasta na construção de sólidas relações econômicas entre o norte e o sul do continente americano. O fluxo do comércio entre os Estados Unidos e a América Latina tinha crescido notavelmente. Nesse curto período, os empréstimos do Eximbank para os países latino-americanos saltaram de 200 milhões de dólares para mais de 700 milhões. Os produtos latino-americanos começaram a ser estocados pelos estrategistas estadunidenses.

Depois do ataque japonês a Pearl Harbor, e com a entrada dos Estados Unidos na guerra contra o Eixo, o leque de produtos comprados à América Latina aumentou bastante. A borracha e o quartzo brasileiro adquiriram um papel vital na defesa do continente. No campo das relações culturais, ainda havia muito a ser feito. Cultura e propaganda passaram a ser consideradas materiais tão estratégicos como qualquer outro produto. A estabilidade política e social seria a melhor defesa de todo o continente. O combate ao germanismo deveria ser feito via mercado.

Para a efetivação de seu ambicioso projeto, Nelson Rockefeller tinha aliados de peso na administração rooseveltiana. Um dos mais importantes era Henry Wallace. Fervoroso adepto do New Deal, ele foi o primeiro secretário da Agricultura de Roosevelt, e depois, como vice-presidente, defendia, quase religiosamente, a ideia de que as Américas poderiam se unir através da agricultura, em especial do milho, cereal americano por excelência.[63] A "cultura" do milho, segundo ele, afastaria outras "culturas", estranhas à realidade americana.

Graças às relações que mantinha, Nelson muitas vezes levou a melhor no embate contra os que se opunham ao seu projeto. Esse foi o caso do conflito entre a agência de Nelson e as outras agências de informação do governo Roosevelt.

COMUNICAÇÃO E INFORMAÇÃO

O serviço de informação de Rockefeller revelou, num relatório de 1941, que vários negócios americanos eram representados na América Latina por alemães e/ou por simpatizantes do nazismo. Ironicamente, esses representantes usavam os anúncios e a propaganda das empresas para a difusão, ainda que velada, de mensagens antiamericanas. Nelson acreditava que o futuro desses empreendimentos na América Latina dependia da venda não só de produtos americanos, mas também do *modo de vida americano*. Tinha, portanto, consciência de que o sucesso no campo econômico tornava necessária uma base sólida no campo ideológico. E, para ele, a comunicação incluía o serviço de inteligência. Em outras palavras, significava também espionagem. Não era gratuita a amizade de Nelson Rockefeller com J. Edgar Hoover, o temido chefe do FBI.

Era necessário empregar todos os meios para consolidar a imagem do modelo a ser seguido, isto é, os Estados Unidos deveriam ser um paradigma. Liberalismo e democracia. A fórmula, ainda que inadequada aos países de formação ibero-americana, precisava ser burilada para adaptar-se, na América Latina, a culturas de raízes diferentes.

A imprensa e a propaganda impressa eram meios importantes para a divulgação dos princípios do americanismo "fabricado" pelo Office. A Divisão de Imprensa e Publicações — que, junto com as divisões de Rádio, de Cinema e de Informação e Propaganda, entre outras, formava a Divisão (ou Departamento) de Comunicações, espinha dorsal do OCIAA — tinha dois objetivos: *a*) difundir "informações" positivas sobre os Estados Unidos, por intermédio de uma rede de comunicação mantida pelo OCIAA, em estreita colaboração com os países do continente; *b*) contra-atacar a propaganda do Eixo. Havia também a preocupação de difundir nos Estados Unidos uma imagem favorável das "outras Repúblicas".

Os projetos de Nelson deveriam, em tese, ser aprovados pelo secretário de Estado Cordell Hull. Na prática, entretanto, Nelson Rockefeller gozava de grande autonomia. Seus assessores muitas vezes viajavam sem o conhecimento do Departamento de Estado, provocando atritos com os diplomatas de carreira.

Com sedes em Nova York e em Washington, a Divisão de Imprensa e Publicações era liderada por John M. Clark, editorialista do *Washington Post*, substituído depois por Francis A. Jamieson, da Associated Press. Todos, portanto, oriundos do mundo dos grandes jornais e das agências noticiosas dos Estados Unidos. Os profissionais da área tinham de contra-atacar o serviço de propaganda da Alemanha, presente na América Latina com a Agência Transoceânica Alemã, que fornecia notícias e fotos a preços insignificantes.

Os altos funcionários do Office nunca usavam, em documentos para divulgação, a palavra *propaganda*. Assim, os Estados Unidos se diferenciavam da Alemanha nazista, que não só fazia uso constante da palavra como tinha, no famoso Ministério Popular de Educação e Propaganda, um de seus mais importantes organismos.

A estratégia propagandística do Office incluía a publicação de brochuras, panfletos e revistas. Dentre estas, a mais difundida foi *Em Guarda*, revista no estilo da *Life Magazine*, publicada em português, espanhol e inglês. No projeto inicial (do final de 1940), a publicação chamava-se *Em Marcha*, mas Cordell Hull, mais afinado com as relações diplomáticas, vetou o nome, por parecer excessivamente agressivo. *Em Guarda*, em contrapartida, sugere defesa, e não ataque.

A revista veiculava uma imagem dos Estados Unidos como fortaleza da democracia continental. Fortaleza à qual os países do continente americano poderiam pedir toda sorte de auxílio, sempre que necessário. Os temas das reportagens eram variados: a produção de materiais bélicos, a excelência de um tanque de guerra, como cuidar de uma horta, a eficiência do serviço de enfermagem dos americanos, notícias de vitórias dos aliados. Em 1945, a revista havia alcançado uma tiragem mensal de mais de 500 mil exemplares, distribuídos por diversos países da América Latina.

A Divisão de Imprensa era uma das maiores do Office. Tinha cerca de duzentos funcionários — só nos Estados Unidos — trabalhando em tempo integral, entre eles vários brasileiros, como Orígenes Lessa, Marcelino de Carvalho, Raimundo Magalhães e Carlos Cavalcante. Exerciam quase todas as funções, desde o envio de radiofotos para os maiores jornais do Brasil até a colaboração na distribuição de documentos oficiais, discursos e panfletos: foram mais de 15 milhões de cópias de "Por que nos armamos", discurso proferido por Roosevelt pouco antes da entrada dos Estados Unidos na guerra, e mais de 2 milhões de exemplares de livretos ilustrados, como *Os Estados Unidos na guerra* e *Heróis verdadeiros*, que descreve a atuação dos soldados americanos no front. E, para a divulgação e distribuição da revista no Brasil, o Office recrutava jovens idealistas que pretendiam militar na frente antinazista.

Na primeira metade de 1942, os anúncios de empresas americanas nos veículos de comunicação brasileiros (rádios e jornais) começaram a escassear. Isso porque os produtos mais anunciados — pneus, geladeiras, automóveis — praticamente não existiam mais no mercado. As fábricas estavam empenhadas na produção de materiais bélicos. O grande Moloch, que era a máquina de guerra da democracia americana, tinha necessidade, numa voracidade sem igual na história, de tudo o que fosse produzido.

Nelson Aldrich Rockefeller usou de toda sua influência para convencer seus pares da Ford, da General Electric e da General Motors para continuarem a investir em propaganda, mesmo sem ter o que vender. Assim, a revista *Seleções* de novembro de 1943 anunciava, com uma fotografia de uma metralhadora abatendo aviões inimigos: "Nosso modelo de exportação para 1943". Logo em seguida, outra foto mostrava uma dona de casa usando uma máquina de lavar roupas sob outro texto: "Hoje, produção militar/ Lavadoras, amanhã".[64] Em janeiro do ano seguinte, a General Electric garantia que "a eletrônica trará a televisão em nosso lar". Se no presente não havia bens para consumir, o futuro eletrônico e mecanizado era oferecido como catarse dos tempos difíceis. Futuro feliz, eletrificado, estandardizado. No plano simbólico, vendia-se o sistema.[65] Os empresários deveriam fazer o sacrifício de anunciar sem retorno imediato, em nome da Política da Boa Vizinhança. A realpolitik mascarava a mercadoria sob o manto democrático-liberal da luta contra o nazifascismo, contra o totalitarismo. Razões ideológicas e mercadológicas: "Muitas vantagens se apresentavam ao anunciante, justificadas não só por bons negócios futuros mas também por razões patrióticas".[66]

A partir daí, as grandes empresas americanas aumentaram seus gastos com propaganda: de 4 milhões de dólares no primeiro ano de guerra, o total passou a 8 milhões, em 1942; 13,5 milhões, em 1943; 16 milhões, em 1944, e 20 milhões, em 1945.[67]

Da *Seleções do Reader's Digest*, mais exemplos: "[...] forjando espadas e charruas [...]" da RCA-Victor Division, a Philco —

"[...] a maior fabricante de rádios do mundo" — trabalhava "[...] com cristais de rocha do Brasil, cristais para rádio de uma exatidão de 40/1 000 000 de polegadas". O próprio OCIAA anunciava em revistas seus programas de rádio em ondas curtas. A Westinghouse afirmava que a guerra tinha "[...] seu lado bom [...] [pois] das cinzas da guerra começavam a surgir maravilhas — coisas que prometem benefícios enormes à humanidade — como a eletrônica, a ciência que virá iluminar os passos do gênero humano [...]". Não haveria "motivo nenhum para não produzirmos em tempo de paz como [...] em tempo de guerra [...]". Essa era a promessa da Ford Motor Company, num anúncio intitulado "Quando a calmaria voltar". Os motores de popa Johnson deixaram momentaneamente as atividades de lazer e foram à guerra. Até o batom Michel, de "oito tons sedutores", estava "em guarda! Para proteger a beleza. Para proteger nosso hemisfério". "Pela vitória do Brasil e seus aliados não desperdice borracha — Dê paradas e saídas devagar", era o que recomendava a Goodyear.

No entanto, a ética do trabalho era a regra das propagandas. A Westinghouse tinha um "reclame" nos seguintes termos: "Trabalhamos dia e noite" — "Gosto de meu trabalho como inspetor da Westinghouse, porque me dá a oportunidade de falar com novos empregados. Muitos dos homens recentemente admitidos pensam que as grandes companhias são impessoais e que por trabalharem para uma delas vão perder a própria individualidade". O texto continua contando a história da empresa, que havia começado pequena no ano de 1886, enaltecendo o espírito de camaradagem existente entre os trabalhadores. "[...] todos nós estamos trabalhando por aquele dia em que nossas mãos possam voltar a criar artigos para o mundo sem guerras". Seguia-se um aviso: "Leitores, sintonizem seus rádios nas emissoras WBOS para ouvirem notícias da guerra".

Ah! a famosa *Seleções*.[68] Embora a revista não fizesse parte diretamente do projeto de Rockefeller, desempenhou um papel importante na difusão do americanismo no Brasil. A revista tinha uma tiragem mundial de 5 milhões de exemplares. No Brasil, foi lançada na primeira metade de 1942, no mesmo ano em que também chegaram a Coca-Cola e o sorvete Kibon. Na capa vinha escrito SELEÇÕES; logo abaixo, as palavras "Do *Reader's Digest*". Eis aí uma quase redundância. Traduzindo: *digest* significa uma seleção de textos, mas também digerível. A chave era esta: textos escolhidos e de fácil assimilação. O expediente da revista: "Seleções do *Reader's Digest* — Marca registrada — Publicada mensalmente por Reader's Digest Association Inc. em Pleasantville, Nova York, EUA. Diretores: De Witt Wallace e Lilla Acheson Wallace. Redator gerente: Eduardo Cárdenas. Redator secretário: Afrânio Coutinho. Corredator: J. Rodrigues Miguéis".

Em um dos primeiros números de *Seleções* publicado no Brasil, os editores davam, inclusive, informações sobre o local onde era feita a revista. A sede da *Reader's Digest*, revista já famosa nos Estados Unidos, ficava em um edifício construído no austero estilo colonial da Nova Inglaterra, com seus clássicos tijolos vermelhos. A casa tinha um campanário, como convinha às construções arquitetônicas baseadas no espírito puritano, e estava localizada a uns cinquenta quilômetros de Nova York. O leitor poderia, assim, sentir a segurança e a solidez das publicações. Poderia, enfim, confiar na "catadura moral" do texto. Editada em português nos Estados Unidos, em papel que garantia a qualidade das ilustrações, com ela os americanos esperavam conquistar o brasileiro urbano médio por meio de seus anúncios e de artigos que celebravam o *American way of life*. O próprio nome da revista é elucidativo de seu funcionamento. Seleção mensal de artigos publicados em outros veículos da imprensa americana. A ideia principal, a filosofia da revista, revelava-se em seu subtítulo: "Artigos de interesse permanente". O inimigo comum, momentaneamente representado pelo Eixo, permitia a *Seleções* um liberalismo que não veremos em tempos posteriores. "Einstein: exemplo de simplicidade" era o título de um artigo transcrito do *The Nation*, o quase centenário jornal de esquerda americano. Liam-se artigos de John Gunther, historiador semioficial do New Deal, e de Bertrand Russell. Transcrições de *The Collier's*, *Esquire*, *Forbes*, *Harper's*, *New York Times Magazine*, *Fortune*, *Scientific American*. No entanto, a seção que se tornou mais popular foi a de livros: romances simplificados e resumidos para facilitar a leitura, mas "[...] conservando o poder absorvente da narrativa [...]", como dizia o texto de abertura da seção. A aceitação da revista no Brasil era analisada na contracapa do número de maio de 1942: "Os leitores de *Seleções do Reader's Digest* terão decerto prazer em saber que, ao atingir o seu terceiro número, esta nova revista é já um dos periódicos de mais larga difusão no Brasil. Os brasileiros compraram, só por si, mais exemplares do primeiro número de *Seleções*, do que toda a América espanhola do primeiro número de *Seleciones* [...]".

Quando Waldo Frank esteve no Brasil, teve a impressão de que os brasileiros, de modo geral, gostavam muito dos americanos. A leitura de *Seleções*, superando a dos países de língua espanhola, parecia comprovar a opinião de Waldo. O caráter digestivo da cultura de *Seleções* era enaltecido também por muitos intelectuais. Afrânio Peixoto achava que "num livro ou revista fico contente se há uma página a reter [a atenção], e numa página uma frase. Em um número de *Reader's Digest* há dezenas dessas páginas [...]".

Para aferir os dados necessários à expansão e consolidação do Office, Rockefeller buscou o auxílio de George Gallup, o conhecido pesquisador de opinião pública. Dos Estados Unidos, Gallup comandou uma grande pesquisa em toda a América Latina, no Brasil em especial, a fim de conhecer os gostos, as opiniões e os hábitos dos latino-americanos. Com isso, esperava-se, em parte, que os enviados americanos não cometessem equívocos de interpretação da cultura dos diferentes países. O objetivo mais amplo era saber qual o melhor veículo de comunicação a ser usado para difundir uma imagem positiva dos Estados Unidos. Simultaneamente, outra pesquisa — atada diretamente à anterior — foi feita em território norte-americano, com o objetivo de avaliar a atitude dos americanos em relação à América Latina. Interessava conhecer a opinião do público em geral e a do empresariado em particular.

Com a cooperação secreta do FBI, a pesquisa visava também obter informações sobre o grau de simpatia dos brasileiros para com os países do Eixo e os Estados Unidos. Diretamente ligado a essa questão, o alcance dos nossos meios de comunicação foi igualmente analisado. Espalhados pelo Brasil, os "observadores" — as aspas, usadas no documento oficial, tentavam amenizar o caráter de serviço de espionagem — avaliaram minuciosamente os editoriais dos grandes jornais e o número de ouvintes das rádios, e compraram espaço nos jornais e nas estações de rádio.

De modo geral, a documentação sobre essas pesquisas incluía em seu título a expressão "relações culturais", denominação ampla o suficiente para abrigar o intercâmbio de professores universitários, elaborados sistemas de informação e todos os ramos da comunicação de massa. No entanto, Nelson dedicou especial atenção a dois meios de comunicação: o cinema e o rádio.

A Divisão de Cinema

A Divisão de Cinema (Motion Picture Division) ficou sob a responsabilidade de John Hay Whitney, milionário refinado, amigo de Rockefeller. "Jock" Whitney, como era conhecido, tinha um *curriculum* que justificava sua escolha para supervisionar o setor. Havia sido um dos empresários que financiaram o lucrativo ...*E o vento levou*, e por isso gozava de grande influência na indústria cinematográfica de Hollywood. O próprio Nelson era acionista da empresa cinematográfica RKO Pictures. Uma das grandes jogadas da dupla Nelson-Jock foi, como veremos, ter conquistado artistas como Walt Disney e Carmen Miranda para a causa da "liberdade" das Américas.

Comparada à produção alemã, mesmo levando em conta a tradição do cinema do tempo da República de Weimar, a cinematografia americana estava em situação privilegiada. Com a guerra, os filmes alemães já não alcançavam, depois do bloqueio britânico, nosso continente. O cinema americano ficou livre da concorrência e com isso se impôs absoluto.

O OCIAA tratou de consolidar o papel do cinema enquanto veículo propagandístico da "causa" dos aliados. A Divisão de Cinema era considerada uma das mais importantes do Office, apesar de seu reduzido número de funcionários. Isso porque grande parte do material já vinha pronto de Hollywood. Em 1944, somente quarenta pessoas trabalhavam nos escritórios de Nova York, de Washington e da Califórnia.

Os filmes estavam divididos em dois ramos: a produção destinada à apresentação nas salas de cinema e a produção não comercial, que era apresentada em escolas, clubes, ao ar livre etc. O centro nervoso da divisão estava sediado em Nova York e tinha três seções. A seção de produção e adaptação selecionava filmes produzidos por outros departamentos e por Hollywood e adaptava-os para o português e o espanhol. Nessa seção também se produziam roteiros. A seção de curtas-metragens era responsável pelos cinejornais, documentários e filmes de animação relacionados à política interamericana dos Estados Unidos. Apesar de destinado, em grande parte, aos países da América Latina, esse material também era apresentado nos Estados Unidos, com o objetivo de difundir uma boa imagem dos países latino-americanos. E, por fim, havia uma seção que supervisionava a distribuição dos filmes em 16 milímetros. Os filmes em 35 milímetros ficavam a cargo da rede de circuito comercial.

A produção não comercial era dirigida a instituições de ensino, clubes, igrejas, empresas, sindicatos e organizações rurais.[69] No Brasil foi exibido, por exemplo, *Americans All*, filme em preto e branco de vinte minutos sobre o trabalho dos jovens em cada um dos países americanos. Ou ainda *Deffense Against Invasion*, filme colorido de animação de Disney, sobre os benefícios do uso de vacinas. Em compensação, em *Brazil* os americanos poderiam ver, em cores, onze minutos de cenas do Rio de Janeiro, da Amazônia e do porto de Santos. Viram também *Brazil's Fishing School*, curta de dez minutos, em preto e branco, narrando a história da escola criada pelo presidente Vargas na restinga da Marambaia. Viram, em cores, *Brazil Gets News*, outros dez minutos explicando o funcionamento de um grande jornal de São Paulo. E viram também filmes com Carmen Miranda, Charlie Chan e Bette Davis, em alguns exemplos de produções comerciais de Hollywood cujas histórias se passavam no Brasil.

A Divisão de Cinema mantinha, por razões óbvias, uma importante filial em Hollywood. Responsável pelo contato com as grandes produtoras, ela as assessorava em casos bastante significativos: promovia a inclusão de artistas latino-americanos nos grandes estúdios, mas principalmente tratava de reparar a imagem de "bandoleiros" que Hollywood havia forjado para os latinos, em especial para os vizinhos mexicanos. Sempre que possível, a Divisão sugeria às grandes produtoras que fizessem minuciosas pesquisas sobre os costumes da América Latina antes de rodarem algum filme. Dessa forma, evitariam problemas de interpretação — e mesmo atritos diplomáticos —, como os causados por *The South American Way* (*Serenata Tropical*), primeiro filme de Carmen Miranda produzido por Darryl Zanuck. Nesse filme, Carmen apareceu cantando em português uma rumba, e outra atriz usou castanholas. O problema é que o filme era ambientado na Argentina, onde não há rumbas nem castanholas.[70]

Por essa e outras razões, Nelson Rockefeller despachou "Jock" Whitney para uma viagem de reconhecimento pela América Latina. No Rio de Janeiro, Whitney, que havia viajado com Disney, enviou a Nelson, em agosto de 1941, um relatório em que diz que

> [...] a viagem parece estar tendo muito sucesso e por isso parece justificada. [...] Esta é uma terra fascinante, bastante surpreendente na maioria de seus aspectos, com uma paisagem ofuscante e irreal. [...] O povo do Rio é bastante amigável e hospitaleiro, e também bastante crítico. Você sente que ele quer que você goste dele para depois ele gostar de você, e se isso não ocorre você é o culpado, o que eu acho que é verdade. [...] O sucesso de Walt Disney como empreendedor e personagem está sendo muito maior do que o esperado [...].[71]

Do Brasil, "Jock" sugeria que temas latino-americanos deveriam ser mais frequentes na produção de Hollywood. E o uso de cenários artificiais para locais conhecidos tinha de ser evitado, fotografando in loco o Corcovado, o Pão de Açúcar, o Cristo Redentor, Copacabana. Os artistas começaram a chegar ao Brasil e a outros países da América Latina. Em Hollywood, foi organizado o Grupo de Ajuda ao Cinema Latino-Americano, formado por vários comitês de artistas e representantes da Academia de Cinema, Artes e Ciências.

Em abril de 1941, Douglas Fairbanks Jr. — que, ao combater o isolacionismo, desde 1939 se transformara num dos grandes aliados de Roosevelt — foi convidado por Roosevelt e Sumner Welles para uma viagem à América Latina, cujo objetivo oficial era a pesquisa da situação do cinema americano, mas que na realidade serviu para verificar a relação entre a tendência nacionalista de alguns governos latino-americanos e o nazismo.[72] No Rio, Fairbanks foi recebido efusivamente. Segundo ele, Alzira Vargas o ensinou a dançar samba numa festa.[73]

A responsabilidade pelas operações gerais da Motion Picture Division ficou a cargo da Film Library, Inc. do Museu de Arte Moderna de Nova York, sabidamente território de Nelson. Era no museu que o filme recebia acabamento, isto é, uma versão mais palatável para *los latinos*.

As funções da Divisão de Cinema eram bastante claras: promover a produção americana de filmes, curtas e longas, e de cinejornais sobre os Estados Unidos e as "outras Américas", distribuindo-os por todo o hemisfério ocidental, isto é, para as Américas; produzir e estimular a produção, nos países latino-americanos, de curtas e cinejornais que poderiam ser exibidos nos Estados Unidos; combater por todos os meios o cinema produzido pelo Eixo; convencer as grandes empresas cinematográficas de que não era uma boa política distribuir filmes que transmitissem uma má impressão ou uma imagem comprometedora dos Estados Unidos. Nada de *The Grapes of Wrath* (*As vinhas da ira*), de John Ford, filme em que Tom Joad, a personagem principal, deixa a poeirenta e decadente Oklahoma para morar numa favela da Califórnia, sendo explorado em um trabalho degradante. O próprio Ford iria, pouco tempo depois de dirigir *As vinhas da ira*, militar na cruzada de recuperação moral liderada por

Roosevelt e Nelson Rockefeller, e, como veremos, veio ao Brasil para filmar o "nosso" esforço de guerra.

A ligação entre o Office e Hollywood era intermediada pela Motion Picture Society for the Americas, uma instituição sem fins lucrativos criada em março de 1941 e dirigida por Walter Wanger, importante produtor hollywoodiano. Cuidados especiais para um momento especial. O Office não precisava gastar muito dinheiro com a produção dos filmes, graças à familiaridade de Rockefeller e, principalmente, de John Hay Whitney com os grandes *moguls* da indústria cinematográfica. O "patriotismo" dos industriais do cinema na luta contra o Eixo era, também, uma oportunidade de obter lucros fantásticos.[74] O mercado europeu estava fechado, restava o latino-americano. Os conhecidos filmes de Walt Disney tiveram uma bilheteria notável. O trabalho de Darryl Zanuck, que, em sintonia com a Política da Boa Vizinhança, produziu o primeiro filme de Carmen Miranda, tirou a 20th Century Fox do vermelho.[75]

Ainda assim, Disney reclamava que muitas de suas contribuições para o esforço de guerra, tais como filmetes sobre o treinamento de soldados ou sobre o pagamento de impostos (este estrelado por Donald e sua turma), não lhe proporcionavam retorno. Disney chegou a enfrentar uma disputa judicial com Henry Morgenthau, secretário do Tesouro dos Estados Unidos.[76]

Havia uma "solidariedade" que barateava o custo das produções. De modo geral, essa solidariedade, quando vinha dos sindicatos de artistas e músicos, era de caráter mais desinteressado. Este foi o caso da American Federation of Musicians e da The American Society of Composers, Authors and Publishers, que abriram mão de alguns royalties em nome do esforço de guerra. A RCA também cooperou, abrindo mão dos direitos de algumas músicas utilizadas em trilhas sonoras de documentários, curtas e cinejornais.[77] O gráfico que segue foi publicado pela Motion

Picture Division, em 1944. Comparando-se os Estados Unidos com a América Latina, verifica-se o crescimento da audiência dos filmes em 16 milímetros, mostrados em escolas e instituições públicas.

Além da indústria hollywoodiana, outros setores empresariais contribuíram para a realização de filmes, principalmente de cinejornais. Este foi o caso da United Steel Export Corporation, da Bell Air Craft, da Greyhound Bus Company e da American Can, Aluminium Corporation of America. Outros departamentos do governo americano também contribuíram para a produção de curtas-metragens, como o Departamento de Saúde Pública, que forneceu importantes dados sobre o combate de doenças tropicais.

A produção dos cinejornais, pela Divisão de Cinema, tornou-se tão importante quanto a de filmes ficcionais. Isso porque,

CRESCIMENTO DA AUDIÊNCIA DOS FILMES EM 16 MILÍMETROS

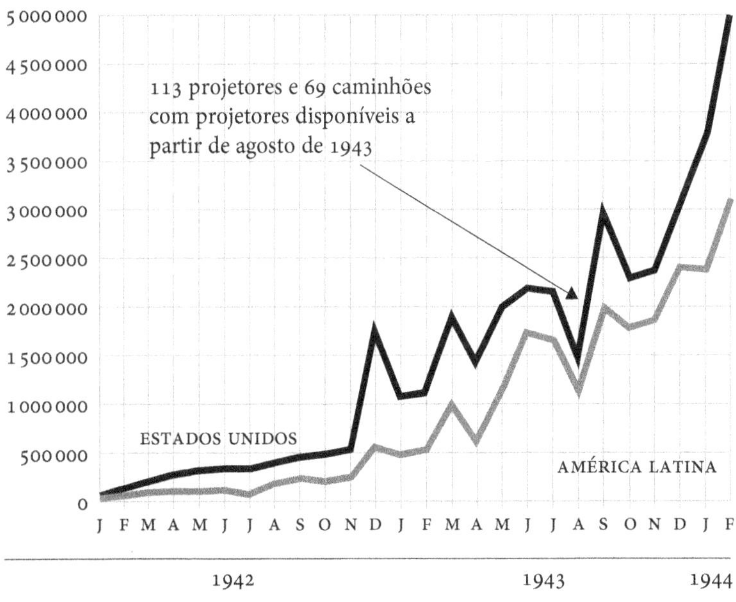

até a entrada dos Estados Unidos na guerra, os jornais cinematográficos alemães, embora não fossem numerosos, sempre mostravam a Alemanha como modelar, tanto no plano militar como no moral. Os exércitos alemães eram apresentados como imbatíveis em seu avanço na Europa do Leste. Êxitos atribuídos à disciplina das tropas e à organização do novo Estado germânico. Os cinejornais americanos, por seu lado, só mostravam coisas pitorescas ou mesmo situações depreciativas (assassinatos, desastres), que não contribuíam muito para formar uma imagem positiva dos Estados Unidos. Já no começo de 1941, a Divisão de Cinema começou a trabalhar arduamente para mudar esse quadro, criando a News Reel Section (Seção de Cinejornais).

A apresentação, para o público americano, de documentários como *Brazilian Quartz Goes to War*, de 1943,[78] tinha por objetivo mostrar a cooperação dos países latino-americanos no esforço de guerra. O Brasil era apresentado como importante fornecedor do mineral, indispensável na produção de rádios para os aviões e navios que lutavam em defesa da democracia e da civilização ocidental. A Paramount News e a United News fizeram um acordo para produzir os cinejornais. Uma cadeia de cinemas se comprometeu a exibir cinejornais que tratassem de temas referentes aos países da América Latina. Em vários cinejornais foram mostrados os progressos nas relações interamericanas proporcionados pelo OCIAA: da chegada de Nelson ao Rio de Janeiro, em setembro de 1942, e seu encontro com Getúlio Vargas ao desembarque do primeiro contingente da FEB na Itália.[79]

Os curtas educacionais produzidos por Walt Disney tornaram-se bastante populares. Um filme sobre a malária,[80] por exemplo, abre com a águia, símbolo dos Estados Unidos, seguida dos créditos: "Uma produção Walt Disney — Filmada sob os auspícios do CIAA". A trilha sonora se assemelhava à de um thriller, elemento indispensável à narrativa cinematográfica, para capturar a atenção do espectador. Foco num poste com um cartaz: "Wanted... dead or alive — public enemy number 1", o cinematográfico "Procura-se vivo ou morto", presente em quase todos os filmes de faroeste. O procurado, de perfil e de frente, era o mosquito transmissor da malária. Uma voz em off vai enumerando os perigos da doença. A câmara segue o mosquito, que voa até um casebre de pau a pique, evidentemente bastante pobre. O mosquito entra por uma das inúmeras frestas, chega até a cama e dá uma picada num homem de "nacionalidade" indefinida, mas certamente um latino-americano. Poderia ser um habitante do Paraguai, das favelas do Rio ou de palafitas da Amazônia. O estranho é que, didaticamente, o espectador fica um tanto penalizado pelo mosquito e não pelo homem: é que, de forma bem construída, o narrador demonstra que o mosquito não está infectado, mas o homem, sim. A vítima passa a ser o mosquito, que, ao mesmo tempo, encarna o algoz. Foco: o sangue sendo sugado para um "depósito" no interior do mosquito. Com a mesma técnica desenvolvida em *Fantasia*, o inseto de Disney — que batia as asas em sincronia com o allegro dos violinos — sobrevoa pântanos até chegar a uma casa de uma próspera fazenda. A casa, construída no estilo colonial dos estados sulistas americanos, é habitada por pessoas, digamos, mais saudáveis. Um homem, que parece ser o proprietário, está numa cadeira de balanço na varanda, desfrutando a paz, como disse o narrador. Eis que o mosquito ferroa o braço desse honrado cidadão, infectando-o com a malária. Sangue bom infectado pelo sangue ruim.

O esforço de guerra havia dividido o mundo em bons e maus, claro e escuro, como mostra muito bem o primeiro filme da série *Why We Fight*, de Frank Capra: parte do mundo iluminada pelo sol da democracia e parte mantida na escuridão dos totalitarismos, o que incluía a União Soviética.

Logo depois da ação maléfica do mosquito, tudo em volta da casa vai se deteriorando: plantações, criação e, depois, a própria casa. Tudo adquire um ar de abandono. O narrador, diante de tanta desgraça, pede à plateia alguma ajuda. Metaforicamente, o filme estava sendo mostrado numa sala de cinema de algum lugarejo perdido na América Latina. Da hipotética plateia saem sete voluntários para ajudar o desafortunado. As sombras dos voluntários que aparecem na parede são familiares. Não são outros senão os "fantásticos" Sete Anões da também "fantástica" Branca de Neve. O trabalho coletivo para o bem coletivo traz resultados imediatos para o indivíduo. O espectador, a muito custo, não abandona sua poltrona — ou, no caso, sua cadeira ou banqueta, pois os filmes eram, como dissemos, apresentados somente em lugares públicos e populares — para ajudar o incansável grupo de anões trabalhadores. Em primeiro lugar, é preciso aprender como a larva da malária se reproduz. E nisso Walt Disney é o mestre genial do didatismo. Tudo muito bem explicado. Águas paradas, primeiro. Drenagem de pântanos, depois. Limpeza de poços etc. etc. etc. "O.k., rapazes, agora poderemos começar a luta!!!", diz a voz em off. A trilha sonora é um toque de clarim militar soando o estrídulo para o ataque. O combate iria começar. A seriedade e a dureza da tarefa são amenizadas pelas conhecidas trapalhadas dos Sete Anões. Em especial do Soneca e do outro orelhudo aparvalhado, cujo nome está perdido na minha infância. Eles fazem tudo. Com ajuda de formosos passarinhos, acho que os mesmos que ajudaram Branca de Neve ou Cinderela a vestir suas roupas para esperar os respectivos príncipes encantados, pregam telas nas janelas para se proteger de futuros inimigos. No lugar da ruinosa fazenda, renasce uma nova e vigorosa propriedade.

Dos filmes projetados para distribuição comercial, o mais controverso de todos foi *It's All True*, de Orson Welles. Seria uma saga americana (aqui com sentido continental): do jazz de Duke Ellington ao Jacaré, jangadeiro do Ceará. As aventuras e desventuras de Welles no Brasil já foram suficientemente exploradas e investigadas. Vale lembrar que a Divisão de Cinema pretendia produzir um longa sobre a América Latina e Welles tinha um projeto na gaveta. Quando John Hay Whitney esteve no Brasil, Lourival Fontes, então diretor do DIP, aventou a hipótese de realizar um filme sobre o Carnaval, festa maior do nosso país. Havia, portanto, uma conjugação de fatores favoráveis à realização do trabalho.

Orson já era bastante conhecido: a invasão dos marcianos pelo rádio, *Cidadão Kane*, o teatro shakespeariano. Conhecido, mas um pária de Hollywood, como ele mesmo se avaliava. Um outsider, como setores da crítica o rotulavam. Gênio para a crítica. Incompreendido pelo grande público que ia ao cinema. Havia uma certa tensão entre ele e a RKO, a produtora de cinema da qual Nelson Rockefeller possuía ações. Mas, quando os senhores do Office o chamaram a Washington, Welles ainda não era considerado um maluco, nem pelos donos dos estúdios nem por Whitney, o chefe da Divisão de Cinema. A ideia do filme renasceu e coincidiu com as expectativas do Office e as de Lourival Fontes.

Welles chegou ao Brasil antes do Carnaval de 1942, como um dos embaixadores do pan-americanismo. Começou os preparativos para a filmagem e resolveu conhecer o Brasil, em todos os sentidos. Paralelamente à conturbada produção do filme, Orson fez palestras, promoveu uma festa em homenagem ao aniversário de Vargas, namorou quantas brasileiras pôde. Conheceu Minas e filmou Ouro Preto. No Ceará, filmou o cotidiano de uma vila de pescadores. O episódio da morte de Jacaré,[81] líder dos jangadeiros, tornou um pouco mais complicada sua estada no Brasil.

O fracasso de um de seus filmes — *The Magnificent Ambersons*, que estava sendo exibido nos Estados Unidos — e a mudança na direção da RKO deixaram Welles sem aliados no estúdio cinematográfico.[82] E, além do mais, sua situação no Rio não era das mais confortáveis. A Divisão de Cinema não concordava com os gastos, considerados excessivos, inclusive a indenização paga à família de Jacaré.[83] Orson já não era tão festejado pelos jornais brasileiros, em especial os do Nordeste, que veladamente o responsabilizavam pela morte do jangadeiro. Seu comportamento no Rio de Janeiro não condizia exatamente com o de um bom vizinho. Era barulhento e mesmo arrogante. Cinco meses depois de ter chegado ao Brasil, Orson Welles voltou aos Estados Unidos e nunca mais teve o destaque de que até então parecia gozar.

Em 1943 já víamos em nossos cinemas *Saludo, amigos*, de Walt Disney, assim mesmo, em espanhol, título depois mudado para o americanizado *Alô, amigos*, apesar de Noel Rosa. Disney dava lucro e colaborava com a filosofia da *Good Neighbor Policy*, difundindo a solidariedade continental. E Welles? Lutava para salvar *It's All True*, o que nunca conseguiu. Hoje conhecemos somente fragmentos do filme. Welles continuou colaborando com o esforço de guerra num programa de rádio chamado *Alô! América*. Entrevistou Oswaldo Aranha e fez um pequeno show com Carmen Miranda. Sua contribuição cinematográfica não se concretizou.

Alguns filmes produzidos pela agência de Rockefeller, em cooperação com o Office of Strategic Services (OSS), o Office of War Information (OWI)[84] e o Signal Corps, destinavam-se ao consumo interno. Eram chamados *staff film report*, isto é, circulavam entre os funcionários que viriam trabalhar aqui. Era o caso de

Brazil, filme de 1945.[85] O filme mostra Jefferson Caffery, ainda na embaixada, Vargas com os oficiais, serviços médicos, colheita de café, carregamento de minério de ferro, aviões americanos levantando voo nas bases do Nordeste, borracha e mineração. Informações que interessavam ao serviço secreto americano. Mas, em 1945, o Office já não era o mesmo. Rockefeller ocupava outra posição no governo. Jefferson Caffery não era mais embaixador, os Estados Unidos não tinham mais o mesmo interesse pelo Brasil.

A Divisão de Rádio

Embora estivesse, teoricamente, subordinada ao Departamento de Comunicações, a Divisão de Rádio tinha, como a de Cinema, grande autonomia. Inicialmente sediada em Nova York, foi depois transferida para Washington. A Divisão não produzia diretamente os programas, mas encomendava-os a diferentes estúdios, muitos deles localizados em Manhattan. A Divisão de Rádio era dirigida por Don Francisco, profissional de propaganda. O objetivo da Divisão foi definido pelo próprio Don Francisco em um documento de 5 de junho de 1942, enviado ao coordenador do Office: "O rádio ajuda a criar uma opinião pública dinâmica no hemisfério ocidental, apoiando de forma contínua o esforço de guerra das Repúblicas americanas. A opinião pública, uma vez informada, não aceitará nem tolerará a propaganda dos países do Eixo que atinge o continente".[86]

Até o começo da Segunda Guerra Mundial, as grandes emissoras nunca se preocuparam muito em expandir suas atividades na América Latina, pois não havia perspectivas de lucros expressivos. Por isso, pode-se dizer que as estações europeias, em especial as dos países do Eixo, se aproveitavam desse "vazio" deixado pelos americanos.

Em 1939, a Rádio Berlim — emissora de ondas curtas — oferecia ao ouvinte uma programação radiofônica bastante variada: ao meio-dia, *Concerto Recreativo*; às 22h50, *Saudações aos Nossos Ouvintes*; à meia-noite e meia, *Helma Panke Canta Canções Alemãs*; logo a seguir, *Concerto Brasileiro de Orquestra*, sob a direção do maestro Spartaco Rossi, com peças de Nepomuceno, Mignone e Carlos Gomes, interpretadas pela solista Christina Maristany. Toda a programação era entremeada de noticiários econômicos e políticos. Às onze e meia da noite, *Últimas Notícias e Relatório da Alemanha*, em português; às duas da madrugada, o mesmo programa em alemão.[87]

Com um objetivo mais ideológico (não visavam a resultados materiais imediatos, como as rádios americanas), as emissoras alemãs e italianas tinham programação específica para o Brasil. Os sinais emitidos em Berlim e em Roma eram muito mais potentes do que os emitidos nos Estados Unidos. Além do mais, no totalitarismo, os meios de comunicação estavam sob a autoridade do governo, que os usava com fins políticos, enquanto nos Estados Unidos as emissoras se enquadravam no regime de livre-iniciativa, eram independentes, com objetivos comerciais. Obter um consenso era tarefa mais difícil.

Os alemães continuavam a "atacar" a América Latina com as ondas curtas da Rádio Berlim, em especial o Brasil, com cerca de 1 milhão de alemães ou descendentes assentados nos estados do Sul. O éter seria o primeiro campo de batalha no qual americanos e alemães deveriam medir forças. Por isso Rockefeller devotava especial atenção ao rádio como meio de comunicação e propaganda. A Divisão de Rádio era a menina dos olhos de Rockefeller. Ele raciocinava, com razão, que o rádio poderia alcançar um público mais amplo, e de todas as classes sociais, e incumbiu Don Francisco de viajar pela América Latina para avaliar as condições de implantação de um programa de radiodifusão.

As grandes indústrias da comunicação americana deveriam servir aos interesses maiores do combate a ideologias contrárias ao liberalismo. O Brasil era, assim, um importante alvo a ser atingido pelas ondas curtas da radiodifusão americana. Também no que se refere ao rádio, Nelson valia-se de sua posição para conseguir seus objetivos. A poderosa National Broadcasting Company, a NBC, tinha suas instalações centrais no próprio Rockefeller Center, o que facilitava em muito as negociações com o Office. Embora as ligações de Nelson com a NBC fossem marcantes, a Columbia Broadcasting System, a CBS, foi a primeira a ampliar o setor radiofônico da Política da Boa Vizinhança. O presidente da empresa, William Paley, viajou, como veremos, pela América Latina e, no Brasil, teve uma entusiástica acolhida oficial.

Uma primeira ideia sugerida por Nelson, reveladora de sua personalidade faraônica, era a distribuição de aparelhos de rádio, extremamente baratos, por toda a América Latina. Problemas técnicos impediram o andamento do plano. Não podendo interferir na produção dos aparelhos, Nelson concentrou-se na tarefa de tornar mais eficiente a irradiação de programas. Nisso ele teve a cooperação das grandes emissoras, que baixaram o preço de seus serviços em cerca de 50%, como declarou um dirigente da NBC, "porque estamos tentando contribuir [...] no importante campo das relações exteriores [...] [e] transmitiremos programas para a América Latina em nome da solidariedade continental [...]". Além do mais, havia o objetivo de convencer os países latino-americanos de que o verdadeiro propósito dos Estados Unidos na América Latina era criar e não explorar.[88]

A NBC era dirigida por David Sarnoff, tido como um dos melhores exemplos do impiedoso self-made man, homem de negócios que não vacilava em destruir quem quer que fosse em nome de seus interesses. Mesmo o "ditador" do rádio americano precisava se curvar à nova realidade. Momentaneamente, diante da ameaça alemã, os empresários americanos se conscientizaram de que precisavam abandonar atitudes individualistas para enfrentar a expansão nazista. Isto é, até um "durão" como Sarnoff tinha de mostrar o seu lado "bom" e ajudar a mudar a imagem arrogante dos americanos. Convencer, como disse o alto funcionário da NBC, os latino-americanos de que os norte-americanos queriam *criar e não explorar*.

O radiojornal foi a primeira forma de programação aprovada: em abril de 1941, o projeto de transmissão diária de um jornal falado para todos os países da América Latina recebeu uma verba inicial de 50 mil dólares. As primeiras edições desse jornal foram feitas em parceria com a CBS, retransmitidas pela American Telephone & Telegraph (AT&T) e distribuídas pela International Telephone & Telegraph (IT&T) para as estações locais. Como se vê, havia uma perfeita integração entre as grandes corporações da comunicação para vencer a Alemanha.

Num documento da CBS datado de 5 de junho de 1940, a empresa anunciava a admissão de Luís Jatobá, "reputed the number 1 radio announcer of Brazil".[89] Jatobá era um dos muitos brasileiros que foram trabalhar nos Estados Unidos, e, como um dos mais afamados speakers, participou do esforço de guerra.

A familiaridade de Nelson com os grandes empresários facilitou a formação de uma "aliança" entre a NBC e a CBS, as duas rivais nos Estados Unidos. A aliança valia somente para as transmissões em ondas curtas para a América Latina. Vários jornais e revistas, entre elas *Seleções* e *Em Guarda*, publicavam o horário de toda a programação. No Rio de Janeiro, a Cruzeiro do Sul, a Mayrink Veiga e a Tupi; em São Paulo, a Record, a Cruzeiro do Sul, a Cosmos, a Cultura e a Tupi; em Porto Alegre, a Farroupilha; em Recife, a Rádio Club de Pernambuco; e em Belo Horizonte, a Pampulha — todas elas transmitiam a programação enviada dos Estados Unidos. Na *Hora do Brasil*, cinco minutos eram cedidos para o Office, que transmitia de Nova York. Na grade normal ouviam-se, também diariamente, os comentários de Júlio Barata, que passou um curto período nos Estados Unidos, ou Raimundo Magalhães, funcionários do alto escalão do DIP que haviam sido cedidos para o Office of the Coordinator of Inter-American Affairs.

Aos sábados à tarde, o *Magazine no Ar* apresentava um "[...] programa de variedades, com a participação de artistas célebres, grandes orquestras, atividades femininas, entrevistas com estrelas de Hollywood, últimas notícias [...]", e incluía um *Hit Parade*, *Bandas Militares*, a orquestra de Harry James.[90] Os ouvintes brasileiros sintonizavam também programas como *As Nações Unidas Falam*, *Estamos em Guerra* ou *As Américas em Guerra*, *A Marcha do Tempo* e *Acredite se Quiser*, de Bob Ripley. Grande parte dos programas enfatizava as potencialidades dos americanos de resistirem, material e moralmente, ao avanço do Eixo. Outros programas se encarregavam de difundir entre nós o modo de vida americano, amparando-se, quase sempre, nas músicas e nos filmes.

Os roteiros eram produzidos na CBS, na NBC e em outras empresas contratadas para isso, mas quem dava a autorização para que um programa fosse ao ar era o Office of the Coordinator.[91]

Os programas produzidos nos Estados Unidos eram enviados ao Brasil por diferentes vias: transmissões diretas por poderosas estações localizadas nos Estados Unidos, que poderiam ser captadas pelos ouvintes que tivessem aparelhos adequados; retransmissões por estações locais filiadas à rede da CBS ou da NBC; envio de roteiros dos centros produtores do Office, para serem utilizados pelas estações brasileiras; programas produzidos aqui, sob a supervisão do Office.

Uma das importantes funções da Divisão de Rádio era a transmissão do noticiário, a intervalos regulares.[92] A produção de notícias, feita pela seção de jornalismo da Divisão de Imprensa, empregava locutores que falavam espanhol e português. Os contratos entre as duas grandes redes de rádio e o Office permitiam às emissoras fazer adaptações nos roteiros.

A relação entre as empresas e o Office não foi isenta de atritos. Havia o temor da interferência do Estado, cerceando a liberdade de informar. Se o Office atuava diretamente na produção da programação a ser enviada à América Latina, o mesmo não se dava com o trabalho a ser desenvolvido nos próprios Estados Unidos. Para não colidir com os princípios do liberalismo, Rockefeller era obrigado a, no máximo, fazer sugestões dos temas a serem irradiados. As empresas comerciais de radiodifusão se encarregavam de elaborar a programação.[93] Os princípios da Política da Boa Vizinhança foram adaptados à programação comercial das grandes emissoras americanas: em maio de 1941, houve a união simbólica entre Rudy Vallee, showman americano da NBC, e a brasileira Carmen Miranda, que se casaram numa pequena peça humorística. A representação acabava com os dois dizendo: "Our two countries could have a better relation after our marriage" [Nossos dois países poderiam ter um melhor relacionamento depois de nosso casamento]. O show chamava-se *Royal Gelatin Program.*

Uma integração continental: Transportes, educação, cultura, matérias-primas

O conceito de comunicação estava de tal modo atado ao mercado que não se restringia à mídia. Os transportes aéreo, ferroviário, fluvial, marítimo e rodoviário foram analisados pelos especialistas do Office, que concluíram que, para o esforço continental de guerra, o sistema de transportes no Brasil era bastante precário. Diferentes estudos e propostas resultaram dessas análises. Alguns desses estudos pareciam excessivamente ambiciosos para os padrões de países não industrializados. Este foi o caso da proposta de uma hidrovia que ligaria Manaus a Montevidéu.

Quando Nelson Rockefeller esteve no Brasil, em setembro de 1942, a agenda da visita incluía, evidentemente, um encontro com Vargas.[94] Nesse encontro, ele discutiu com o presidente, entre inúmeras outras coisas, a possibilidade de construção de um sistema de canais para ligar o rio Amazonas com as costas da Colômbia e da Venezuela, sem precisar usar o mar. A obra era necessária, segundo Nelson, para evitar que os submarinos alemães afundassem os navios que transportavam os produtos exportados ou importados por nós. O hábil subsecretário americano Sumner Welles sugeriu que Rockefeller abandonasse o projeto porque a obra não atendia os interesses emergenciais dos Estados Unidos na guerra. Deixou evidente que a obra serviria, principalmente, à Creole, empresa petrolífera venezuelana, subsidiária da Standard Oil. O plano foi sendo abandonado à medida que o Atlântico ficava livre dos submarinos alemães.

Por razões estratégicas, era a aviação que mais preocupava os homens do OCIAA. Uma manifestação simbólica disso foi a formação da Esquadrilha Interamericana. No dia 5 de março de 1941, uma esquadrilha com diferentes tipos de aviões partiu de Washington com destino a diversas capitais latino-americanas. Os pilotos americanos eram recebidos como deuses alados. O blusão de couro e os óculos Ray-Ban exerciam um poderoso fascínio. Pareciam ter saído das telas dos cinemas, que a essa altura já exibiam alguns filmes de guerra.[95] O poeta Mauro Mota, em "Boletim sentimental da guerra no Recife", captou muito bem esse fascínio exercido por certos gadgets de uso dos pilotos sobre nossa gente:

[...] *E os presentes? Os presentes*
eram nossa tentação
coisas que causam aqui
inveja e admiração:
[...]
verdes óculos Ray-Ban.
Era um presente de noite
e outro dado pela manhã,
verdadeiras maravilhas
da indústria do Tio Sam.
[...]

Nos países visitados, algumas pessoas eram escolhidas e enviadas aos Estados Unidos para estágios técnicos. Esse foi o caso do dr. Paulo Sampaio, que passou um ano nos Estados Unidos, acompanhado pela esposa. De volta ao Brasil, tornou-se presidente da Panair do Brasil, subsidiária da Pan American. Como é sabido, a Varig, a Vasp (associadas à Condor, filial da Lufthansa, poderosa companhia aérea do governo alemão) e a Lati (Linee Aeree Transcontinentali Italiane) dominavam parcela de peso do transporte aéreo brasileiro. O controle das rotas aéreas, até a entrada do Brasil na guerra, foi um importante ponto na luta entre os americanos e o Eixo.[96] Com a eliminação das duas companhias ligadas ao Eixo (Condor e Lati), graças à atuação dos serviços de informação do Office, do Departamento de Estado, da Pan American e do próprio governo brasileiro, os céus do Brasil ficaram praticamente livres para os aviões americanos.

A integração deveria ser complementada na área técnico-científica. Para chefiar a Divisão de Cultura, ou Divisão de Ciência e Educação, foi escolhido o professor Robert Caldwell, diretor da Faculdade de Humanidades do Massachusetts Institute of Technology (MIT). Em estreita colaboração com o Departamento de Estado, houve vários intercâmbios de estudantes e professores. Em 23 de outubro de 1941, por exemplo, Nelson Rockefeller anunciou "[...] o estabelecimento de um programa de bolsa-viagem interamericana [...] para jovens latino-americanos estudarem nos Estados Unidos, nas áreas de engenharia, ciências, economia, comércio, indústria ou agricultura. Eles devem ser cidadãos das Repúblicas americanas, ter entre dezoito e 28 anos, aptidões técnicas e noções de inglês".[97]

Em setembro do ano seguinte, a Divisão de Ciência e Educação pedia uma verba de 350 mil dólares para um programa de treinamento vocacional na América Latina. Desse total, mais de um terço era destinado a jovens brasileiros que deveriam ir para os Estados Unidos e se habilitar em construção naval, siderurgia, armamentos e fabricação de aviões.[98]

Expedições de arqueólogos e a implantação de escolas de inglês faziam parte do programa educacional. Ao difundir o ensino do inglês, principalmente fazendo-o constar do currículo oficial, visava-se combater a forte presença do italiano e, sobretudo, do alemão nos estados do Sul. A União Cultural Brasil-Estados Unidos, criada em 1938, desempenhou importante papel, em cooperação com o Office, nas atividades relacionadas ao intercâmbio cultural entre os dois países.

Havia, no entanto, interesses mais amplos no intercâmbio de técnicos entre o Brasil e os Estados Unidos. Quando geólogos chegavam aqui, era para prospectar o nosso solo e avaliar as potencialidades dos nossos recursos naturais. Os materiais estratégicos eram vitais para alimentar a indústria americana. Em setembro de 1941, o Office, juntamente com o Board of Economic Warfare (BEW), organismo que coordenava a economia de guerra, sob responsabilidade do vice-presidente, fez um importante trabalho: foram mapeadas todas as fontes possíveis de materiais considerados vitais para a segurança dos Estados Unidos e do continente. O projeto chamava-se *Agricultural and mineral technical advisory service.* Quando os Estados Unidos entraram na guerra, em dezembro de 1941, dos vinte técnicos que estavam trabalhando no setor de agricultura, dezessete eram especializados em borracha. A Amazônia era o principal alvo desse "exército" de especialistas: catorze técnicos em minérios vieram para o Brasil. Antropólogos, entre os quais Charles Wagley, estudavam a população indígena.

Um grupo de especialistas foi enviado, em fins de 1941, à bacia Amazônica para analisar, em cooperação com o governo brasileiro, as condições de saúde da população cabocla e encontrar a melhor forma de combater as doenças tropicais e a desnutrição. Os outros membros do grupo tinham por missão iniciar a prospecção do solo à procura de minerais estratégicos. Na mata amazônica estava o "nervo da guerra", isto é, a borracha natural extraída das seringueiras. A importância da borracha era tal que o BEW foi substituído por um organismo específico, a Rubber Development Corporation, que tinha por "[...] objetivo concentrar todas as atividades do Programa da Borracha [...]".[99] Nelson acabou sendo afastado do programa da borracha por causa de sua agressividade nas negociações com os brasileiros.

Na verdade, não foi só em relação à borracha que o jovem e ansioso milionário teve problemas. A confusa administração Roosevelt, repleta de agências criadas para atuar nas mais diferentes áreas, caracterizou-se pelos choques internos. A agência de Rockefeller ficou conhecida por ser um dos pontos centrais de conflitos, que quase sempre precisaram ser resolvidos com a interferência pessoal do presidente.

APARANDO AS ARESTAS: OS CONFLITOS PROVOCADOS PELO OFFICE DE ROCKEFELLER

Nelson entrou em atrito com o Departamento de Estado desde o momento da criação do OCIAA. Já mencionei a resistência de Sumner Welles à criação da agência. Welles exerceu forte pressão para que Rockefeller rompesse o contrato com as empresas de pesquisa ligadas a Gallup. Do ponto de vista dos diplomatas, os objetivos das pesquisas eram excessivamente comerciais. Por isso foram criadas seções especiais de propaganda e de análise, que, até a dissolução do OCIAA, publicavam diariamente boletins — como o *Daily Information Bulletin* —, documentos secretos dos serviços de inteligência do Exército, da Marinha, do FBI e do Departamento de Estado.

Nelson agia com bastante independência. Muitas vezes não consultava o Departamento de Estado. Cordell Hull, o secretário de Estado, sentia-se desprestigiado, o que aliás marcou a relação entre Roosevelt e Hull: o presidente não levava muito em conta as propostas do secretário.[100] O atrevimento e as iniciativas de Nelson só agravavam a situação de Hull. A seção do National Archives, em Washington, em que estão os papéis do OCIAA e o Rockefeller Archives, em Pocantico Hills, está repleta de cartas trocadas entre Hull e Rockefeller, tentando minimizar o antagonismo entre os dois. Áreas em que o Departamento de Estado tradicionalmente atuava eram "invadidas" pelos "rapazes" de Nelson. Foi o que aconteceu quando John Hay Whitney, chefe da Divisão de Cinema do Office, visitou o Brasil. Em correspondência enviada aos Estados Unidos, ele assegurava que Berent Friele era "sem dúvida o mais importante americano no Brasil [...]".[101] E quem era Berent Friele? Norueguês-americano, profundo conhecedor do Brasil, fluente em português, havia trabalhado aqui desde 1917 como comprador de café de uma cadeia de supermercados dos Estados Unidos. Tinha livre acesso aos homens-chave do Brasil, em especial Oswaldo Aranha. Friele foi escolhido por Rockefeller para ser o diretor da divisão brasileira do Office. De certa forma, a afirmação de Whitney significava que o embaixador americano no Rio de Janeiro não tinha autonomia de ação.

A partir de então, o embaixador Jefferson Caffery teve vários atritos com o pessoal do Office. Em especial com o próprio Rockefeller, quando este visitou o Brasil, em 1942. Durante um almoço oferecido pela embaixada a políticos e homens de negócios brasileiros, Jefferson Caffery, o "embaixador das revoluções",[102] evitou, depois de ásperas conversas paralelas, que Nelson mencionasse seu projeto para a Amazônia, que se chocava diretamente com os interesses do Brasil. A partir daí, Nelson iniciou articulações para afastar Caffery de seu caminho, o que realmente aconteceu dois anos depois.

Nelson enfrentou outras agências que pretendiam retirar parte da autoridade do Office. Isso ocorreu, por exemplo, com o cinema. A importância que Roosevelt dava ao cinema como arma propagandística pode ser aferida pela criação do Office of Coordinator of Film, alguns dias depois do ataque japonês a Pearl Harbor. O OCIAA conseguiu, com muito esforço, manter uma convivência amigável com essa nova agência governamental, que coordenava a produção fílmica ligada ao esforço de guerra. No entanto, isso não ocorreu em relação ao Office of War Information (OWI), agência de informação e propaganda criada em junho de 1942. Quando o OWI pretendeu atuar no sul do continente, na distribuição de filmes não comerciais em 16 milímetros, o Office de Rockefeller reagiu prontamente. A agência de Nelson já estava trabalhando na produção e distribuição desse material, e o jovem milionário e burocrata da administração rooseveltiana não pretendia entregar essa valiosa fatia da sua "fábrica de ideologia". Depois de duras batalhas políticas e graças à interferência do vice-presidente Henry Wallace,[103] ela ficou sob a "jurisdição" de Nelson Rockefeller. Quase simultaneamente ao conflito com o OWI, Nelson esteve envolvido numa luta mais difícil, para manter a autonomia de sua agência: enfrentou o futuro criador da CIA, numa disputa pela radiodifusão.

Os planos de expansão de um serviço de rádio com claros objetivos propagandísticos encontravam um forte obstáculo: a confusa burocracia rooseveltiana. E Rockefeller esbarrou num burocrata e homem de ação tão cioso de sua importância na política do governo Roosevelt quanto o próprio Nelson. Tratava-se do coronel William J. Donovan.

Como pretendia unificar todos os serviços de informação, Roosevelt criou o Office of Strategic Services (OSS), serviço de inteligência dos Estados Unidos que atuou durante a Segunda Guerra Mundial. O sistema de espionagem foi oficializado em 11 de julho de 1941, com o nome de Coordinator of Information (COI), cuja direção foi dada ao coronel reformado Bill Donovan. Quando o presidente Roosevelt publicou o decreto, deixou claro que o COI "[...] não deveria se sobrepor às atividades de outros setores do serviço de inteligência de outros departamentos e agências, nem duplicá-las ou com elas se envolver".[104]

Apesar das recomendações contidas no documento presidencial, a colisão com o intrépido "Wild" Bill, como era conhecido o chefe da espionagem norte-americana, foi inevitável. Bill Donovan havia lutado contra Pancho Villa na Revolução Mexicana, participado da Primeira Guerra Mundial e voltado como herói. Fora também o candidato republicano derrotado para o governo de Nova York em 1932. "Wild" Bill tinha, enfim, currículo de combatente, um "durão", imagem sintonizada com a cultura do "Oeste bravio" difundida pelos filmes de bangue-bangue.

A criação de novas divisões e departamentos na agência de Nelson Rockefeller comprovava a sua crescente influência. As divisões de Imprensa e de Rádio começavam a "invadir" a América Latina com várias publicações e diferentes programas radiofônicos. Para Donovan, isso era propaganda, e propaganda era sua área de atuação, e não de Nelson Rockefeller.

Além de detectar ações dos serviços secretos alemães no Brasil, o COI recebera a incumbência de organizar um sistema de propaganda pelo rádio para se contrapor aos programas transmitidos pelos nazistas. O interesse dos alemães pelo Brasil não era novo. Já em 1916, Otto R. Tannemberg havia escrito *Gross Deutschland die Arbeit des XX Jahrhundert*, obra na qual propunha a formação de um território alemão na parte meridional do Brasil e da América Latina. Nessa "nova" Alemanha, dizia ele, a língua portuguesa deveria ser erradicada.[105] Na década de 1930, Hermann Rauschning, importante membro do Partido Nacional-Socialista, fizera uma avaliação semelhante: "Devemos criar lá um novo alemão, lá acharemos tudo de que precisamos [...] e transformaremos um corrupto estado de mestiços num domínio germânico [...] Não devemos desembarcar tropas [...] e conquistar o Brasil por meio das armas [...] Nossas armas não devem ser visíveis [...]".[106]

Os serviços secretos americanos esperavam combater o germanismo com uma propaganda agressiva, e, se não fosse suficiente, o uso da força física era uma outra opção. Aos olhos do OCIAA de Rockefeller, o trabalho do COI de Bill Donovan, pelo menos no que se referia à América Latina, não tinha a sutileza necessária nem o refinamento das propostas de um John Hay Whitney, do próprio Nelson Rockefeller ou mesmo das ações diplomáticas de um Caffery. As divergências entre o Office de Nelson e o Office de Donovan ficavam cada vez mais evidentes.

Mesmo assim, tanto o OSS/COI como o OCIAA procuravam entender o Brasil para, pela melhor via possível, mantê-lo ao lado dos Estados Unidos caso a guerra atravessasse o oceano. O OSS, como serviço de espionagem, estava mais preocupado em desenvolver análises do ponto de vista estritamente militar, o que não combinava com os planos de ação de Rockefeller. De qualquer forma, o serviço de espionagem produziu vários documentos sobre a situação no Sul do Brasil, onde era grande a presença de uma população de origem alemã.

Um documento datado de 11 de agosto de 1942, por exemplo, tinha o seguinte título: "Strategic Survey of South Brazil — Copy n. 23 — Latin American Section".[107] O estudo do OSS contém um breve levantamento histórico, indo dos assentamentos açorianos na região Sul, no século XVIII, até a situação específica do século XX. Temas como raça, preconceito, comportamento e costumes mereceram atenção, com destaque para o inter-relacionamento e a "coexistência" dos diferentes grupos étnicos que compunham o cenário populacional brasileiro.

A perspectiva do documento era puramente estratégico-militar. Hipóteses como a invasão do Sul do Brasil chegaram a ser levadas em conta. No conjunto do texto, no entanto, havia uma interrogação subjacente que parecia perturbar os burocratas analistas da agência precursora da famosa CIA americana: como os brasileiros conseguiam "sobreviver" numa sociedade com limites pouco definidos dos papéis de cada grupo racial? Ainda que não seja muito fácil detectar tais injunções, um pequeno trecho do documento demonstra certa preocupação com o mix racial brasileiro: "[...] os poucos negros que foram trazidos para essa região e os índios que escaparam da escravidão foram absorvidos mediante casamentos inter-raciais. Outros se deslocaram para regiões mais a oeste".[108]

O principal objetivo, contudo, era estudar a formação dos centros de imigração europeia entre os séculos XIX e XX. Um mapa de densidade demográfica elaborado na época analisa a vinda de imigrantes alemães com base em dados estatísticos: no Rio Grande do Sul, havia aproximadamente 550 mil alemães ou descendentes; em Santa Catarina, cerca de 275 mil; e, no Paraná, outros 120 mil alemães.

Quase 1 milhão de alemães, com fortes motivos para apoiar a ideia nazista de uma grande *Fatherland* germânica, que se estenderia por toda a América Latina, era um dado assustador. Os norte-americanos tinham de levar em consideração as várias estratégias propostas para evitar a disseminação do nazismo na região, considerada cabeça de ponte para a ocupação do Atlântico Sul pela Alemanha. Dentre as diversas possibilidades que foram aventadas pelo serviço secreto chefiado por "Wild" Bill Donovan, uma delas foi a invasão do Rio Grande do Sul. Mas o pragmatismo racista dos americanos levou o OSS a formular uma hipótese curiosa: e se a invasão do Sul do Brasil pelos Estados Unidos fosse executada por uma tropa de soldados negros? Nesse caso, seria preciso tomar certos cuidados, pois se tratava de uma região onde

> [...] existe um certo mal-estar no relacionamento entre as colônias de origem alemã e os descendentes de portugueses. Esse mal-estar resulta principalmente das atitudes de superioridade dos alemães, o que provoca animosidade entre os brasileiros [...] Apesar de haver poucos negros e de ainda existir preconceito entre os moradores locais, eles têm orgulho de não fazer distinções de cor. Por isso se ressentiriam diante de qualquer tentativa de impor uma *color line*, mesmo que aplicada apenas às tropas de negros estrangeiros que desembarcassem na região.[109]

As ponderações do OSS têm um significado profundo. Os americanos estavam visivelmente preocupados com a possibilidade de suas "leis" racistas não serem aceitas pelas populações locais no caso de uma invasão.

Comparadas às propostas de Rauschning ("Não devemos desembarcar tropas [...]") para conquistar os *Volksdeutsche* (alemães nascidos no estrangeiro), as hipóteses do serviço de espionagem americano não eram tão sofisticadas. Apesar de sua truculência, os alemães insistiam em que, em alguns casos, era melhor conquistar o "fundo do coração" de um povo antes de usar armas convencionais, como, aliás, havia recomendado Josef Goebbels no congresso do Partido Nazista, em setembro de 1934.[110] Alguns agentes de Donovan — como Edmund Taylor, que trabalhava no setor de propaganda do Foreign Information Service (FIS) — chegaram a pensar em tomar "emprestados" os métodos de Goebbels.[111]

Em resumo, pode-se dizer que a visão de Donovan e do OSS se aproximava mais da *gun boat diplomacy* do primeiro Roosevelt do que da *Good Neighbor Policy* do segundo.

Por isso mesmo, Donovan era um adversário de peso. No dia 9 de outubro de 1941, ele enviou uma carta a Rockefeller para que este não tivesse dúvidas quanto à jurisdição do OSS, pelo menos no que dizia respeito à

> [...] transmissão internacional de programas radiofônicos com o fim de difundir objetivos morais [sic] no estrangeiro, [pois,] [...] quando assumi essa tarefa, a responsabilidade da radiodifusão passou a ser exclusivamente minha, embora eu não rejeite nenhuma cooperação no que concerne à América Latina [...] [mas] efetivamente isso pode ser feito de maneira eficiente por uma só agência [...] Creio que não preciso dizer a você, Nelson, que não se trata de mera questão de jurisdição [...] mas deve haver somente um representante do governo no campo das retransmissões radiofônicas [...].[112]

Nelson Rockefeller encontrou-se com o chefe do serviço de inteligência e protestou contra a intromissão em sua área de atuação. Impassível diante do jovem milionário, que, furioso, via sua autoridade questionada, Donovan reafirmou sua posição.[113] Mas ele não podia contar com amigos do porte de Adolf Berle, do peso pesado J. Edgar Hoover, o famoso chefe do FBI, de John Hay Whitney, grande produtor de Hollywood, ou de Anna Rosemberg, a amiga da família Roosevelt. Berle, aliás, já havia sugerido que o FBI criasse uma divisão especial para a América Latina, enfraquecendo Donovan. Rockefeller acionou essa poderosa rede de tráfico de influência a seu favor.

Numa tarde do outono de 1941, Rockefeller pediu a Anna Rosemberg que falasse com o presidente. Na mesma noite, John Whitney havia sido convidado para jantar com Roosevelt. Quando os refinados Whitney chegaram à Casa Branca, encontraram, atônitos, Bill Donovan, o inimigo de Nelson. O nome de Rockefeller não foi sequer mencionado durante o jantar. No dia seguinte, Bill Donovan recebia a informação oficial de que ele ficaria fora dos serviços de informação da América Latina.

Em 15 de outubro de 1941, Roosevelt escreveu para Donovan: "Continuo a acreditar que nosso programa no hemisfério ocidental é muito diferente dos aplicados na Europa e no Extremo Oriente [...] informações, notícias para as outras Américas [...] transmitidas por rádio ou por outros meios devem ser cuidadosamente adaptadas às necessidades do hemisfério e administradas exclusivamente pelo Coordenador dos Assuntos Interamericanos [...]".[114] O OSS ficou com todo o mundo, menos a América Latina, jurisdição da sofisticada máquina de conquistar corações dirigida por Nelson Aldrich Rockefeller.

A CONSOLIDAÇÃO DA AGÊNCIA DE ROCKEFELLER

No dia 30 de julho de 1941, enquanto as tropas nazistas invadiam a União Soviética, a agência capitaneada por Rockefeller mudou de nome. Passou a chamar-se Office of the Coordinator of Inter-American Affairs, também conhecido pela sigla OCIAA. A maior abrangência do Office devia-se à urgência suscitada pelo avanço nazista na segunda metade daquele ano.

A estrutura do Office tornou-se muito mais complexa, com novas divisões e um crescimento no número de funcionários. Na verdade, a estrutura organizacional da agência mudaria constantemente, dependendo da conjuntura. Nos documentos, há pouca precisão na nomeação de cada unidade no interior da agência. Às vezes um setor é designado como seção; outras, como divisão; outras ainda, como departamento. De qualquer forma, a organização comandada por Nelson Rockefeller foi se transformando numa estrutura complexa, um emaranhado de subdivisões com sedes nos principais centros dos Estados Unidos e na maioria dos países da América Latina. O OCIAA foi considerado uma das agências americanas mais bem preparadas na época da guerra.

A maior parte dos funcionários eram pessoas de confiança do coordenador. Rockefeller valeu-se de executivos de grandes empresas. Gente que pudesse aplicar seus conhecimentos preparando as Américas para a guerra e para a aceitação da hegemonia norte-americana. Era o caso de James W. Young, primeiro diretor do Departamento ou Divisão de Comunicações, diretor da Thompson, conhecida empresa de propaganda com sede em Nova York. Don Francisco, diretor da prestigiada Divisão de Rádio, era executivo da Lord & Thomas,[115] outra poderosa empresa de propaganda, e contava com a colaboração de J. W. G. Ogilvie, vice-presidente da International Telephone and Telegraph. Karl August Bikel, que também trabalhou na Divisão de Comunicação, foi chefe da United Press, a conhecida UP. Rovensky, assistente para comércio e finanças, era, como já dissemos, vice-presidente do banco da família Rockefeller.

Andrew V. Corry, um engenheiro de minas, foi convidado para fazer parte do corpo de especialistas do OCIAA por ser um exímio conhecedor de minerais estratégicos. Começava aí a fase moderna da exploração dos recursos naturais dos países latino-americanos. Havia, sem dúvida, o esforço para combater a expansão do Eixo, mas também foram lançadas as bases para uma exploração econômica sistemática em um mundo pacificado.

No ano de 1943, já se notavam sinais de mudança na conjuntura mundial. As tropas nazistas haviam perdido iniciativa depois da derrota em Stalingrado e em Kursk. O norte da África foi reconquistado. A Itália já estava fora de combate, embora as forças nazistas tenham resistido na região até 1945.

Essa transformação no quadro internacional induzia a uma mudança na política norte-americana para a América Latina. Nelson soube adaptar os objetivos de sua agência a essa nova realidade.

Em 1944, Nelson foi indicado para o cargo de assistente do secretário de Estado para Assuntos Latino-Americanos. O Office of the Coordinator of Inter-American Affairs passou a chamar-se Office of Inter-American Affairs. A exclusão da figura do coordenador esvaziou o caráter político da agência de Rockefeller. Um burocrata assumiu a chefia do Office. A política externa americana passou, daí em diante, por mudanças notáveis.

2. O Brasil para americano ver: Os Estados Unidos do Bras(z)il nos United States of America

Got any coffee on you?

"Prefeito" La Guardia ao receber Carmen Miranda no porto de Nova York, no filme *Entre a loura e a morena*

O BRASIL NA RADIODIFUSÃO AMERICANA E A FEIRA INTERNACIONAL DE NOVA YORK

A agência criada por Roosevelt e dirigida pelo magnata Nelson Rockefeller tinha, como vimos, duas importantes incumbências: difundir entre os americanos uma imagem positiva dos países latino-americanos, em especial do Brasil, e convencer os brasileiros de que os Estados Unidos sempre foram amigos do Brasil. Essas foram as tarefas levadas a cabo pelos meios de comunicação de massa, que se consolidavam nos anos 1940.

A importância do rádio como moderno meio de comunicação já vinha sendo objeto de discussões e trocas de informações entre o Brasil e os Estados Unidos. Evidentemente, a radiodifusão foi utilizada pelos americanos com uma intensidade incomparavelmente maior do que pelos brasileiros. A revolução das comunicações já era "antiga" na poderosa nação norte-americana. A Política da Boa Vizinhança foi, em grande parte, divulgada pela radiodifusão.

O rádio, como arma que poderia ser usada tanto pelas "forças que escravizam" o homem como pelas forças que podem libertá-lo, já havia sido analisado pelo nosso ministro Oswaldo Aranha, em 1939.[116] Mas sua utilização não era tão simples. Transmitir programas para o Brasil, em ondas curtas, exigiu esforços e acordos não imaginados pelo nosso ministro, em especial entre as gigantescas NBC e CBS.

Quando se tratava de transmissões destinadas aos Estados Unidos, o OCIAA, como vimos, não interferia diretamente na produção dos programas radiofônicos: isso era de exclusiva competência das duas grandes redes. Essa interferência, se ocorresse, seria um atentado à liberdade de expressão, tão cara à tradição liberal norte-americana. Por isso, a divulgação de matérias referentes à América Latina para o público americano foi feita dentro da programação comercial normal. O mesmo não acontecia quando se tratava de programas enviados às "outras Repúblicas" latino-americanas. Nesse caso, os programas eram elaborados diretamente pelo pessoal da "fábrica" de Rockefeller. De qualquer forma, o laboratório experimental desse projeto radiofônico foi a Feira Internacional de Nova York. Pode-se dizer que a Feira contribuiu, em parte, para a americanização da sociedade brasileira.

A New York World's Fair abriu suas portas em plena crise, que se arrastava desde 1929 e não fora superada pela política do New Deal, de Roosevelt. Uma imensa vitrine de sofisticadas bugigangas foi apresentada para visitantes do mundo todo. Os brasileiros que, a partir de abril de 1939, visitaram a Feira, ou que consultaram jornais e revistas, mal puderam conter a admiração. Ficaram atônitos diante de aparelhos de barbear, máquinas de lavar roupas, primitivos aparelhos de televisão e robôs. Enfim, os gadgets exerceram tamanho fascínio que, de volta ao Brasil, esses visitantes trouxeram na bagagem a ideia de que a modernização brasileira deveria seguir o modelo americano. Mas, no caminho de duas mãos desse intercâmbio, os americanos que visitaram a Feira tiveram também um maior conhecimento sobre seu grande vizinho do subcontinente.

A Feira foi planejada por homens de negócios dos Estados Unidos. Procurava-se, com ela, criar uma imagem otimista do futuro e abrir novas possibilidades para o progresso material. Entre abril de 1939 e o começo de 1940, muitos visitaram, por exemplo, Futurama, o pavilhão da General Motors. O visitante de Futurama subia num avião e, num voo simulado, viajava para o futuro, percorrendo todo o território dos Estados Unidos, no distante ano de 1960. Nessa Terra do Futuro — o slogan da Feira era *The World of Tomorrow* —, o viajante passeava por grandes autoestradas com pontes suspensas controladas por rádio. No final da jornada, o visitante recebia um button: *I have seen the future.*

O pavilhão da Westinghouse era um desfile de aparelhos para o lar. Fantásticas máquinas de lavar pratos prometiam às donas de casa o fim de desgastantes trabalhos domésticos. Um robô, chamado Eletro, prenunciava a extinção da própria dona de casa. A inauguração oficial da Feira, em 30 de abril de 1939, foi televisionada pela RCA-NBC Television Service, mostrando Roosevelt em visita ao pavilhão da Westinghouse.[117] Os visitantes do pavilhão puderam presenciar esse "milagre". A voz do presidente já era bem conhecida pelo rádio, mas esta era a primeira vez que se usava a palavra *telegênico* em referência à simpatia de Roosevelt. A Feira era o lugar "onde o sonho se torna realidade" (*where dreams come true*), como disse, num programa de rádio, Groven Whalen, presidente do evento. Podia-se sonhar com o futuro, mas vendia-se o presente. Se os grandes expositores eram capazes de mostrar tanta imaginação e vontade de fazer aquelas coisas maravilhosas, eles esperavam que as pessoas saíssem dali para comprar os gadgets expostos na Feira.

O Brasil, assim como vários outros países, participou da New York World's Fair. O pavilhão brasileiro foi projetado por Lúcio Costa e Oscar Niemeyer. E, no lançamento da pedra fundamental do edifício, ouviu-se o discurso do ministro da Indústria, Comércio e Trabalho, dr. Waldemar Falcão, transmitido em ondas curtas do Brasil para os Estados Unidos.[118] O programa foi irradiado pelo Departamento de Imprensa e Propaganda, o DIP, e retransmitido pela NBC por meio de sua Red Network,[119] entre uma e meia e duas da tarde (hora de Nova York) de um domingo, 16 de abril de 1939. O locutor, dos estúdios da Radio City Music Hall, no centro de Nova York, remetia o ouvinte direto para o Rio de Janeiro: "[...] we will take you now to Rio de Janeiro". No Rio, um outro locutor fez a parte brasileira da programação, num bom inglês, ainda que com sotaque: "[...] this is Brazil [...] under the behalf of Department of Press and Propaganda we hear the Brazilian anthem". Uma banda tocou o Hino Nacional. Logo a seguir, o discurso do ministro brasileiro enaltecia a Política da Boa Vizinhança, "[...] tão preconizada pelos presidentes Roosevelt e Getúlio Vargas [...]". A participação na Feira Mundial de Nova York, segundo o ministro, serviria para cimentar a amizade e a paz entre as "[...] duas pujantes democracias da América". Isso exigiu um certo malabarismo semântico-ideológico do ministro, pois "democracia" para os americanos era algo bem diferente do regime instaurado no Brasil depois de 10 de novembro de 1937.

O discurso, traduzido para o inglês, foi seguido por *Descobrimento do Brasil*, composição de Heitor Villa-Lobos, executada pela Orquestra Municipal do Rio de Janeiro, conduzida pelo próprio autor. A programação musical teve sequência com duas outras peças, uma de Francisco Mignone e outra de Lourenzo Fernandez. A transmissão se encerrou com o locutor chamando os estúdios da Radio City Music Hall, dizendo que o programa fazia parte das saudações internacionais dos países representados na Feira Internacional de Nova York.

Com a Feira de Nova York, a mídia americana começaria a veicular mais frequentemente notícias e imagens do Brasil. Foi a partir daí que a figura de Carmen Miranda tornou-se familiar ao público americano.

No dia 7 de setembro de 1939, o dr. Armando Vidal, comissário-geral do Brasil, inaugurou oficialmente o edifício do pavilhão brasileiro com um almoço. Numa foto publicada no relatório elaborado pelo comissário-geral,[120] aparecem três cavalheiros experimentando diferentes tipos de café, em especial os finos. Era importante garantir para o nosso produto o grande mercado americano. Em outra foto veem-se senhoras e crianças louras observando rochas brasileiras. Numa outra, aparece Cândido Portinari, que havia levado 25 trabalhos seus para expor na Feira (posteriormente, pintaria painéis na Biblioteca do Congresso, em Washington). O dr. Vidal, acompanhado da esposa, aparece ao lado de Eleanor Roosevelt, saboreando um fumegante cafezinho. Numa outra fotografia, o comissário-geral brasileiro e sua família estão entrando no pavilhão da Ford. Os brasileiros estavam deslumbrados com a "engenhosidade americana".

Nos jardins do nosso pavilhão havia 41 pássaros raros da Amazônia. A mobília das dependências do prédio era de jacarandá: cadeiras de braços com encosto de sola cinzelada à mão e espaldar alto. O tapete era da Fábrica Santa Helena, de

São Paulo, e as cortinas de seda, da Fábrica Weber, de Petrópolis. Numa estante, livros da coleção Brasiliana, da Editora Nacional; obras completas de Machado de Assis; *Nova política do Brasil*, de Getúlio Vargas; *Guia de Ouro Preto*, de Manuel Bandeira; obras de Gilberto Freyre e de Rocha Pombo. No segundo andar, um busto do presidente Vargas, esculpido por Hildegardo Leão Veloso.

Nossos produtos foram mostrados: fibras têxteis, resinas vegetais, madeiras das mais variadas (ipê-amarelo, copaíba, ingazeira, angico-preto, maçaranduba, jenipapo-manso), minérios (hematita compacta, giz marmoso), borracha (crua, bruta, lavada), latas de palmito, peles de cabra e cabrito fabricados pelo Curtume Carioca Franco-Brasileiro, corned beef enlatado, goiabada em lata, roupas manufaturadas por indígenas, algodão, babaçu, oiticica, soja, sisal, castanha-do-pará e de caju. Era o que tínhamos para oferecer. Os americanos, o futuro, e nós, o presente, nu e cru, sem nenhum complexo de inferioridade.

No grande show que foi a Feira Internacional de Nova York, mostrávamos, como coristas metafóricas, não as pernas, mas as riquezas de nossas entranhas. As potencialidades brasileiras manifestavam-se não só em bens materiais, mas também na produção intelectual e, principalmente, na música.

MÚSICA E IMAGEM DO BRASIL: DA FEIRA DE NOVA YORK PARA O RESTO DOS ESTADOS UNIDOS

A maior atração do pavilhão brasileiro era o restaurante e a música que nele se tocava. Os americanos lá puderam ver e sentir o Brasil, assim como no MoMA e no Town Hall, na Broadway, locais onde vários artistas e músicos brasileiros se apresentaram. No pavilhão, a música estava a cargo do maestro Romeu Silva e sua orquestra. Ele tinha experiência em excursões internacionais, tendo gravado com Josephine Baker, na década de 1920.

Em setembro de 1939, os rádios americanos, e também brasileiros, sintonizaram um programa transmitido pelas ondas curtas da NBC e distribuído para o Brasil pela cadeia nacional do Departamento de Imprensa e Propaganda. Dizia o speaker: "[...] aqui estamos novamente no restaurante brasileiro na Feira Internacional de Nova York. Vamos ouvir a marcha de André Filho, 'Cidade maravilhosa'". Um grupo de vozes masculinas, bem-comportadas, cantou a música-símbolo da então capital brasileira. Várias canções foram interpretadas pela orquestra de Romeu Silva. As músicas de Ernesto Nazareth mereceram destaque. O maestro brasileiro Walter Burle Marx, que havia sido aluno de Henrique Oswald, explicou ao público americano qual era a importância de Nazareth para a nossa música: "Este homem foi [...] o criador do tango brasileiro, que não tem nada em comum, apesar do nome, com o tango da Argentina. Com este tango, Nazareth introduziu o contracanto, uma divisão que enriquece as técnicas de estilização [...]".[121]

Em outubro de 1940, foi promovido, no Museu de Arte Moderna de Nova York, o *Festival of Brazilian Music*. O programa, que teve início numa quarta-feira, dia 16, e terminou no domingo, dia 20, mobilizou grandes somas, muitos artistas, materiais e instrumentos. O festival foi irradiado[122] pela NBC, por meio da Blue Network WJZ, para todos os Estados Unidos. Foi transmitido para o Brasil pela WCBX e retransmitido pelo DIP. O chefe do Comitê de Música do MoMA falou para o Brasil em português. Além do próprio Romeu Silva, do maestro Walter Burle Marx e da soprano Elsie Houston, o *Festival of Brazilian Music* contou também com a participação de importantes nomes da condução e da composição musical brasileiras e americanas.

Os números musicais apresentados variavam de peças clássicas da música brasileira ao folclore e ao popular. O Festival foi comentado pela imprensa. O *The New York Times*, por exemplo, fez uma longa reportagem relacionando a história do Brasil com sua música: "Os três programas de música brasileira patrocinados pelo comissário-geral do Brasil em Nova York, dr. Armando Vidal, e pelo Museu de Arte Moderna, conduzidos pelo compositor brasileiro Burle Marx [...] formam uma excepcional e interessante introdução a esta temporada musical [...]".[123] O programa teve a participação de Arthur Rubinstein, que tocou uma peça de Villa-Lobos. O compositor brasileiro foi chamado pelo crítico do jornal de *Wolf of the Village*. Burle Marx, consciente da necessidade de esclarecer aspectos da cultura musical brasileira, explicou, na entrevista dada ao jornal americano, o que era a música brasileira: "[...] a música popular do Brasil vem de duas fontes principais: a portuguesa e a africana. A contribuição portuguesa limita-se à esfera da melodia, da linguística e do desenvolvimento cultural, enquanto a africana contribui com o ritmo mais selvagem. A isso tudo devemos adicionar a contribuição dos nativos [...]".[124]

E, quando a música se manifestava na grande festa nacional, isto é, no Carnaval, sua função chegava a ser política, pois, segundo o jornal, ela evitava revoluções.[125] Já em 1938, os americanos tiveram contato com o Carnaval carioca pelo rádio, e, pelo que ouviram, a assertiva do jornal era verdadeira: num bom inglês, mas com sotaque, um locutor brasileiro explicou aos ouvintes da NBC o sentido do Carnaval. Ao fundo, um ritmo marcado por um surdo, misturado a buzinas de automóveis. Vozes de homens e mulheres cantando: "Seu condutor/ dim, dim... Yes, nós temos bananas/ bananas para dar e vender...". O locutor enfatizou que na festa não havia distinção de classes. Todos os brasileiros se irmanavam na folia. A democracia carnavalesca prevenia revoluções. E, encerrando o programa: "[...]

this is the way the Cariocas amuse themselves... Special transmission from NBC/RCA".[126]

Se em 1938 se difundia essa ideia de democracia brasileira, em 1940 um aparato propagandístico bem mais elaborado explicava a participação da soprano brasileira Elsie Houston, de origem americana,[127] no estreitamento dos laços entre o Brasil e os Estados Unidos. Havia um toque de refinamento na imagem que se fazia do Brasil. Diferente, como veremos, da imagem de Carmen Miranda. As duas imagens não se opunham necessariamente. Tinham até um sentido de complementaridade. Carmen representava o estereótipo da mulher morena e um conceito mais popular de sensualidade; Elsie Houston, o lado mais erudito dessa mesma sensualidade.

A brasilidade adquirida por Elsie ao nascer no Brasil podia ser aferida por meio de suas declarações sobre a música brasileira. Elsie era filha de americanos nascida aqui. Havia absorvido de tal forma a cultura brasileira que declarou que o Brasil estava muito mais adiantado que os Estados Unidos, pelo menos em termos musicais e sociais, porque

> [...] estávamos abertos a qualquer forma de influência. A absoluta ausência de preconceito de cor tornou bastante fácil a assimilação das influências negras e índias. Quem aqui, exceto George Gershwin, tem mostrado em seu trabalho sensibilidade para uma música real?
>
> Estou convencida de que a música brasileira está prestando um grande serviço para os músicos de todas as partes ao misturar a tradição clássica com a estrutura de ritmos primitivos da velha África e com o ritual indígena.[128]

A própria figura de Elsie fazia crer em um tipo mais "latino" de americana: baixa, morena, de olhos negros. O mito da democracia racial tornava-se mais forte com os argumentos de uma brasileira de raízes anglo-americanas.

Quem não fosse ao MoMA ou ao Town Hall "visitava" o Brasil por meio das músicas tocadas nas rádios. Ary Barroso já era conhecido. A cidade do Rio de Janeiro era invariavelmente associada à música do compositor. "Rio de Janeiro is indeed a city of rare charm and beauty [...]" — assim o locutor da CBS se referia à cidade. Não economizou superlativos: "[...] is truly one of the great capitals of the world [...]". Falou ainda da beleza da arquitetura, dos palácios Monroe, assim batizados em homenagem ao líder americano do século XIX, e de Tiradentes, nosso herói nacional. Mas a adjetivação discursiva não tinha a mesma força de "Aquarela do Brasil", ou simplesmente "Brazil", executada quando o locutor encerrou sua fala.[129]

No programa de calouros *Major Bowes Amateur Hour*,[130] apresentado na noite de 18 de abril de 1942, ouviu-se samba. O programa era patrocinado pela Plymouth, pela Chrysler, pela Dodge e pela De Soto. Segundo o apresentador, estavam participando do esforço de guerra. Naquela noite houve a apresentação de um pequeno grupo de tocadores de gaitas: The Three Harmonicas. O líder do grupo, um soldado pronto para embarcar para o front, perguntou ao major Bowes: "Do you like samba, Major?". "Yes." "We'll play 'Brazil' for you..." O animador, sem perder tempo, completou: "... this is a Good Neighbor offer...". O líder do grupo continuou, dizendo: "Will be the first time that you [Major] will present a samba...".

Apesar do virtuosismo dos instrumentistas, o samba, na verdade, era uma espécie de marcha quase militar. Assim, formava-se na imaginação dos americanos um Brasil musical que era uma mistura de samba, marchas militares e carnavalescas.

Ary Barroso tornou-se quase tão popular nos Estados Unidos quanto no Brasil.[131] Isso ocorreu, principalmente, após a inclusão de "Aquarela do Brasil" no filme *Alô, amigos*, de Walt Disney. Ary pôde comprovar essa popularidade pessoalmente quando viajou para Hollywood, no começo de 1944. Em cartas enviadas a familiares, contou que, em diferentes bares e nightclubs a que ia, logo o reconheciam e pediam que tocasse "Aquarela do Brasil".[132]

Em fevereiro de 1942, Francisco Mignone chegava aos Estados Unidos. Num release distribuído para a imprensa americana, o Departamento de Estado afirmava que a música de Mignone inspirava-se em temas caipiras, "São Paulo country folk of European ancestry".[133] Mignone fazia parte do grupo de músicos brasileiros que visitava os Estados Unidos. Nele estavam também a legendária figura de Bidu Sayão, estrela do Metropolitan Opera House; o pianista Arnaldo Estrella, que tocou com a Filarmônica de Nova York, regida por Bruno Walter; o compositor e maestro Camargo Guarnieri, que gravou na Columbia Records.[134]

Analisando a documentação sonora da Biblioteca do Congresso, na capital americana, ficamos sabendo, por exemplo, que, entre 23h30 e meia-noite de 16 de dezembro de 1943, a NBC[135] transmitiu um programa chamado *Music of the New World: Music of Brazil*, irradiado pela Blue Network. O locutor deu uma breve aula de história do Brasil, da descoberta à República. Referiu-se ao Rio de Janeiro como uma das cidades mais belas do mundo. O samba, o choro e o maxixe estavam, segundo ele, intimamente ligados à formação cultural da cidade. O *Choro número 1*, de Villa-Lobos, deu sequência ao programa, como que a ilustrar a explicação do speaker.

O apresentador comparou a história do Brasil com a dos Estados Unidos: "Se os americanos já não têm mais a *frontier*, os brasileiros ainda têm o sertão". Os solos de trompa e cordas em staccato, executando outra peça de Villa-Lobos, faziam lembrar as águas correntes de córregos e rios. O ouvinte americano criava uma imagem do sertão brasileiro, comparando-o com a da *frontier*.

Olga Coelho, a soprano brasileira que estava se apresentando em diferentes instituições nos Estados Unidos, incluiu no seu repertório alguns gêneros menos conhecidos da música brasileira: um "candomblé" chamado "Estrela do céu cravejada de ouro" e várias modinhas que, segundo o locutor, remontavam ao gênero sentimental português da Vila Rica (Ouro Preto) do século XVIII. Olga cantou também, em estilo muito rápido, uma embolada:

Olha o sapo
tá na toca
tá na loca
tá danado pra brigá

O locutor explicou que a embolada, palavra pronunciada com bastante dificuldade, se assemelhava a uma *folksong* norte-americana.

Para a revista *Pan American Radio*, as raízes brasileiras de Olga Coelho é que explicavam a voz *soprano colorido* e *doce contralto*. Numa fotografia da cantora diante do microfone da CBS, vemos uma morena bonita e sorridente, empunhando um violão. Ela se apresentou em diversas estações de rádio porque, segundo a revista, "o governo brasileiro [...] reconhecia em Olga Coelho a intérprete máxima, devidamente autorizada, das belas canções folclóricas de seu país".

Em 1943, como Olga Coelho, numerosas artistas latino-americanas já eram conhecidas do público americano. Entre elas, a citada Elsie Houston, as mexicanas Carmen Redondo (soprano) e Eva Garza (cantora popular), as hispano-americanizadas Margarita Carmen Cassino — aliás, Rita Hayworth — e Dolores Del Rio.

Eva Garza foi capa da revista *Pan American Radio*: uma morena com *sombrero* e *serape* (o conhecido poncho popularizado pelos filmes norte-americanos), colete todo bordado e um cinturão com coldre e revólver Colt de cabo de madrepérola. A *Cancionera del Norte*, como era conhecida a cantora mexicana, tinha a mão direita apoiada no coldre, como se estivesse prestes a sacar o Colt. A mão esquerda tocava o *sombrero*. Sorriso para a câmera. Dentes brancos no belo rosto moreno com olhos negros e sobrancelhas grossas. A América Latina era identificada aos adjetivos "[...] attractive, melodic [...]". Eva Garza "canta las canciones favoritas de los paises del sur" à frente de um microfone com a típica insígnia da emissora (CBS), tendo embaixo a inscrição "C de las A", que significava "Cadena de las Américas", a rede radiofônica do pan-americanismo.

Comparada a Eva Garza, a brasileira Olga Coelho, de acordo com a mesma revista, possuía mais predicados, o que aumentava o exotismo da América Latina: "[...] desde o nascimento, em Manaus — cidade do interior, às margens do pujante Amazonas —, já percorreu uma longa distância no caminho da fama. Sua ama indígena acalentou-a com a lenda do 'Uirapuru', pássaro fabuloso das florestas amazônicas, cujas primeiras notas provocam a admiração muda de todos os outros habitantes emplumados da floresta".[136] O leitor da revista (ou o ouvinte da rádio) era tomado pelo mistério, extasiado e intrigado com a *voz* da floresta amazônica.

O programa em que Olga Coelho se apresentou fazia parte de uma série conhecida como *University of the Air*. O americano médio ia "cursar" uma universidade sem sair de casa e aprender tudo sobre o Brasil (e outros países latino-americanos). Para completar o aprendizado, o ouvinte podia enviar um pedido, junto com 25 centavos de dólar, para receber em casa um bonito catálogo sobre a *Music of the New World*.

O programa *Salute to Brazil*,[137] transmitido no dia 7 de setembro de 1942, antes de apresentar músicas brasileiras ensinou ao ouvinte americano quem havia sido d. Pedro I e qual foi a sua importância para a nossa independência. Mostrou ainda que Carlos Gomes e Alberto Nepomuceno eram compositores tão importantes quanto Villa-Lobos.

Em novembro de 1944, foi a vez de Heitor Villa-Lobos visitar os Estados Unidos, a convite do OCIAA. Nos meses em que ficou lá, participou de várias apresentações. Em fevereiro do ano seguinte, por exemplo, regeu a Orquestra Sinfônica de Boston, que executou somente obras de sua autoria. Em Nova York, dividiu a batuta com Leopold Stokowsky na apresentação da orquestra sinfônica da cidade. Villa-Lobos fez também diversas apresentações nos estúdios da CBS.

Ao almoço de despedida compareceram Stokowsky, Benny Goodman, Duke Ellington, Cole Porter, Arturo Toscanini, Yehudi Menuhin, Eugene Ormandi e, é claro, Nelson Rockefeller.[138]

Além da música, a pintura e a fotografia representavam uma outra face do Brasil nos museus americanos. Portinari, cujos quadros foram expostos no MoMA, mostrou um Brasil que muitos americanos não conheciam. Um suplemento em rotogravura de *O Estado de S. Paulo* registrou, numa reportagem fotográfica, a inauguração da exposição de Portinari em Nova York.[139] O próprio pintor compareceu ao vernissage, realizado em fins de 1940. Antes, John Hay Whitney, o importante colaborador de Rockefeller, ofereceu um jantar no grã-fino restaurante 21, ao qual compareceram Portinari, Armando Vidal — que estava encerrando as atividades do pavilhão brasileiro na Feira de Nova York — e personalidades americanas. Portinari, prestigiado na terra do Tio Sam, voltou aos Estados Unidos em meados de 1941. Três de seus murais podem ser vistos numa seção da Biblioteca do Congresso, confusamente chamada Hispanic Division.

Lasar Segall também expôs em Nova York, mostrando, principalmente, os seus quadros com operários brasileiros. Mas o trabalho que mais chamou a atenção foi *Mãe preta*, que mostrava uma jovem negra, de olhos rasgados, erguendo nos braços uma criança. Era uma outra face do Brasil que era apresentada nos Estados Unidos.[140]

Em 1943, Genevieve Naylor, fotógrafa americana conhecida por seus trabalhos para a Associated Press e para as revistas *Fortune* e *Harper's Bazaar*,[141] expôs, no MoMA, o resultado de uma pesquisa fotográfica feita no Brasil, sob os auspícios da agência dirigida por Rockefeller. O título da exposição foi *Faces and Places in Brazil*. Viajando pelo Brasil desde o fim de 1940, Genevieve passou por vários estados e cidades brasileiros.

O que chama a atenção nas fotos é a atração pelo povo brasileiro. É isso que se pode depreender do exame de seus trabalhos. Suas fotos devem ter surpreendido os visitantes do MoMA: crianças brancas e negras brincando com instrumentos musicais numa calçada de Copacabana; mulheres negras e brancas sentadas sob um cartaz que anunciava o Carnaval de 1941, no Rio de Janeiro; dois jovens, um branco e outro negro, preparando-se para uma procissão em Congonhas do Campo, Minas Gerais. Além do melting pot, a coexistência das raças. Nada de *color line* ou *Jim Crow Laws*.[142]

Que país era aquele? Essa imagem era absorvida pela elite americana, que, além de frequentar as exposições do MoMA e acompanhar os concertos, lia os livros de Waldo Frank, utópico pan-americanista e socialista. E, certamente, ouvia os noticiários radiofônicos.

O governo brasileiro, interessado em aumentar as vendas de café para os Estados Unidos, soube aproveitar o clima criado pela Política da Boa Vizinhança: procurou veicular pelo rádio e pelos jornais ideias e informações que possibilitassem a formação de uma imagem positiva do Brasil.

Na segunda metade de 1940, por exemplo, a Blue Network, da NBC, começou a transmitir, diretamente de Washington, D. C., um programa patrocinado pelo governo brasileiro. Tratava-se do noticiário *News of the World* ou *Evening News*, de Drew Pearson e Bob Allen,[143] que durante quinze minutos, em horário nobre (a partir das sete da noite), fazia análises políticas. A dupla de jornalistas era bastante familiar ao ouvinte norte-americano: os dois publicavam a coluna *Washington Merry Go Round*, que saía em "mais de seiscentos jornais americanos", como se anunciava na apresentação daquele "jornal falado". Os próprios jornalistas se apresentavam, diariamente, sempre da mesma forma: "This is Drew Pearson and this is Bob Allen, speaking from Washington". As notícias eram as mais variadas: rumores de que Rudolf Hess havia sido morto; uma viagem secreta do presidente Roosevelt; a visita do embaixador Joseph Kennedy a Hearst, o magnata da imprensa.

Depois das notícias europeias e americanas, um *Latin News*. A chegada do embaixador do Chile a Washington era anunciada, com ênfase nas características econômicas do país latino-americano. Ressaltava-se que cerca de 70% de suas exportações eram para os Estados Unidos.

O Brasil aparecia com mais destaque no noticiário. O próprio presidente Roosevelt mandava uma bem-humorada mensagem ao seu "largest neighbor that is standing shoulder to shoulder with the United States". A importância do Brasil e de seus produtos para os Estados Unidos era sempre enfatizada. Explicavam, por exemplo, a necessidade do manganês brasileiro na fabricação de aço; do cristal de quartzo na indústria eletrônica de comunicações; do cromo, do diamante e de outros produtos brasileiros indispensáveis. Outro destaque: o Brasil, segundo a explicação dos jornalistas, possuía a maior reserva de ferro do mundo, e Hitler tinha planos de transferir as fábricas da então Tchecoslováquia para a região brasileira onde estava localizado o minério.

Era desse tipo de argumentação que Nelson Rockefeller — aliás, amigo de Drew Pearson — precisava para convencer os opositores ainda refratários da necessidade de formar uma agência governamental exclusiva para assuntos latino-americanos. Ainda que Roosevelt tentasse dourar a pílula, o alarmismo foi a arma mais eficaz utilizada pelo seu governo para quebrar a resistência dos isolacionistas.

Se os Estados Unidos precisavam dos produtos brasileiros, o Brasil, dizia Drew Pearson, necessitava de produtos manufaturados americanos. O ouvinte americano ficava, nessa época, com a clara impressão de que a cooperação entre Estados Unidos e Brasil era absolutamente indispensável para a salvaguarda do hemisfério ocidental, diante da ameaça nazista.

De forma bastante simples e rápida — adequada à própria estrutura de um radiojornal —, os jornalistas se dirigiam um ao outro, representando um diálogo bastante informal: "[...] you know Drew. Singapore is threatened by Japan". "Yes, Bob, I realized that and I'll predict [...]" Na sequência entrava um comercial: "Sempre que você tomar um café brasileiro, você estará comprando a Política da Boa Vizinhança. Compre café brasileiro... se você for a favor da Política da Boa Vizinhança".[144]

O *Diário de São Paulo* de 11 de janeiro de 1940 reproduziu uma pesquisa feita nos Estados Unidos, em 1939-40, sobre a aceitação da Política da Boa Vizinhança pela população americana. Perguntou-se: "Os Estados Unidos devem socorrer o Brasil se ele for ameaçado por uma potência?". Em 1939, 27,1% dos entrevistados disseram que sim, e 53,7%, não. Em 1940, 36,3% disseram que sim, e 40%, não. Uma parte considerável dos americanos preferia aderir à Política da Boa Vizinhança comprando café.

Entre uma notícia — como a de Nelson Rockefeller contatando secretamente um jornalista da Associated Press para uma missão de "relações públicas" na América Latina — e outra — como a exigência da Marinha e da Força Aérea norte-americanas, que demandavam bases sul-americanas —, sempre havia uma mensagem do governo brasileiro. Em um dos comerciais, que se assemelhava a uma reportagem, Drew Pearson e Bob Allen entrevistaram um certo major Power. O major era responsável pela compra do café do Brasil para o soldado americano. O major disse que cada soldado americano consumia por ano cerca de 45 libras de café. E por quê? Porque o café mantinha o soldado pronto para a luta.

Além do rádio, o Brasil usou os jornais como veículo para promover o café, e na mesma "saca" ia a sua adesão à Política da Boa Vizinhança. No dia 3 de janeiro de 1943, o *The New York Times*[145] publicou um anúncio em que se viam uma coluna de soldados com fuzis nos ombros e as bandeiras dos Estados Unidos e do Brasil. O texto era "encorajador": "BRAZIL: home of the world famous Brazilian coffee, extends SEASON'S GREETINGS to the American People". Os soldados marchavam e em perspectiva a fila de homens ia desaparecendo no infinito. Acima da coluna de soldados, a figura da Estátua da Liberdade e uma pequena xícara de café fumegando com a palavra COFFEE. E, logo abaixo: "[...] is the greatest stimulating beverage for the soldiers fighting to preserve democracy and liberty [...]". E na parte inferior,

1. Vargas e Roosevelt no Rio de Janeiro, em 1936.

2. Pôster da Feira Internacional de Nova York (1939).

3 e 4. Futurama, pavilhão da General Motors na Feira Internacional de Nova York, que revelou o arrojo e a confiança no futuro dos homens de negócios americanos. As *free-ways* tornaram-se realidade uma década depois.

5. Vista externa do pavilhão brasileiro na Feira Internacional de Nova York, projeto de Oscar Niemeyer e Lúcio Costa. O Brasil mostrou na Feira o que tinha de melhor: a música de Ernesto Nazareth, o Bando da Lua, café, babaçu, quartzo, comida baiana...

ENDEREÇO TELEGRAPHICO "HOBALCOP"
TELEPHONE 27-0020

COPACABANA PALACE

Avenida Atlantica
Rio de Janeiro

June 15,1940.

President Franklin D. Roosevelt,
The White House,
Washington, D.C.

Dear Mr. President:

I thought you might be interested in this copy of a radio address which I made last night at the invitation of the Brazilian Government over the "Hora do Brazil" hookup.

This broadcast followed an interview I had in the afternoon with President Getulio Vargas, and I hope coincides with your ideas of Pan-American unity and friendship.

I trust you are enjoying the best of health, and with kindest regards to Mrs. Roosevelt and yourself, I remain,

Cordially yours,

Errol Flynn

c/o Warner Bros.

x 87
x 11-A

6. Carta de Errol Flynn ao presidente Roosevelt. Flynn, como outros artistas de Hollywood que estiveram na América Latina na década de 1940, esperava que sua visita ajudasse no estreitamento das relações entre as Américas.

7. Getúlio Vargas na fazenda Santo Antônio, em 1941.

8. Vargas cumprimenta Douglas Fairbanks Jr., que em 1941 veio à América Latina com o objetivo oficial de conhecer a situação do cinema americano. Na realidade a visita serviu para investigar a relação entre o nacionalismo de alguns governos da região e o nazismo.

9. Villa-Lobos e Walt Disney, em agosto de 1941.

10. Embora Disney tenha tentado unir as Américas com seus personagens, Hollywood não deu conta da diversidade cultural latino-americana.

11. Em visita ao Brasil, Disney gostou de ver a garotinha da Portela sambar. Apesar disso, negros e mulatos continuaram ausentes de seus filmes.

12. Vargas, d. Darcy e familiares cativados pela sensação de segurança e intimidade que Nelson Rockefeller parecia transmitir.

13. Orson Welles entre o chanceler Oswaldo Aranha e Lourival Fontes. Welles chegou ao Brasil antes do Carnaval de 1942, como um dos embaixadores do pan-americanismo.

14. Vargas e o escritor nova-iorquino Waldo Frank. Em nome da Política da Boa Vizinhança, o presidente recebeu, em setembro de 1942, o outsider da esquerda americana.

15. John Ford e Vargas. Pouco tempo depois de dirigir *As vinhas da ira*, Ford militou na cruzada liderada por Roosevelt e Nelson Rockefeller, e em 1943 veio ao Brasil para filmar o "nosso" esforço de guerra.

16. Bill Paley (segundo, da direita para a esquerda, de terno escuro), presidente da CBS, é recebido por Lourival Fontes (quarto, da direita para a esquerda, de costas), diretor do Departamento de Imprensa e Propaganda do governo Vargas. Os acordos firmados por ambos oficializaram as relações radiofônicas entre o Brasil e os Estados Unidos.

17. O embaixador Jefferson Caffery, num bem talhado risca de giz, desmente a imagem do americano desalinhado, grosseiro e utilitarista.

18. Jefferson Caffery confere a qualidade do café brasileiro, que, segundo o Exército americano, mantinha o ânimo de seus soldados no front.

depois dos soldados, que sintomaticamente marchavam e sorriam, havia um dado estatístico: "Brazil furnishes 58,49% of the COFFEE consumed in the United States — NATIONAL COFFEE DEPARTMENT OF BRAZIL".

No *Evening News World* de 20 de outubro de 1940, Drew Pearson e Robert Allen fizeram uma longa análise estratégica da situação mundial. Para eles, o Atlântico Sul, como elemento-chave para a segurança dos Estados Unidos, ganhava importância semelhante à do Pacífico, área de interesse para o Japão. A França de Vichy não impediria, poucos meses depois, a ocupação da Indochina pelo Japão, facilitando a expansão nipônica nas áreas de domínio americano. A reação proposta pelos dois jornalistas era armar os *bons vizinhos* do sul. Na opinião de Drew Pearson, armar a América Latina chegava a ser mais importante do que armar os próprios Estados Unidos. O sentido era mais ou menos o seguinte: primeiro, armar a América Latina, região mais vulnerável e, por isso, visada pelo expansionismo nazista, e só depois os Estados Unidos deveriam se preparar militarmente para enfrentar os alemães. Se o Eixo atacasse a América Latina e ela estivesse bem armada, os Estados Unidos teriam tempo, e menos trabalho, para ajudar os *good neighbors*.

No último minuto do programa, os locutores encorajavam os ouvintes a fazer uma viagem ao Brasil: bastaria um simples telefonema e eles receberiam gratuitamente um exemplar de um livrinho de quarenta páginas, explicando tudo sobre o país. No encerramento de todos os noticiários, antes da despedida de Drew Pearson e Bob Allen, um terceiro locutor sugeria: "[...] drink an extra coffee to help the friendship between Brazil and the United States". Drew Pearson dizia, em português: "*Boa noite*" (a palavra *noite* saía com um *t* sibilado, quase um *ch*) "*e muitas felicidades*, which means in English: good night and good luck [...]". A impressão é que eles tiveram apenas uma breve aula de português pouco antes do programa. Há que se notar que os locutores usavam *United States of Brazil* em vez de simplesmente Brasil, o que sugeria ao ouvinte americano uma maior aproximação, uma ideia de semelhança entre os dois países federalistas.

Os responsáveis pela política externa americana procuravam formar um corpo de burocratas e militares, que teria como função estreitar as relações com o Brasil. Para isso, os funcionários precisavam se inteirar de algumas características de nossa cultura.

Para evitar gafes semânticas e de comportamento, o Office of Strategic Service — State Department Intelligence and Research Reports fez circular, no dia 10 de julho de 1942, um documento confidencial com o seguinte título: *Short guide to Brazil — Report n. 60 — Restricted.*[146] No "pequeno guia" encontram-se informações bastante significativas. Havia instruções de como usar e pronunciar certas palavras-chave em português. A expressão "boa noite" deveria ser cuidadosamente pronunciada, da seguinte forma: *bow'ah noy tee*, e o "muito prazer" deveria ser *mween'tu prahzair.*

Os americanos que aqui chegassem deveriam sempre dizer que adoravam o Brasil, e que os Estados Unidos não eram exatamente como eles viam nos filmes de Hollywood: lá também havia pobres e pessoas simples.

Com relação à moralidade, há um item notável: "[...] existe prostituição no Brasil, como em qualquer outro lugar [...] mas é um insulto muito grave confundir qualquer mulher com uma prostituta. Em caso de dúvida, assuma que ela não é".[147]

Analisando esse e outros documentos, nota-se que, sem dúvida, havia um intercâmbio entre o OSS e o OCIAA, mas a América Latina continuava a ser área exclusiva de Rockefeller. Nelson havia, como vimos, arrancado de Roosevelt o direito de autonomia para sua agência.

Em 1941, foram ao ar algumas curiosidades sobre o Brasil. Bob Ripley, idealizador do programa *Believe it or Not,* o *Acredite se Quiser*, anunciou pela "Blue Network, in colaboration with the Coordinator of the Office of Inter-American Affairs",[148] mais um de seus shows. Como todos os programas de Ripley, esse era apresentado em forma de radioteatro. Nesse show, falou da importância e das qualidades dos sul-americanos. Amigáveis, afetuosos. Acredite se quiser, Bob garantiu que até os Dodges, time de beisebol, tinham uma certa dívida com o Brasil: as bolas eram feitas com a borracha da Amazônia. O programa tinha como moldura sonora rumbas acompanhadas de maracas e outros instrumentos caribenhos. Era sem dúvida para anglo-americano ver, ou melhor, ouvir.

Os americanos aprenderam com o programa que d. Pedro II havia sido imperador do Brasil no século XIX, e que o dr. Getúlio Vargas era o líder da grande democracia brasileira do século XX. O ouvinte americano também ficou sabendo como d. Pedro II ajudou Graham Bell a desenvolver o *telephone*: foi o primeiro assinante de telefone no mundo. Isso, segundo Ripley, aconteceu no dia 25 de junho de 1876, quando d. Pedro visitou, na Filadélfia, a exposição em comemoração ao centenário da independência americana. O imperador passava horas visitando tudo o que podia.

A NBC, através da Blue Network, fazia essas transmissões juntamente com notícias de Londres, nas quais se ouviam bombas caindo, com o locutor descrevendo batalhas aéreas entre os *Spitfires* e *Messerschmittes,*[149] e também informações da bolsa de valores. Isso significava que o ouvinte norte-americano contava com uma programação variada, tendo sempre como referência os acontecimentos da guerra que era travada na Europa.

As informações sobre o Brasil vinham emolduradas pelo discurso que reiterava a relação entre a guerra e o nosso hemisfério. As Américas tinham de estar unidas para evitar que a luta chegasse ao continente. E depois, quando os Estados Unidos já faziam parte da aliança antifascista, as transmissões enfatizavam o esforço conjunto de todas as Américas para a vitória das democracias.

CARMEN MIRANDA, RÁDIO E CINEMA: O SAMBA NÃO É RUMBA

Carmen Miranda, a *Brazilian Bombshell*, como ficou conhecida nos Estados Unidos, e o Bando da Lua "[...] chegaram a Nova York em 17 de maio de 1939, a tempo de comparecer à abertura do restaurante brasileiro na Feira Mundial".[150] No dia 29, ela e o Bando estrearam em Boston, com grande sucesso. A primeira apresentação na Broadway ocorreu na segunda quinzena de junho,[151] com o show *Streets of Paris*. Ao mesmo tempo, ela participou do programa *Rudy Vallee Show* ou *Royal Gelatin Program* — um dos mais populares shows de auditório das rádios americanas —, transmitido semanalmente, entre oito e nove da noite, do Radio City Music Hall, em Nova York.[152]

Era um programa de variedades, no qual Rudy Vallee, a um só tempo showman e bandleader, cantava e participava de diferentes quadros humorístico-musicais. A primeira vez em que Carmen Miranda apareceu no programa foi na noite de 29 de junho de 1939.[153] Segundo o apresentador, seria "the first radio appearence of Carmen Miranda".

O "espírito latino" estava já presente nos programas radiofônicos e em algumas músicas norte-americanas. Rudy Vallee cantou "Begin the Beguine", de Cole Porter: "When they begin the beguine/ It brings back the sound of music so tender/ It brings back a night of tropical splendor [...]". Entra um locutor dizendo que o popular compositor americano havia se inspirado num caso de amor latino-americano para compor a conhecida canção. Cole Porter havia declarado que se inspirara numa dança da Martinica, semelhante à rumba, só que bem mais rápida. Talvez o fato de a primeira gravação de "Begin the Beguine" ter sido feita pelo conhecido Xavier Cugar tenha dado origem ao mito do apaixonado *Latin lover* na canção de Porter. Todavia, isso não significa que ela apresente características latinas. O locutor, evidentemente, estava forçando a barra. A orquestra Rudy Vallee and his Connecticut Yankee carregava nos trompetes com surdina e no ritmo, aproximando-o ainda mais do de uma rumba, só que num tempo mais lento, dando-lhe um tratamento bastante abolerado. O patrocinador também contribuía para o toque tropical: os produtos Royal eram apresentados em seus "four delicious tropical flavors, only one penny".

Um violão acompanhado por um tamborim fazia adivinhar algum número tropical e exótico. O locutor apresentou Carmen Miranda: "Where does she come from? From Brazil. I don't speak any Portuguese and 'Señorita' Miranda doesn't speak any English. But that doesn't matter because...". Carmen cantou "O que é que a baiana tem?":

O que é que a baiana tem?
Tem torso de couro? Tem
Tem brinco de ouro? Tem
Sandália enfeitada? Teeeem

Carmen fazia as perguntas e o Bando da Lua respondia em coro. Depois era a vez de o Bando perguntar e Carmen responder com "hum... hummm", com um jeito malicioso. Recebeu muitos aplausos. O locutor perguntou: "Do you understand now?".

A forma muito rápida de cantar, característica das interpretações de Carmen, agradou ao público americano. Carmen, animada, entrou com o "'Sauce' American Way". O *th*, tão difícil de pronunciar para os que não são americanos ou ingleses, era dito de forma hilariante. Parecia que ela havia comido alguma fruta verde, daquelas que "amarram" na boca. Saía *ssse*, com um leve sibilo. O público ria bastante. Carmen, desde seu primeiro programa de rádio, tinha marcado sua imagem com uma sensualidade bem-humorada. "I would like to take a cruise to South America. All women look like you, *Señorita* Miranda?", perguntou Rudy Vallee.

Carmen continuou se apresentando no programa de Rudy Vallee até meados do ano de 1940, quando voltou para o Brasil. Retornando aos Estados Unidos, em outubro do mesmo ano, Carmen foi reintegrada à programação radiofônica. Sempre cantando as mesmas músicas, a artista brasileira ganhava a aceitação do público americano. As letras eram reiterativas e as composições, bastante simples, quase todas do repertório carnavalesco brasileiro. "Pirulito que bate-bate" era uma dessas canções; "Mamãe eu quero" ficou bastante conhecida; "Tico-tico no fubá" era cantada, inclusive, pelos GI[154] no front. No show *Command Performance*, apresentado no dia 15 de agosto de 1945, em homenagem às Forças Armadas americanas, Carmen cantou "Tico-tico" e foi muito aplaudida. Ainda hoje, nas estações do metrô de Nova York, os músicos "clandestinos" da Jamaica, usando tambores de aço (*steel drum*), enchem os ouvidos distraídos dos americanos com o "Tico-tico no fubá".

A presença de Carmen nos Estados Unidos e sua importância foram sobejamente discutidas. Desde aquela época, os críticos tentam encontrar as razões de tamanho sucesso da artista, especialmente na Broadway. Henry F. Pringle, por exemplo, concluiu que, "nesta época de striptease, deve-se notar que Miss

Miranda não remove uma única peça de seu vestuário e que ela só apela para as emoções mais eróticas com uma leve, bem leve oscilação dos quadris. Também se deve notar que o único pedaço visível de sua anatomia mais íntima são uns dois centímetros entre a saia e a blusa".[155]

Em outro *Rudy Vallee Show*, de maio de 1941, Carmen acrescentou mais erotismo à imagem mítica dos latinos. Ela, então, já conhecia melhor o inglês, falando com muita desenvoltura e "atrevimento". Num determinado momento, ela diz para o bandleader/showman: "You are a dream man, Rudy... would you like to make love with me? [...]". Essa efusiva manifestação de sensualidade, vinda de uma mulher, não foi a única. Em 1945, Sarah Vaughan cantaria "Loverman", de Roger "Ram" Ramirez, Jimmy Davis e James Sherman, que possui um verso com sentido semelhante: "[...] I go to bed/ with the prayer/ you will make love to me [...]". Mas havia certo intimismo na letra da música, e Sarah, acompanhada de Dizzy Gillespie e Charlie "Bird" Parker, cantava em clubes fechados. O nascente bebop era para poucos. Não era o mesmo público de um programa de auditório. Por isso, a "proposta" de Carmen causou certo frisson na plateia. A permissividade poderia ser aceita, dentro do espírito da Política da Boa Vizinhança, em especial partindo de uma mulher vinda dos trópicos. Mas, mesmo assim, Rudy Vallee desconversou rapidamente: "Good evening, good evening, good neighbors. A tour of good will. Now we will fly to Rio de Janeiro".

Esse trecho fazia parte de um quadro musical-humorístico que tinha como cenário principal o Rio de Janeiro, mas os roteiristas faziam confusões com termos em espanhol. O que importava era uma mensagem de final feliz, associada à Política da Boa Vizinhança. No fim, Rudy disse: "Our two countries could have better relation after our marriage", e Carmen cantou:

Rebola, rebola
você diz que dá na bola
na bola você
não dá...

Ao mesmo tempo que ganhava fama nos programas de rádio e, logo depois, no cinema, Carmen fazia publicidade de cerveja, de batom, inaugurava nightclubs, como o Copacabana, em Nova York, e aumentava sua participação na divulgação da Política da Boa Vizinhança. No sisudo Congresso Pan-Americano de Xadrez de 1945, lá estava ela, com a cintura e os quadris à mostra, com um turbante que a fazia mais parecida com um turco do que com uma baiana.[156]

Entre 1939 e 1945, a brasileira participou de diversos filmes de sucesso da 20th Century Fox. Carmen assumiu o papel de representante da cultura musical-popular brasileira nos Estados Unidos. Tanto que, em julho de 1940, chegou a declarar, a propósito de sua participação no filme *Serenata tropical* (*The South American way*), que, "[...] pela primeira vez, uma autêntica manifestação da alma popular do Brasil surgiu, tal como é na realidade, num filme de Hollywood".[157] Carmen cantava a música-título do filme, e mais as conhecidas "Mamãe eu quero" e "Touradas de Madri", entre outras. Mas o tratamento melódico que deu às músicas não era exatamente "uma autêntica manifestação da alma popular do Brasil". A mistura de habanera, rumba, samba-jongo, tango, marchinha e outros gêneros era, na verdade, mais adequada ao gosto pouco refinado do público médio americano.

O seu único filme ambientado no Brasil foi *Uma noite no Rio* (*That night in Rio*), de Irving Cummings, de 1941. Entre uma trapalhada e outra, Carmen canta, acompanhada pelo Bando da Lua, em nightclubs e em mansões de ricos financistas. Também nesse filme nada se vê de uma "autêntica manifestação da alma popular do Brasil". Carmen não tinha mais uma identidade nacional. Transformara-se em um estereótipo da mulher latino-americana.

> Carmen Miranda aparece como qualquer coisa de exótico, agreste, escarlate. Fala e faz mais trejeitos que um esquizofrênico sob choque de cardiasol. Pensando bem, Carmen Miranda é um hindu, mais que uma brasileira. São turbantes coloridos, braços como serpentes, mão como cabeças de najas. É tão prodigioso, que Carmen Miranda não consegue apenas ser hindu — consegue ser o hindu e a serpente, coisa que em matéria de iogue é da mais alta importância.[158]

Mas, para os idealizadores e executores da Política da Boa Vizinhança, não importava a autenticidade da "cultura" das "outras Américas" difundida pelas duas maiores redes e pelos estúdios de Hollywood. O importante era que isso contribuía para obter o alinhamento do Brasil com o esforço de guerra dos Estados Unidos.

Muitos filmes foram produzidos pela indústria hollywoodiana dentro do espírito da Política da Boa Vizinhança. Em um desses filmes, Charlie Chan, o lendário detetive havaiano-sino-americano, vem ao Rio de Janeiro para resolver mais um caso. Começa as suas investigações em um indefectível nightclub, acompanhado de um de seus filhos, à guisa de ajudante de detetive. A história se desenrola em uma sequência de trapalhadas. Não faltam simulacros de Carmen Miranda e coreografias estereotipadas.

No filme *A estranha passageira* (*Now Voyager*), Bette Davis cura-se de uma depressão nos braços de Paul Henreid, a bordo de um transatlântico com destino ao Rio de Janeiro. Na chegada do navio, nos deparamos com um trêmulo *Sugar Loaf* (Pão de Açúcar), misteriosamente situado no lado oposto de onde devia estar.[159] No Rio, os dois passam a noite num casebre nas montanhas, em meio a pinheiros e muito frio. Clima muito pouco tropical. Aparecem depois em um pequeno restaurante, muito semelhante aos encontrados no interior da França, ou da Itália. O motorista "brasileiro" do táxi atende pelo nome de Josepi, e fala uma mistura de português, espanhol e italiano. Quase todos os filmes ambientados no Brasil tinham moças dançando samba-rumba, o Cristo Redentor, o Pão de Açúcar... e muita gente falando uma língua parecida com galego italianizado. Para agradar ao público americano e mostrar a ele que os vizinhos do sul eram simpáticos, não era preciso mais do que isso.

E foi sem dúvida essa imagem do Brasil, de um povo alegre que gosta de dançar, que Orson Welles passou para os ouvintes americanos em uma transmissão de abril de 1942.

DO CASSINO DA URCA PARA A AMÉRICA DO NORTE

Em 1942, no dia 18 de abril, os ouvintes americanos acompanharam, pelas ondas curtas da Blue Network, uma homenagem ao presidente Vargas, no Cassino da Urca, pela passagem de seu aniversário. O embaixador Jefferson Caffery foi o promotor da festa, em nome do governo dos Estados Unidos. Era uma festa de americanos para americanos e brasileiros especiais. O mestre de cerimônias foi Orson Welles, que havia chegado aqui em fevereiro. De casaca branca, iniciou o espetáculo num inglês teatral: "This is Orson Welles, speaking from South America, from Rio de Janeiro, in United States of Brazil". "Esta é uma transmissão especial, em comemoração a uma ocasião especial", continuou Welles, "[...] esta é uma festa de aniversário promovida [...] com muita honra pelo presidente dos Estados Unidos em homenagem ao presidente do Brasil, dr. Getúlio Vargas, o grande e bom amigo do presidente Roosevelt." Não era a primeira referência a Vargas como grande e bom amigo de Roosevelt. Em novembro de 1936, o presidente americano, de passagem pelo Rio de Janeiro a caminho de Buenos Aires, chamou o presidente brasileiro de "bom amigo". Orson Welles continuou explicando o que significava aquela festa: "Este é um show de rádio para todos os seus amigos: do Maine até Manaus, de São Paulo até Chicago, de São Salvador até São Francisco. Este programa está sendo transmitido pela maioria das estações de rádio do Brasil e por mais de cem emissoras norte-americanas".[160] Welles afirmou que todos os americanos desejavam, do fundo do coração, felicidades a Vargas.

Ao fundo, a orquestra tocava uma canção lenta, em ritmo de fox, e Welles continuou, sua voz se sobrepondo à música: "I can see people from most of our twenty two Republics from where I'm standing right now [...]". O esforço de Welles para entrar no espírito pan-americano e servir aos propósitos de seu país o levavam ao exagero: "Posso ver povos da maioria das nossas 22 Repúblicas de onde estou neste momento". Nem todos os países da América estavam representados na festa do Cassino da Urca.

No universo da política real, a unidade americana em torno da liderança dos Estados Unidos se mostrava bem mais complicada. Na conferência pan-americana, realizada na capital brasileira em janeiro daquele mesmo ano, os americanos tiveram de engolir as emendas propostas pelo Chile e pela Argentina. Seguindo uma recomendação argentina, a conferência decidiu não exigir que as nações americanas rompessem relações com os países do Eixo.[161]

O discurso de Orson Welles, no entanto, estava no nível do ideal. O ideal para os interesses dos Estados Unidos. Com a voz empostada, ele disse que aquela festa não era oficial. "I am not speaking for the government." Mas, se não falava pelo governo americano, por quem então falava? Em um livro-entrevista organizado por Peter Bogdanovich, Welles deixou claro que veio ao Brasil por motivos políticos, isto é, para ajudar o Office de Rockefeller a promover as relações interamericanas.[162] O diretor de *Cidadão Kane* estava a serviço do governo americano. Welles era grande ator e político. Em campanha eleitoral, Roosevelt havia declarado, num encontro com Welles, que os dois eram os melhores atores americanos.

Welles foi se animando durante a apresentação. O Cassino da Urca, dizia ele, era o último lugar verdadeiramente alegre que restava no mundo. O show em homenagem a Vargas, apresentado como *Sinfonia do Brasil*, contou com a participação de Grande Otelo, Jararaca e Ratinho, e Vic e Joe, acrobatas brasileiros com nomes americanizados. O toque nacionalista ficou a cargo do grupo de "*girls*" do balé da Grande Siderúrgica. Welles anunciou ainda à plateia que "os melhores astros e estrelas da América do Sul vão se apresentar, acompanhados por três orquestras, para diverti-los". A marcha "Cidade maravilhosa", interpretada pela orquestra de Carlos Machado, foi anunciada com grande entusiasmo pelo ator-diretor americano. Na versão apresentada, a marcha transformou-se num fox, com metais sobressaindo. Era uma big band brasileira. Welles, evidentemente, não falava para o ouvinte brasileiro. O destinatário era o público americano. Fazia sentido, então, ele explicar que uma das mais importantes características do povo brasileiro era o prazer de dançar.

A orquestra do maestro francês Ray Ventura tomou o lugar da de Carlos Machado. Ventura cumprimentou a plateia em português, inglês e francês, e anunciou a canção "Tudo é Brasil", fox de autoria de Vicente Paiva. Ouvia-se, em meio à estática da transmissão em ondas curtas, um coro em português, mas com sotaque francês.

Welles, em off, traduzia a letra para o inglês. "*Tchudo ê Brazil.* That means *All is Brazil*". Com a voz levemente embargada, continuou: "Oh! my Brazil". O grande intérprete de Shakespeare fazia o ouvinte americano acreditar que ele próprio era quase um brasileiro. Em entrevista, logo que chegou aqui, declarou que havia sido concebido no Rio de Janeiro, durante a lua de mel de seus pais, e, não fosse a urgência da viagem de volta de Mr. and Mrs. Welles, o menino Orson teria sido brasileiro. Na verdade, a América Latina ocupava o último lugar na preferência do Cidadão Kane, como ele declarou a Peter Bogdanovich.[163] Mas, naquele momento, seu papel na festa do Cassino da Urca era transmitir uma imagem positiva do Brasil e de seu povo. Isso o fez afirmar, por exemplo, que o Brasil era o maior país do hemisfério ocidental: "[...] os Estados Unidos poderiam ser colocados dentro do Brasil e ainda sobraria espaço para um Uruguai, um Chile e uma Costa Rica [...]".

Quando a orquestra de Ventura terminou de executar "Tudo é Brasil", Welles retomou a direção do show e descreveu para o ouvinte americano, didaticamente, como era feito o samba. "Se você misturar duas palavras, *música* e *Brasil*, e mexer bem, obterá o samba. E, se misturar vários brasileiros, você terá a dança do samba."

A seguir, a orquestra de Carlos Machado tocou o samba "Dolores", de Alberto Ribeiro, Mariano Pinto e Arlindo Marques Júnior. A cantora era Emilinha Borba. Depois da música, Welles continuou sua explicação sobre o samba. Não era uma forma de jazz, disse ele. O samba era "one hundred percent Brazilian".

Carlos Machado e orquestra voltaram com "Ai, que saudade da Amélia", de Ataulfo Alves e Mário Lago, em ritmo de fox.

Welles chamou a atenção do ouvinte americano. A orquestra ia mudar de ritmo e tocar um verdadeiro samba, e Welles garantiu que seria a primeira vez que o outro lado do Equador iria ouvir essa canção. Explicou o significado da letra: "Amélia era uma bela mulher que não se preocupava com nada além do amor pelo seu homem". Depois, dirigindo-se a alguém no palco: "Is that right, Tchu-Tchu?". "Yes", foi a resposta. Tchu-Tchu Martinez era o artista mexicano que iria cantar um samba. Na impossibilidade de uma aliança efetiva entre as Repúblicas latino-americanas, tínhamos, pelo menos, um cantor mexicano interpretando o conhecido samba de Ataulfo.

Aplausos e mais didatismo de Welles sobre o samba. "Samba is the soul of Brazil. Is that right?" E, em português: "Alô! Linda, como vai?". "This voice you are hearing..." "... é de uma das mais importantes cantoras do Cassino da Urca: Linda Batista." Linda, falando inglês com bastante desenvoltura, enaltecia o Brasil: "It's a big, big country". Welles concordava. Linda, entusiasmada: "I like Brazil, very, very much. Every Brazilian likes Brazil very much". Welles, com certa ironia, respondeu que já tinha percebido. Risos de Linda. Falando das grandezas brasileiras, ele perguntou a Linda por que os brasileiros amavam o Brasil. "Two reasons: this is Brazil", disse Linda Batista. Orson Welles traduziu para o português: "Tudo é Brasil". Inversão de papéis: a brasileira falando em inglês e o americano falando português, incentivado por Linda. A outra razão apontada por Linda também não fazia muito sentido, mas isso era o que menos importava: "Brazilians are Brazilians. Correct?". Welles respondeu que sim. E anunciou que Linda iria cantar "Sabemos lutar", marcha patriótica de Nássara, Frazão, R. Magalhães Jr. e P. Frischauer, composta no ano anterior. Orson disse o título da marcha em português e Linda traduziu para o ouvinte americano: "We know how to fight".

Welles deu uma explicação do significado da letra antes que Linda começasse a cantar: falou da importância do amor à pátria, do dever de todo cidadão de lutar pelo seu país etc. Linda Batista, acompanhada pela orquestra, começou a cantar a marcha:

Na gueeeerra! Se eu tiver que combater
Minha terra
Juro que hei de defender
Com amor, com ardor...
Hei de defender o céu azul
Que cobre de esperança...
A América do Sul
Nós somos ordeiros
E gostamos da paz
Amamos a beleza
Da nossa natureza
Mas se há gente
Que vier nos desrespeitar
Nós mostraremos que sabemos lutar...

Depois da música e dos aplausos, Orson Welles passou a palavra a Jefferson Caffery, que em seu discurso, em inglês, disse que os americanos parabenizavam o presidente Vargas pelo seu aniversário e agradeciam a cooperação do Brasil com os Estados Unidos. Aplausos demorados.

Welles também desejou felicidades a Vargas. Linda Batista não esperou Orson terminar a fala e repetiu a marcha: "Na gueeeerra! Se eu tiver que combater...". Ouvia-se a plateia, tomada de entusiasmo, acompanhar a estrela do rádio brasileiro. Um "Good night from Rio" encerrou a transmissão da homenagem a Vargas no Dia do Presidente. Enquanto o locutor dava início às despedidas formais, ao fundo ouviam-se os acordes da marcha que Linda cantara, mas executada como se fosse um tango misturado com tarantela italiana. Outro speaker: "This is Blue Network from Rio de Janeiro, in celebration of the birthday of Dr. Getúlio Vargas, the president of Brazil".

O entusiasmo patriótico de Linda Batista e da plateia do Cassino da Urca agradou bastante ao embaixador americano. Era uma demonstração de que os Estados Unidos poderiam contar com a solidariedade desse povo que "knew how to fight".

Três anos depois dessa homenagem, a conjuntura mundial era outra. A Alemanha nazista não representava mais perigo. O mesmo valia para o Japão. Roosevelt, o *great and good friend* de Vargas, estava morto. Nelson Rockefeller não era mais o coordenador do Office of Inter-American Affairs. O Brasil, como grande fornecedor de matérias-primas, já não era tão indispensável. Nosso país também havia perdido sua importância estratégica na defesa do Atlântico Sul. O embaixador Jefferson Caffery, que fez com que Vargas ficasse com lágrimas nos olhos quando dele se despediu,[164] estava na França, representando os Estados Unidos em um país mais importante.

Vargas era agora um parceiro incômodo, com suas posições cada vez mais nacionalistas. Livrar-se dessa parceria era conveniente não só para a nova administração americana, como também para os oficiais das Forças Armadas brasileiras. Os mesmos que haviam ajudado a instaurar o Estado Novo. Ironicamente, esses oficiais tinham sido vistos pelos serviços secretos americanos como perigosos simpatizantes da Alemanha nazista. O novo embaixador, Adolf Berle, iniciou negociações com o governo para preparar a transição da ditadura para a democracia.

Ainda assim, a Política da Boa Vizinhança parecia sobreviver a Roosevelt, mas essa sobrevida se dava somente no plano da retórica. Harry Truman, o novo presidente americano, havia, por exemplo, assinado um acordo com o México sobre o uso dos rios comuns aos dois países. Truman declarou na ocasião que o acordo simbolizava a continuidade da Política da Boa Vizinhança. Na verdade, assistia-se ao fim da política rooseveltiana para a América Latina.[165]

A política exterior de Vargas, agora sem a orientação de Oswaldo Aranha, continuava a dar créditos à Política da Boa Vizinhança. Em setembro de 1945, no aniversário de nossa Independência, o presidente Vargas fez um discurso, transmitido para os Estados Unidos pelas ondas curtas da NBC e da CBS: "[...] the Bureau of Information of Brazil by shortwave [...] presented [...] the speech made by President Vargas [...]".[166] Um mês e 22 dias depois da transmissão do programa "in commemoration of Brazil Independence Day", Vargas foi deposto. Nenhuma cadeia de rádio dos Estados Unidos deu destaque ao fato.

Mas o *United News*, um dos cinejornais mais conhecidos da época, mostrou que Roosevelt tinha virado nome de porta-aviões e que o presidente Getúlio Vargas havia renunciado. Uma estranha renúncia, pois podiam-se ver tanques e soldados do Exército nas ruas. José Linhares, presidente do Supremo Tribunal Federal, foi empossado, no lugar de Vargas, por Góis Monteiro. Apertos de mãos. Poucos sorrisos. Fim.[167]

Fim da Política da Boa Vizinhança, da simpatia forçada dos Estados Unidos pela América Latina e sua cultura exótica. Nesse mesmo ano, Noël Coward, o equivalente inglês de Cole Porter, autor de várias canções e peças musicais, fez "Sigh No More". A letra da música é emblemática:

Já vi tanta película
Cada qual a mais ridícula
Vendendo como exótica
A pífia e chata América do Sul

Disse ela fresca e cândida
Que dona Carmen Miranda
É subversiva e não vale um vintém
E não dou nem um milhão
Para ver o que é que a baiana tem.[168]

3. O boogie-woogie na favela: A obnubilação brasiliana

> [...] *desde pequena imaginava-me a bordo de um grande transatlântico a rumar para o país dos arranha-céus. O cinema só fez aumentar esse desejo.*
>
> Aline Caracciolo, ganhadora do concurso Elgin de 1940

A AMERICANIZAÇÃO VIA *MOTION PICTURE*

O tremendo esforço despendido pelo governo americano para transformar a imagem da América Latina em algo mais palatável à opinião pública americana precisava ser acompanhado, simetricamente, pela mudança da imagem dos Estados Unidos em nosso subcontinente.

A tarefa dos emissários de Rockefeller no Brasil era, de certa forma, mais fácil, porque a pujança da economia, o padrão de vida americano (*American standard of living*), o fetiche dos gadgets, os filmes de Hollywood atuaram como tropa de vanguarda, que prepara uma invasão.

Antes da criação do Office já havia um intercâmbio cultural entre os Estados Unidos e o Brasil. No plano oficial, essa política de aproximação era dirigida pela Divisão Cultural do Departamento de Estado. No plano da iniciativa privada, isso foi feito pelos grandes estúdios cinematográficos. A partir de meados de 1940, eles procuraram — aproximando-se da América Latina — compensar a perda do grande mercado europeu, colocado fora do alcance da indústria cinematográfica americana pela expansão nazista.

Artistas de Hollywood que vinham ao Brasil para promover seus estúdios muitas vezes cooperavam com o governo americano na tarefa de implementação da política de aproximação com o nosso país. De modo geral, colhiam informações para orientar a ação do Departamento de Estado, no sentido de conquistar a opinião pública brasileira para a causa americana: a defesa das Américas, sob a liderança dos Estados Unidos.

Isso aconteceu, por exemplo, na tarde de 14 de junho de 1940, quando Errol Flynn foi recebido por Vargas no Catete. O ator de *Sea Hawk* (*Gavião dos mares*), filme que seria apresentado nos cinemas brasileiros, escreveu no dia seguinte para o presidente Franklin Delano Roosevelt e relatou o que havia acontecido. Pela conversa, ele acreditava que Vargas era favorável às ideias de unidade e amizade pan-americanas propostas por Roosevelt. Depois do encontro com Vargas, às 20h45, o ator americano fez para a *Hora do Brasil* uma declaração, em inglês, transmitida em cadeia nacional. Saudou os brasileiros com um "*Boa noite!*", dito em português. Disse que tinha gostado muito da recepção que o povo brasileiro havia dado a um "desconhecido" e agradecia a honra concedida pelo DIP. Queria falar de um assunto que não estava relacionado aos seus filmes. Ele esperava que sua visita ajudasse no estreitamento das relações entre a América do Sul e a América do Norte. O ator desculpou-se por estar falando em inglês e sobre assuntos muito sérios e, em português, despediu-se: "*Terei saudade*".[169]

Alguns dias antes da visita de Errol Flynn, houve um pequeno abalo nas relações diplomáticas entre o Brasil e os Estados Unidos, provocado pelo discurso — interpretado como simpático ao Eixo — que o presidente Vargas pronunciara em 11 de junho. Após a visita do astro americano, no dia 26, Roosevelt enviou um telegrama a Vargas falando da cooperação entre Brasil e Estados Unidos.[170]

Opiniões políticas de artistas raramente eram registradas pelos jornais, que se ocupavam em noticiar episódios, verdadeiros ou não, de suas vidas privadas e em publicar críticas de cinema. Os artistas ajudavam a vender jornais, e os jornais promoviam os filmes. O público mostrava interesse pelas coisas mais triviais: Henry Fonda, que visitou o Brasil na mesma época, era, comentou um jornal paulista, "muito deselegante, com roupas amarrotadas e velhas. Errol Flynn, ao contrário, muito elegante".[171] Em fevereiro, 3 mil pessoas foram ao Aeroporto de Congonhas para esperar George O'Brien, o "herói de *farwest*".[172]

O mercado brasileiro estava se tornando cada vez mais importante para as empresas americanas de cinema. Em março de 1940 realizou-se a "Convenção Internacional da Paramount [...] presidida pelo próprio Adolf Zukor, presidente do estúdio cinematográfico".[173] Em outubro, era a Columbia Pictures que procurava ampliar a sua presença no Brasil.[174]

A exibição de filmes americanos em nossos cinemas teve um crescimento rápido. Na cidade de São Paulo, dos dezesseis cinemas existentes em meados de 1940, catorze exibiam pelo menos um filme americano. No final do ano, todos estavam exibindo fitas americanas. Para a crítica, o destaque de julho daquele ano foi *Melodia da Broadway*, da Metro, com Fred Astaire e Eleanor Powell. A seção de cinema de *O Diário de São Paulo* apresentou vários comentários sobre as vidas privadas de Bing Crosby, Gloria Jean, Loraine Day, Marlene Dietrich, Robert Louis Stevenson, Bilie Burke...[175] Dois anos depois, "[...] passaram pela censura 2164 longas e curtas: 1410 americanos, 604 brasileiros, 102 ingleses, dezesseis argentinos, onze franceses [...]".[176]

A ação do cinema fixava no imaginário brasileiro a atuação dos heróis americanos. O processo de americanização pelo cinema efetivava-se no mercado. Nos objetos anunciados na imprensa, seria possível identificar uma relação perfeita entre a noção concreta do próprio objeto e sua representação. O americanismo no significado e no significante. Anúncios ou reportagens pareciam muitas vezes reproduzir, tanto na propaganda ilustrada como no próprio texto, cenas de filmes. Também com o cinema americano aprendemos a organizar instituições de caridade:

> Tem sido enorme em toda a parte a influência do filme da Metro *Com os braços abertos*, sobre a instituição de casas de caridade destinadas ao abrigo de menores desamparados, no gênero da que existe nos Estados Unidos. Ainda há pouco tivemos a informação [...] de que a Exma. esposa do presidente Vargas, sra. Darcy Vargas, lançaria dentro em breve os fundamentos de uma instituição similar, destinada a receber mocinhas e meninas, dentro dos moldes básicos da que foi iniciador e orientador o célebre padre Flanagan.
>
> [...] O Brasil é o quinto país que resolve o problema de crianças pobres e abandonadas, inspirando-se na película da Metro-Goldwyn-Mayer.[177]

Erico Verissimo havia chegado de uma viagem aos Estados Unidos patrocinada pela Divisão Cultural do Departamento de Estado, em agosto de 1940. O escritor gaúcho registrou a experiência dessa viagem no livro *Gato preto em campo de neve*. No entanto, o que mais o impressionou foi a capacidade do cinema de divulgar uma cultura: "[...] a América do Norte é de fato uma nação de extraordinária importância, mas o cinema americano faz com que a consideremos uma coisa sobrenatural, única, inigualável [...]".[178] Érico tinha compreendido a força do cinema e previa o domínio dos Estados Unidos, graças à invenção de uma tradição. Essa tradição era *única*, e de tal forma *inigualável* que, quando tentamos fazer o "nosso cinema", reconstruímos, em alguns casos, os heróis americanos: "Iniciada na cidade de Jundiaí a filmagem de uma película do gênero faroeste com amadores locais. [...] O filme terá aproximadamente duas horas de projeção, apresentando todas as cenas típicas das fitas de caubóis, como lutas, bandidos, cavaleiros, flagrantes de bar, rodeios, tiroteios, 'mocinhos e mocinhas', além de aspectos panorâmicos cuidadosamente escolhidos".[179]

Os desenhos de Disney também já eram famosos antes que o criador de Mickey chegasse aqui como um dos embaixadores da Política da Boa Vizinhança. Em 1940, o filme *Fantasia* podia ser visto em diversos cinemas de cidades brasileiras. O personagem Pato Donald aparecia, vez ou outra, junto com os cinejornais. Branca de Neve, Pinóquio e Bambi também eram familiares aos brasileiros.

Havia já uma conexão entre o cinema e a mídia impressa. Em agosto de 1940, a produtora de Walt Disney, em associação com *O Gury*, suplemento infantil de *O Diário da Noite*, trouxe de Nova York, no navio *Argentina* (que fazia parte da frota "Boa Vizinhança"), dez bicicletas, dois automóveis, mais velocípedes e patinetes, entre outros cem prêmios de Disney que seriam distribuídos em um concurso promocional, quando do lançamento de Pinóquio em *O Gury*. No dia 7 de março de 1942, o Pato Donald aparecia pela primeira vez em *O Globo Juvenil*, revista infantil brasileira. As indústrias Matarazzo lançaram uma coleção de figurinhas dos personagens de Disney. Bastava pedir "[...] a sua *mamãi* e a seu papai que guardem as figurinhas encontradas nos produtos Matarazzo [...]".[180]

Num cinejornal do mesmo ano, crianças sambavam ao som de "Praça Onze", de Herivelto Martins. Era Carnaval, maior festa de raízes populares. As crianças estavam fantasiadas com máscaras de papel machê representando Pinóquio, Popeye, Pato Donald e Mickey.[181]

A expansão das empresas hollywoodianas no mercado brasileiro difundia, assim, a cultura americana no país. Isso, sem dúvida, facilitou a execução do projeto de americanização do Brasil que teve como um de seus principais motores a agência de Rockefeller. As condições tornavam-se favoráveis ao sucesso da Política da Boa Vizinhança de Roosevelt, e a presença física de algumas figuras mitificadas pelo cinema só fazia reforçar o chamado "sonho hollywoodiano", como o da costureira Aline Caracciolo, que é mencionada na epígrafe deste capítulo.

Orson Welles contribuiu para difundir a ilusão americana entre as jovens brasileiras. Moças cariocas ficaram, por certo tempo, sonhando em ser estrela, não do nosso cinema, mas de Hollywood. Um anúncio de abril de 1942 pedia "moças de 18 a 25 anos para o filme de Orson Welles". Bons salários — "de 70$000 a 100$000 por dia", cerca de cinco dólares — e a promessa, para a candidata aprovada, de não ser "meramente elemento de multidão".[182] Isso significava que as moças escolhidas seriam figuras de destaque nas filmagens de Welles. Primeiro passo para trabalhar na RKO, em Hollywood. Não se tem notícia de que alguma delas tenha ido para os Estados Unidos.

Não só a simples costureira ou as moças cariocas das "classes subalternas" se deixavam fascinar por Hollywood. O americanismo da época procurava seduzir o coração do presidente

Vargas. Berent Friele, amigo de Nelson Rockefeller e diretor da Brazilian Division do OCIAA, cuidou de levar pessoalmente para o Palácio Guanabara a primeira cópia de *Saludo, amigos* ou, em português, *Alô, amigos*. Disney havia idealizado esse filme quando de sua viagem ao Brasil, no ano anterior. O filme mostrava pela primeira vez o personagem Zé Carioca, que foi apresentado a Vargas e toda sua família. "Dr. Figueiredo [da Divisão de Cinema do DIP, encarregado de mostrar o filme para o presidente] ficou bastante entusiasmado e garantiu que o filme fez um grande sucesso entre os familiares do presidente e um grupo de amigos que acompanharam a apresentação."[183]

Sucesso não só junto à família de Vargas — que reviu o filme diversas vezes, durante um prolongado final de semana que durou de sexta a terça-feira —, mas em toda a cidade do Rio de Janeiro e, depois, por todo o Brasil urbanizado. Os animais totemizados de Disney confirmavam e reforçavam a glorificação do *American way of life*.[184]

Dos quatro episódios do filme, Zé Carioca só aparece no último, ciceroneando um irrequieto Pato Donald pela Cidade Maravilhosa, o que garantia duas semanas de absoluto sucesso nos cinemas cariocas. "O filme de Walt Disney no Rio está agora na sua segunda semana e vem recebendo constantes elogios da crítica e crescendo em popularidade no famoso circuito de cinemas Vital Ramos, de cinco diferentes casas [...]"[185]

O puritanismo de Disney teve a sutileza de colocar um certo sensualismo na parte do filme que se refere ao Brasil. *Alô, amigos* é um filme que mescla cenas reais de um documentário com animação. No filme, um avião parte dos Estados Unidos carregado de desenhistas, músicos e fotógrafos. Missão: procurar novos personagens para o mundo de Disney. De preferência, encontrar companheiros latinos para os americanos Mickey e Donald. Depois de três dias de viagem, o avião pousa no Rio para uma escala técnica.

Seu destino era o lago Titicaca, nos Andes. Lhamas e outros bichos tiveram pouco destaque. Talvez não tivessem grande interesse para a Política da Boa Vizinhança. O máximo que Donald consegue é fazer uma lhama dançar fox.

Um aviãozinho é o personagem central do segmento sobre o Chile. O pequeno avião fazia parte da frota do correio aéreo, e cumpre seu dever sob péssimas condições atmosféricas. Na Argentina, a situação fica mais curiosa. O representante americano é agora Pateta, que deixa sua roupa de caubói e se traveste de gaúcho argentino, todo empilchado. Peripécias e trapalhadas no controle de um cavalo, no manuseio das boleadeiras... E, quando chega a noite, a solidão aperta o coração do Pateta e ele começa a dançar com o cavalo. Nos filmes de Disney, mulheres são raras, e quando aparecem são assexuadas, como as que Sarmiento, o arguto intelectual, político e diplomata argentino, viu em sua viagem aos Estados Unidos há cerca de século e meio. As poucas que aparecem nos três primeiros capítulos de *Alô, amigos* não apresentam características próprias do sexo. Não há diferença entre elas e as outras personagens.

As coisas mudam no último episódio do filme. Os funcionários de Disney descem no aeroporto Santos Dumont. Passeiam pelas calçadas de mosaicos de Copacabana e assistem ao Carnaval. Todo mundo cantando. A sensualidade aflorando, principalmente nas mulheres. O Carnaval não permite a Disney dissimular os sexos. Nesse ponto começa o desenho propriamente dito. A abertura tem a forma de um libreto de ópera: *Aquarela do Brasil* (*Watercolor of Brazil*). Música de Ary Barroso, na voz de Aloysio de Oliveira. A voz de José de Oliveira, o Zezinho do Bando da Lua, se incorpora no Joe "Zé" Carioca. Os pincéis vão criando cor e vida. Uma fruta vira uma ave toda colorida que voa em direção a uma bananeira, de onde pende um cacho que se transforma em vários tucanos coloridos, e assim por diante.

Até chegar ao símbolo das piadas cariocas: o papagaio. Vestido de malandro, ele se transforma no... Zé Carioca!, o único personagem latino-americano da aventura pan-americana de Disney que iria sobreviver, pelo menos no Brasil. Donald, que observa a criação de Joe, é, de certa forma, o padrinho de batismo do papagaio. O sisudo agente secreto Mickey não tem sagacidade para enfrentar a ginga carioca. Disney soube criar o "malandro" da *Good Neighbor Policy*.

Zé estende um cartão de visitas a Donald. Este faz o mesmo para Zé, que imediatamente reconhece a estrela de Hollywood. A propósito, o endereço impresso no cartão era simplesmente Hollywood. Um abraço apertado do Zé "Brasileiro" Carioca conquista Donald. Zé fala rápido, como convém a um malandro. Donald não entende. Zé resume em bom inglês: "Let's go see the town". E lá vão os dois novos amigos. Samba é a primeira lição. As notas de "Tico-tico no fubá", de Zequinha de Abreu, já bastante conhecido do público americano na voz de Carmen, saem do guarda-chuva de Zé, à guisa de flauta. Num bar, Donald experimenta a indefectível cachaça. Do bar para o Cassino da Urca. O show no cassino é mostrado por meio de uma técnica comum nos filmes de Disney: o espectador vê apenas as sombras das cenas. No espetáculo, obviamente, não falta uma baiana rebolando.

Não é meu objetivo discutir o puritanismo da sociedade sem progenitores, abordada por Dorfman e Mattelart.[186] Para eles, em resumo, pais e mães estão ausentes da sociedade de Disney porque lembrariam a relação sexual necessária à reprodução. Momentaneamente, no entanto, o que Disney ocultava nos Estados Unidos parece ter sido compensado com os requebros de nossa baiana. Sensualidade permitida em nome de uma causa maior: a luta contra o fascismo. Disney sugere que seus personagens liberam a libido ao sul do Equador. Personagens, não: personagem. Pateta havia dançado com um cavalo drag queen. Só ao Pato Donald é dada essa regalia, que se repete, e com muito mais intensidade, quando Zé Carioca leva Donald para a Bahia, em *Você já foi à Bahia?* (*The three caballeros*), filme de 1944. Lá ele mal consegue conter seu coração, que quase salta pela boca, quando vê a baiana Aurora Miranda. As sutilezas do imperialismo disneyano não foram, no entanto, muito longe, a ponto de incorporar uma negra ou uma mulata ao mundo momentaneamente sexualizado de Donald. Tanto no Rio de Janeiro como na Bahia de Disney não havia negros nem mulatos. Quando voltou para os braços de Margarida, sua ascética e eterna noiva, Donald deve ter sonhado com as curvas do rebolado das morenas brasileiras. Talvez a ausência de negros e mulatos nos filmes de Disney sobre o Brasil tenha agradado à elite brasileira, vítima do complexo de pertencer a um país de negros e mestiços.

Em outubro de 1943, as crianças paulistas viram um desenho do Pluto, o cachorro apalermado do esperto Mickey, o rato que nunca contracenou com Zé Carioca. Parece que ele é muito *Wasp* para isso, ao contrário de Donald, que, guiado por Zé, conheceu um quase submundo brasileiro, no Rio e na Bahia. Se Mickey não veio, ele mandou seu "civilizado" cachorro, como dizia um jornal que fez a crítica do filme, para contracenar com um tatu latino: "Tatu fez das suas e conquista um velho amigo, o cão civilizado que viaja de avião para estas bandas do continente. Haverá nisso uma charge inteligentíssima e simpática da Política da Boa Vizinhança? É possível que haja [...]".[187]

O nome de Disney já havia se tornado tão importante que esteve presente na criação do próprio símbolo da Força Expedicionária Brasileira, a famosa "cobra fumando". Na Itália, o sargento Ewaldo Meyer sugeriu a adoção, baseado em um esboço de sua autoria, de uma cobra fumando como símbolo dos pracinhas.[188] Seu esboço foi parar nas mãos de Disney e voltou mais elaborado para a Itália. A cobra de Disney, apesar de estar com capacete de combate, tem a postura de um caubói dos filmes de bangue-bangue. Há até uma certa semelhança com o famoso general Patton, conhecido durante a Segunda Guerra por sua independência e agressividade, com seus dois Colt de empunhadura de madrepérola: imagens ligadas culturalmente à formação histórica dos Estados Unidos. Comparada à cobra de Disney, a do símbolo que acabou prevalecendo é uma cobra natural, nem agressiva nem mansa. Simplesmente uma cobra, em estilo próximo ao primitivista, com um cachimbo na boca a diferenciá-la de outros ofídios.

Os atores americanos conhecidos do público brasileiro apareciam também nos cinejornais. Ficamos sabendo por um cinejornal *United News Reel*, de 1942,[189] que Clark Gable interrompia sua carreira de artista para se incorporar ao Exército. O ator de *...E o vento levou* (*Gone with the Wind*) embarcando em um avião, de uniforme cáqui, era a imagem da própria solidariedade americana na luta contra o fascismo. No mesmo cinejornal, um comboio brasileiro aparecia patrulhando o Atlântico. Nossas costas eram vigiadas por navios da Marinha brasileira sob a supervisão dos americanos. O ator de Hollywood podia, assim, ser identificado a um soldado do pan-americanismo em sua luta contra o inimigo comum.

O pan-americanismo podia contar também com a força de combatentes como os comandantes John Ford e Gregg Toland, que chegaram ao Brasil para filmar o esforço de guerra no país. Vargas recebeu Ford e ouviu o conhecido diretor americano expor seus planos. Em maio de 1944, um dos filmes de Ford, *São Paulo industrial*, foi apresentado no auditório da Associação Brasileira de Imprensa, e seria mostrado também nos Estados Unidos.[190]

Esses filmes foram feitos graças à cooperação entre a Divisão de Cinema do OCIAA, o OSS e diferentes estúdios de Hollywood. Foram necessárias mais de quinze semanas de filmagens no Brasil, onde a equipe de Ford fotografou vários aspectos do esforço de guerra. Registraram a cooperação entre a Marinha brasileira e a americana, o patrulhamento do Atlântico Sul e a produção de materiais essenciais para a guerra, tais como quartzo, borracha, mica, manganês etc.

Projetos como esse eram viáveis graças à presença de mais de 215 especialistas em filmes entre os fuzileiros navais ou servindo na Força Aérea, na Marinha e no Exército americanos.[191] Essa fascinante relação entre indústria do cinema e indústria de guerra exercia uma força cósmica sobre brasileiros como Carlos Ferraro, um paulista do Brás.

No dia 10 de novembro de 1942, a Divisão Cultural do Departamento de Estado americano registrou o recebimento de uma carta endereçada ao presidente Roosevelt. Um carimbo da Division of European Affairs indica que o escalão mais baixo da burocracia não tinha conhecimento necessário para identificar a origem do missivista. Só quando a carta chegou à Divisão de Cinema é que foi devidamente encaminhada e, evidentemente, arquivada.

Ela foi escrita por Carlos Ferraro, morador da rua Conselheiro Belisário, nº 62, com uma caligrafia bem-feita e alguns erros de português, em papel pautado. Queria, simplesmente,

> [...] fazer uma grande obra cinematográfica [para a] 20 Century Fox [...] Trata-se da vida Brasileira, desde o seu descobrimento até a posse de S. Ecia. Ilmo. Sr. Dtor. Getúlio Vargas e seu governo. Tambem se verá neste film a grande obra Brasileira e o progresso e a grandiosidade da Patria Norte-americana.
>
> É um film escrito por mim, tirado dos sentimentos que afeta os Brasileiros e o povo Americano. Preciso de todo o auxilio por-

que aqui no Brasil não posso filmar porque não temos o neceçário, mas garanto que creado este film verterá grande lucro à empreza ou éssa Nação porque os povos Americanos aceitarão com grado e entusiasmo.

Este film filmado nessa nação e ezibido no Brasil, seria o maior presente que sua Ecia daria ao meu grande presidente porque sendo um filme Americano também é um de muita Brasilidade. Nesta obra, o povo brasileiro iria ver quanto o nosso grande chefe foi bom, quanto trabalhou, e quanto foi corajozo em defesa do seu governo, que veio assegurar a estabilidade e o progresso do Brasil [...] Já me comuniquei com o estudio onde tenho mais trabalhos para serem filmados. E eu estando ahi caso necicitasse eu seria um soldado do Grande Exercito Americano [...] Antecipo meus maiores agradecimento

De Sua Ecia
Seu fiél soldado
Carlos Ferraro.[192]

Sonhos hollywoodianos combinados com a aspiração de uma pátria grandiosa povoavam a cabeça do brasileiro. O paradigma eram os Estados Unidos, mas a obra de Vargas era tão grandiosa quanto a do presidente norte-americano. Ferraro não poderia ser considerado um "modesto brasileiro". Ingênuo e, por isso mesmo, sem modéstia. Os brasileiros que quisessem se comunicar com os estúdios cinematográficos de Hollywood encontravam uma lista de endereços publicada em jornais da época. Carlos Ferraro preferiu escrever diretamente ao presidente da *grandiosa pátria norte-americana*, imaginando ser tratado como o cineasta-comandante John Ford. Americanizado, Carlos Ferraro podia "voar" da rua Conselheiro Belisário, no Brás, para a Sunset Boulevard, em Hollywood. Carlos pode ser pensado como o tipo ideal, weberianamente falando, da americanização almejada pelo OCIAA. Ele não deixou de amar o Brasil, mas foi seduzido pelo imperialismo hollywoodiano de Roosevelt e seus *brain trusts*. Nacionalista ideal, pois não se opunha à expansão do capitalismo americano. Prometia, ao contrário, até dar lucros para a indústria cinematográfica. E não ficaria somente no filme proposto; tinha outros projetos, bastante lucrativos, para a 20th Century. O trabalho era o fundamento para seus projetos, afinando-se com a ética protestante. E, em última análise, poderia ser um soldado da democracia, disposto a morrer pelo ideal de liberdade que estava sendo posto à prova no Pacífico, no Atlântico, no norte da África...

A burocracia do Departamento de Estado conservou a carta do brasileiro, encontrada mais de cinquenta anos depois pelo pesquisador à procura das raízes da americanização do Brasil. A carta de Ferraro é uma síntese dos objetivos desse projeto de americanização.

Enquanto jovens como Carlos Ferraro sonhavam com Hollywood, estudantes americanos que chegavam ao Brasil para trabalhar no projeto do Office inconscientemente reiteravam uma imagem cinematográfica de sua experiência em nosso país.

Os jornais de fins de 1941 noticiaram a chegada de uma delegação de estudantes americanos ao Brasil. Stanley Stein, mais tarde eminente estudioso de nossa história, e Jordan Young, também futuro historiador, faziam parte do grupo. Muitos deles viajaram pelo Brasil, como já indicava a reportagem. Young, depois da notícia do ataque a Pearl Harbor, tentou voltar para os Estados Unidos. A guerra impediu o seu retorno.

O futuro historiador fez uma peregrinação pelo interior do Brasil a serviço do Office of the Coordinator of Inter-American Affairs, que estava envolvido em um projeto em conjunto com o Serviço Especial de Saúde Pública (SESP), do governo brasileiro.

> Em poucos dias lá estava eu em Minas Gerais [Itabira do Mato Dentro] [...] Foi muito bonito [...] aquela paisagem me encantou [...] Mas o mais importante era meu serviço com a população que descia das montanhas para trabalhar nas minas de ferro [...] Era uma coisa incrível [...] pessoas que vinham do mundo rústico para produzir para o capitalismo avançado! [...] tinha como tarefa ajudar as pessoas a se adaptarem ao uso do banheiro, a aproveitar os espaços dos jardins para plantar, e até ensinar uma aritmética rudimentar, para facilitar o convívio urbano destes homens [...][193]

De Minas Gerais, o jovem Jordan Young foi para o Amazonas. A planejada estada de um ano no Brasil estendeu-se por três anos. No rio Amazonas, fez-se fotografar em um barco. Estava paramentado no melhor estilo dos exploradores brancos e civilizados em terras selvagens. Mantinha a gravata, lembrança da cultura urbana, mas trajava um cinematográfico chapéu de caçador. Estava trabalhando em plena selva pelo futuro das Américas, já que não pôde defendê-las do Eixo nos campos de batalha da Europa, da África e do Oriente. Era uma forma diferente de lutar pela mesma causa. *Nuestra América* só teria condições de derrotar o inimigo se conhecesse os rudimentos da higiene e das técnicas agrícolas que haviam permitido aos Estados Unidos acumularem riquezas suficientes para ter um lugar de destaque no cenário mundial. Jordan Young não estava muito certo de que nós, brasileiros, devíamos nos mirar no espelho de Próspero.[194]

Numa outra foto, com uma espingarda calibre 12, sentia-se, disse ele, como se fosse Humphrey Bogart, em plena África, caçando elefantes ou leões. Aqui ele se contentava com alguns jacarés.[195] O cinema era referência até para Young, que parecia buscar na realidade local o que era fantasia nos estúdios hollywoodianos. Por vezes, os próprios astros de cinema procuravam viver experiências mais reais do que as representadas por eles nas telas. Foi o caso de "[...] Errol Flynn, [que foi] caçar onça no Mato Grosso".[196]

AMERICANIZAÇÃO PELAS ONDAS DO RÁDIO

O caminho para o projeto radiofônico do Office foi, como vimos, preparado pelas próprias emissoras americanas. Três meses depois da criação da agência de Rockefeller, o presidente da CBS, William Paley, foi encarregado de viajar para a América Latina, com o objetivo de sondar as possibilidades de organizar uma programação mais consistente no subcontinente. Em fins de 1940, Lourival Fontes, diretor do Departamento de Imprensa e Propaganda, recebeu, com todas as honras, o dono da CBS.[197]

A que vinha Mr. William S. Paley? Em uma foto da revista *Fortune*, ele aparece com Lourival, acertando detalhes para as transmissões, em ondas curtas, de programas radiofônicos dos Estados Unidos para cá. O encontro incluiu, além do banquete no Jockey Clube, uma noitada no Cassino da Urca. Bill Paley ficou entusiasmado com a qualidade dos shows e propôs que alguns deles fossem irradiados para os Estados Unidos.

O presidente da CBS foi ciceroneado por Júlio Barata, chefe da Divisão de Rádio do DIP. Em maio de 1941, Júlio já estava em Nova York para organizar o setor brasileiro das transmissões radiofônicas. O futuro ministro do governo militar, na década de 1970, marcou sua chegada a Manhattan com *grandeur*: deu uma *cocktail party* no Basildon Room do Waldorf Astoria Hotel, tendo como convidado John Hay Whitney.[198]

A visita de Paley oficializava as relações radiofônicas entre nosso país e os Estados Unidos. As transmissões de programas de rádio de um país a outro foram realizadas graças aos acordos firmados por Paley e Lourival Fontes.

Se o americanismo baseava-se na ideia geral de progresso técnico e material, a guerra oferecia a oportunidade de evidenciar a potencialidade da indústria dos Estados Unidos. O que se queria mostrar para os latino-americanos é que só ela poderia derrotar o Eixo. Não foi difícil para os funcionários do OCIAA, trabalhando nos estúdios radiofônicos de Nova York, "fabricar" um grande número de programas com essa ideia.

"Ouçamos" um programa de rádio produzido nos estúdios da General Sound Corporation para o OCIAA, transmitido para o Brasil em 1943: "AS AMÉRICAAAS EMMM GUEEERRAAA!!!!!... Os apitos das fábricas empenhadas no esforço de guerra, em todas as cidades dos Estados Unidos", continuou o speaker, "hoje chamam para o trabalho milhões de mulheres, porque sem sua valiosa cooperação, de milhões delas, em nossas frentes de produção e de combate, não poderíamos ganhar esta guerra".[199]

O programa foi transmitido de Nova York pelas ondas curtas das grandes emissoras americanas e retransmitido, via DIP, pelas rádios brasileiras. Na imaginação do ouvinte, o dinamismo das fábricas tomava corpo por meio da sonoplastia: apitos chamando as trabalhadoras para manejar ruidosas máquinas. O ouvinte era envolvido pelo espírito do esforço de guerra, admirando-se da solidariedade do povo, em especial das mulheres,[200] que assumiam um papel cada vez mais importante na sociedade americana.

Embora os brasileiros só tenham participado no campo de batalha em 1944, pela programação parecia que estávamos lutando havia muito tempo. Estávamos, em 1943, comprometidos com o esforço de guerra, mas soava estranha a afirmação: "[...] não *poderíamos* ganhar a guerra". Parecia que o conflito já tinha terminado e que a vitória fora "nossa". O fim da guerra só se tornaria realidade dois anos depois. Mas isso pouco importava. A confiança na máquina industrial da democracia fazia prever uma vitória. A maneira de difundir essa crença lembrava as novelas de Oduvaldo Vianna, ou as partidas de futebol irradiadas por Nicolau Tuma, da Rádio Record de São Paulo, que despertavam curiosidade, emoção e aventura. Emoção e aventura experimentadas no cinema com os filmes de guerra que os brasileiros viam: *Nada de novo no front* (*All Quiet on the Western Front*), *Sargento York* (*Seargent York*), *A batalha final* (*Gung Ho*)... Estávamos em guerra. No rádio e no cinema a guerra era *nossa*, como americanos, e *nossa*, como brasileiros.

A voz masculina foi substituída por uma feminina, anunciando o conhecido slogan de Bob Ripley: "ACREDITE SE QUISER!!!!!" . Outra vez a voz masculina do speaker: "Este é mais um programa da sérieeeee... AS AMÉRICAS EM GUERRA: narração verídica de nossa produção bélica, que aumenta em ritmo sempre crescente para levar as Nações Unidas à vitória e manter a América livre para sempre". A narração continuou com outro speaker: "[...] esta gigantesca produção, a maior já registrada na história mundial, é uma promessa de paz duradoura. Este programa é de essencial importância para todos nós. Onde quer que vivamos no território livre das Américas em guerra".

Americanizar as Américas, "[...] onde quer que vivamos [...]". Isso pressupõe que todos os que viviam na América, em qualquer parte dela, deviam reconhecer os Estados Unidos como o país guardião da *paz duradoura*.

Uma marcha, com destaque nos metais, introduzia o próprio Bob Ripley, que anunciava, num português bastante pobre, o já conhecido *Acredite se quiser!* Um locutor brasileiro deu sequência: "[...] apresentamos [...] A MULHER AMERICANA E O ESFORÇO DE GUERRA. [...]". Ripley já era um star do rádio, dos jornais e do cinema. Ganhava centenas de milhares de dólares. Os programas que produziu para o Brasil faziam parte do esforço de guerra e não eram lucrativos.

O radioteatro transportava o ouvinte diretamente para a cena de guerra: um artilheiro de uma Fortaleza Voadora, no Japão, mandou uma carta para a mãe. Voz feminina, trêmula de emoção, lendo a carta. Uma voz masculina se sobrepõe, continua lendo a carta com entonação mais enfática, narra as peripécias de sua luta aérea contra sete caças *Zero*[201] japoneses.

Ao fundo, o ruído dos motores falhando e a voz de um comandante: "POUSO DE EMERGÊNCIA... ACABOU O COMBUSTÍVEL". A narração continua. Os tripulantes e, principalmente, Bob (este era o nome do suposto missivista) escaparam com vida, graças aos botes salva-vidas. A voz feminina, surpresa: "Mas eu faço botes salva-vidas! [...] e o número do bote que salvou o meu filho coincide com um bote construído por mim". Entra um metal... *taaaa tara tarararaaaaaa!!!* O locutor retoma a narrativa: "Esta é a emocionante verdade. Uma operária, trabalhando numa das fábricas dos Estados Unidos, fez a balsa que salvou a vida do filho. Por que as mulheres trabalham? Trabalham porque seus filhos, seus irmãos, seus esposos estão na guerra... trabalham para que nunca lhes falte um salva-vidas, nem medicamento [...]".

O ser energético, constante na ideia de progresso do americanismo, aparecia in totum nesses programas. Os bens produzidos nas fábricas, além de serem de alta qualidade, supunham simplicidade, resistência, potência — dos botes às Superfortalezas Voadoras —, e eram o resultado de ações coletivas e solidárias. Solidarismo e coletivismo cimentados pelo próprio destino, que fazia mãe e filho se "encontrarem" no distante oceano Pacífico.

Depois disso, o programa concentrou-se nas relações de trabalho nas modernas fábricas americanas. As empresas instituíram creches, dias de descanso, para aliviar a tensão provocada pelo ruído e pela monotonia, e "até músicas" (aí entra uma música ligeira). O locutor continua a narrativa: "Parece incrível, mas é verdade. A música aumentou a produção de armamentos de guerra nas fábricas onde trabalham operárias".[202]

Taylorismo e fordismo. O nascente empresário moderno brasileiro interessava-se por informações sobre a racionalização na indústria americana. A ideia não era nova entre os empresários brasileiros, em especial os paulistas. Em 23 de julho de 1931, Armando de Salles Oliveira havia fundado o Instituto de Organização Racional do Trabalho (Idort), esperando criar mecanismos que ajudassem a indústria naquela situação de crise. Isso se daria graças à automação, à estandardização. Abrasileirou-se a palavra, mas o método — *standard* — era americano. Alienação do trabalhador.

Outro programa que deve ter impressionado o ouvinte brasileiro, também da série *Acredite se quiser!*,[203] foi sobre a construção de um navio em apenas três dias. Como os outros, o programa também tinha o estilo da radionovela. Sonoplastia com ruídos de máquinas, vozes, apitos, gritos. As fábricas, no estado de Washington, eram do conglomerado Kaiser Corporation, com sede em Oklahoma. O método da Kaiser para construir um navio era o mesmo usado para construir um jipe. Essa agilidade e a chamada engenhosidade americana (*American ingenuity*) despertaram em muitos brasileiros não só a admiração, mas também a vontade de participar desse processo "futurista". Oswaldo Aranha, o nosso ministro "americanófilo", associou-se na década de 1950 a Quartim Barbosa e fundou a Willis Overland do Brasil, em parceria com a corporação Kaiser.[204]

Mas, na primeira metade da década de 1940, os automóveis deixaram de ser produzidos em Detroit, ocupada na fabricação de tanques de guerra, caminhões e outras armas. As máquinas anunciadas na Feira de Nova York eram para um futuro melhor. Durante a guerra, a vida mais fácil e enriquecedora, proporcionada pela produção de bens voltados para a sociedade mais afluente, foi postergada. No entanto, o rádio, junto com o cinema, difundia uma imagem de grande avanço técnico das máquinas de guerra produzidas nos Estados Unidos. "Na guerra sempre há segredos, boatos, rumores [...] Existem segredos de cuja existência a maioria nem desconfia. Ontem revelou-se um deles [...] Conhecemos apenas o resultado, [...] e alguns pormenores interessantíssimos [...]. O Japão foi bombardeado novamente. Disso todos já sabem [...]".[205]

Isso, narrado em forma de suspense, preparava o ouvinte para penetrar nos segredos da United States Army Air Force. Nessa época, a sigla — USAAF — e o símbolo — o círculo em fundo azul, com uma estrela de cinco pontas e transpassado por um retângulo — da Força Aérea americana, estampados na fuselagem dos aviões, já eram familiares a americanos e brasileiros.

O ouvinte brasileiro ficava com a imaginação aguçada, admirando a força da indústria americana. O locutor continuou:

> e [...] foi bombardeado por uma superfortaleza voadora — os *B-29*. Aviões enormes, super-reforçados, de todos os pontos de vista. E não sabemos muito mais do que isso. Esse pouco, entretanto, já é, por si só, sensacional. Os motores desses aviões são duas vezes mais poderosos do que os maiores bombardeiros conhecidos. As Fortalezas Voadoras, com seus quatro motores, desenvolvem 4800 cavalos-força. Os *B-29* chegam a mais de 9 mil. [...] Podemos subentender que esses aviões se aproximam dos alvos a uma altitude de mais de 10 mil metros, a uma velocidade de quinhentos quilômetros por hora, e transportam a maior carga de explosivos jamais levantada por um avião. Seus armamentos são os mais perfeitos até hoje [...]

Os gigantescos, para a época, aviões bombardeiros eram pouco conhecidos. Entraram em ação, na guerra do Pacífico, somente em meados de 1944. Foram produzidos mais de 3 mil desses modelos, o que provava a incrível capacidade de produção das indústrias aéreas americanas, capitaneadas pela Boeing. O programa continuou, descrevendo a superioridade absoluta dos aviões. Era inútil o Japão continuar resistindo.

Havia uma série de programas nessa linha.[206] Ouvindo *Marcha dos tempos*, por exemplo, éramos informados sobre as escolas para tripulantes de submarinos, a produção de alimentos em tempos de guerra, a situação dos católicos na Alemanha, a guerra no deserto, o trabalho das enfermeiras americanas, as vitórias americanas no Pacífico.

No *Radioteatro das Américas*, série de caráter mais amplo, tratava-se do papel do Brasil na guerra, das técnicas laboratoriais de manuseio do sangue etc.

Ouvindo *Espírito de vitória*, éramos informados do papel da resistência em países ocupados pelos nazistas. Com a série *Palavras aladas*, aprendíamos tudo sobre as técnicas modernas de comunicação.

A maioria dos programas referia-se a temas invariavelmente relacionados aos avanços técnicos dos Estados Unidos. Esses avanços, não raro, eram apresentados como verdadeiros feitos heroicos do povo, da nação, mas, ao mesmo tempo, como resultado natural da "excepcionalidade" dos americanos.

Além de programas teatralizados, havia os noticiários e as crônicas. Um programa desse último tipo chamava a atenção por comentar manifestações culturais típicas dos Estados Unidos. No dia 31 de outubro de 1944, pela Cadeia das Américas (da Columbia Broadcast System),[207] o jornalista Alfredo Pessoa explicou aos ouvintes brasileiros o significado do Halloween, ou Dia das Bruxas. De Washington, o locutor descrevia, com detalhes, as características da típica festa norte-americana. O programa terminou com uma mensagem de paz: "[...] dizem que nesta época sempre existe lua cheia, como esta que estou vendo, para encher de esperanças as gerações das crianças. Espero que encha o coração dos homens com esperança de PAZ".

O caráter de aventura, próprio dos filmes e de alguns programas de rádio, era mais acentuado em uma série intitulada *A história em ação!!!*[208] Uma música marcial, acompanhando o locutor, abria a transmissão: "Apresentamos flagrantes dramáticos dos fatos atuais, baseados em informações colhidas pelos correspondentes norte-americanos em todas as frentes de guerra. Hoje *A história em ação* focaliza a vida de uma cidade norte-americana nos atribulados dias que correm. A história se chama 'A guerra chega a Red Oak'".

O cuidado do locutor na pronúncia das palavras em inglês revela familiaridade com a língua e a cultura americanas. "Red Oak é tipicamente americana [...]" Música em staccato, lembrando as cenas bucólicas já registradas nas mentes brasileiras pelos westerns hollywoodianos. O ouvinte ficava sabendo que a cidade situa-se a 120 quilômetros da movimentada Omaha, no estado de Iowa, região de pequenas comunidades de agricultores. Essas informações eram necessárias para que o ouvinte fosse "transportado" para o clima da pequena cidade cinematogênica.

"A guerra toma conta do coração daquela gente [...]" Voz feminina emocionada, em cena de despedida. Várias vozes dão uma ideia de multidão. Despedidas, apito de trem e uma mãe chorando pelos filhos que vão para a guerra.

Em Washington, num campo de treinamento qualquer, os jovens falam de patriotismo e da luta que deverão travar contra os *japs*. Ao mesmo tempo, comentam, com saudade, a vida que levavam em Red Oak:

"Ei, você, Darrow, por que é que você está tão pensativo?"

"Quem, eu? Nada, estava apenas descansando..."

"Já sei! Está aí se roendo de saudade da Mary, não é verdade, Darrow?"

"Bem, é verdade. Estava pensando em Red Oak, naquelas noites de primavera cheias de luar, de flores, ah! meu Deus..."

"É verdade. Depois de um bom sorvete no velho Jenks... uma partidinha de snooker e..."

"Os passeios de barata com capota arriada que eu dava com a Mary, o rádio tocando, e ela com aqueles olhos muito azuis olhando para mim... aquilo sim é que era vida [...]"

A mensagem tornava-se mais enfática à medida que *A história em ação* avançava. O grupo de rapazes de Red Oak está, na cena seguinte, no norte da África. Um lugar-comum dos filmes de guerra: vizinhos encontram-se na frente de batalha, onde o verdadeiro caráter de cada um se revelará mais claramente. Os ouvintes estavam ansiosos para saber o final da história, agora muito mais excitante: aviões atacando, um dos personagens grita que são *Stukas*[209] em mergulho. Bombas, rajadas de metralhadoras. Uma boa história sonoplastizada, revelando os dramas de um duro combate. Todos os rapazes de Red Oak foram mortos. Sabemos disso quando a cena se transfere para a cidadezinha americana e alguém lê para as mães o telegrama oficial da morte anunciada. O choro compulsivo das mães é superado por uma voz: "As mães são os verdadeiros heróis desta guerra [...]".

A narrativa criou no ouvinte uma expectativa, uma vontade de saber qual foi o destino desses jovens. O que enfrentariam na guerra? Conseguiriam sobreviver? Reveriam os parentes e a querida cidade natal? Como em uma novela, o ouvinte é tomado por uma ansiosa emoção.

Todos os estereótipos do *American way of life*, consagrados pelo cinema, pareciam mais próximos ainda, de oitiva, na imaginação dos brasileiros. O carro aberto — *barata*, na versão brasileira da época —, o rádio tocando uma música romântica, noites de luar, sorveteria ascética, olhos azuis, *snooker* (a nossa sinuca).

Sem dúvida, o automóvel é um símbolo forte e cativante do *American way of life*. Felicidade, sucesso, charme, liberdade, inclusive sexual, o próprio sonho americano, parecem impossíveis sem esse verdadeiro objeto do desejo dos tempos modernos. Esse americanismo estava se tornando um paradigma para os brasileiros. A veiculação, pelo rádio, de estereótipos do estilo de vida americano ocorria desde a década anterior, mas os programas daquela época não se comparavam, quantitativa e qualitativamente, aos produzidos até o começo dos anos 1940.

Um aspecto mais telúrico do americanismo alcançava os brasileiros que ouviram programas como *University of the Air*,[210] que muitas vezes apresentava "aulas" em forma de radioteatro. Em 1943, o ouvinte acompanhou, por exemplo, um jovem brasileiro numa viagem por todo o Mississippi. Ouvia-se o jovem lendo a carta que estava escrevendo para os pais no Brasil, a bordo de um barco a vapor, o "mesmo" que já se tinha visto em *...E o vento levou*. "Queridos pais, estou em companhia do professor Richmann, de Bloomington, num barco percorrendo o Mississippi. O navio é a vapor, semelhante àqueles que vemos nos filmes." Ainda que ficcionalmente, a realidade descrita pelo narrador tinha como referência não o real, mas a representação fílmica.

Enquanto o "estudante" vai narrando, ouve-se, ao fundo, uma canção típica dos barqueiros da região. "Amanhã", continua o brasileiro, "estaremos em Nova Orleans, quando começará o Mardi Gras, semelhante ao nosso Carnaval." Os Estados Unidos significavam progresso. No imaginário do ouvinte de classe média urbana, o Mississippi, embora não tivesse sido comparado ao Amazonas, era mais navegável e mais dinâmico do que o nosso Mar Dulce.

Além dos radioteatros, os radiojornais foram programas muito difundidos na época. Diferentes locutores brasileiros transmitiam, diretamente de Nova York, via DIP, notícias da guerra, com várias edições diárias. No dia 12 de junho de 1944, às oito horas da manhã:

> [...] programa especial de notícias que tem como finalidade informar nossos ouvintes, o mais cedo possível, do desenrolar dos acontecimentos. [...] diariamente às oito e treze horas, hora do Rio, sob os auspícios do DIP, cadeia de emissoras brasileiras.
>
> As forças expedicionárias aliadas, operando na França setentrional, fizeram novos avanços durante as últimas horas de luta. O comunicado desta manhã vem do quartel-general de Eisenhower.
>
> Perderam-se 24 aviões aliados dos cerca de 7 mil que estão operando na zona de batalha. Tivemos acesso a notícias do front pela primeira vez, desde o início das operações de invasão da França, seis dias atrás [...] mas não revelam detalhes do ataque, pois os rádios mantêm o silêncio habitual [...]
>
> E aqui termina, caros ouvintes, este boletim especial de notícias de guerra, apresentado conjuntamente pelas emissoras da National Broadcasting Company, a Cadeia Pan-Americana e Columbia Broadcast System, a Cadeia das Américas de seus estúdios de New York.[211]

A França havia sido invadida pelos aliados no dia 6 de junho de 1944. Outros noticiários destacavam a atuação da FEB na luta contra os nazistas na Itália, os combates dos exércitos soviéticos na região de Leningrado, a ação da poderosa força naval norte-americana no Pacífico, que avançava nas ilhas de Taipan e Guam.

Na mesma época, a Rádio Clube do Rio de Janeiro iniciou a transmissão da PRK-30,[212] a popular emissora parodista de Lauro Borges e Castro Barbosa, que dava notícias da situação mundial por intermédio de seu "correspondente" de guerra:

> [...] atenção, vamos interromper por alguns instantes este programa [...] para dar uma notícia sensacional e de penúltima hora sobre a situação política europeia. São Quiabo do Chile, urge que seja urgente. Informa a agência norte-americana Terryporre que o ministro sr. Brek Berricaines, em conferência com o general Burgburking, na cidade de Fortleineag, declarou ao jornalista húngaro, sr. Berlbabachicui, que o brigadeiro Talbrigadíchion dissera que o Bonsucesso pretende fazer uma ótima figura nesta temporada.[213]

Os humoristas produziram seu "noticiário" inspirando-se na programação que vinha dos Estados Unidos. Ainda que paródia, o modelo de jornalismo era o idealizado nos estúdios comandados pelo Office de Nelson Rockefeller. Também nessa época, o radiojornalismo sério brasileiro já conhecia, desde 1941, o *Repórter Esso*, veiculado inicialmente pela Rádio Nacional do Rio e pela Record de São Paulo, depois pela Farroupilha de Porto Alegre, pela Inconfidência de Belo Horizonte e pela Rádio Clube de Pernambuco.

Fim da guerra. Nos Estados Unidos, um show memorável. Era o *Performance for Victory*, levado ao ar no dia 15 de agosto de 1945. De Bing Crosby a Carmen Miranda, de Dinah Shore a Joe Louis, o boxer. Pouca coisa desse programa chegou aqui.

Mas, alguns dias antes, ouvimos um programa musical que transportava o ouvinte brasileiro até a Broadway e Hollywood, já sem fantasmas nazistas. "Em combinação com o Departamento de Imprensa e Propaganda do Brasil" — na verdade, o DIP não mais existia. Em março, Vargas havia dissolvido o antigo organismo e criado o Departamento Nacional de Informação — "a Columbia Broadcasting System apresenta mais um programa da série de intercâmbio entre os Estados Unidos e o Brasil. Daremos início hoje a um grupo de programas sob o título de... *Favoritas do povo norte-americano.*"[214]

Uma grande orquestra — da própria CBS —, piano, metais, cordas. A voz do locutor sobrepõe-se à música: "[...] se nos debruçarmos sobre o coração do povo norte-americano veremos que ele pulsa ao ritmo musical que vive nos sentimentos do povo e, por isso mesmo, é preferido... pelo povo. Na primeira página do álbum *Favoritas do povo norte-americano* encontramos uma canção [...] de Irving Berlin intitulada 'Always', 'Sempre'".

A tradução, pelo menos do título da canção, esperava garantir que os ouvintes e as ouvintes entendessem algo do sentido da letra. Mas a melodia era suficiente para que se imaginasse uma estrela de cinema encontrando-se com um galã, tendo ao fundo um cenário bucólico da costa oeste ou os prédios de Nova York:

I'll be loving you always
with a love that's true, always [...]
I will understand, always, always
days may not be fair, always
that's when I'll be there, always.
[...]

O locutor prossegue:

> [...] ouviremos agora uma canção com a alegria que se manifesta quando tomamos um trago de álcool, que não faz mal a ninguém [...] Como convidada especial está hoje conosco Vera Holly, estrela do programa *Viva América*, transmitido todas as semanas, em ondas longas para os Estados Unidos e em ondas curtas para a América Latina. Seu primeiro número será uma página romântica de Carmichael, intitulada "Star Dust", "Poeira de estrela".

> *Sometimes I wonder*
> *why I spent the lonely night...*
> *The melody haunts my reverie...*
> *The nightingale tells is fairy tale*
> *Of paradise where roses grew...*
> *My star dust melody*
> *The memory of loves refrain.*

A música teria o mesmo potencial do cinema como via do americanismo? Elsie Houston, a cantora brasileira-americana, havia declarado em Nova York, em 1939,[215] que pelo menos em termos musicais estávamos muito à frente dos Estados Unidos. As pesquisas realizadas pelo Ibope em julho de 1944 confirmam que a música brasileira era mais ouvida que a americana. Para ficarmos só com um exemplo: Bing Crosby era ouvido por 0,5% dos entrevistados, enquanto Carlos Galhardo tinha 26,7% da preferência.[216] A música não foi o melhor veículo do americanismo.

WALDO FRANK, O AMERICANO INTRANQUILO, E A CRUZADA PELA INTEGRAÇÃO DAS AMÉRICAS

Para além do cinema e do rádio, Rockefeller valia-se de intelectuais afinados ideologicamente com a geração dos anos 1920, que tinham uma visão crítica da sociedade americana. O projeto utópico e humanitário desses intelectuais visava a relações mais sinceras entre os Estados Unidos e a América Latina. Rockefeller não compartilhava, evidentemente, das proposições críticas desses intelectuais, mas soube utilizar alguns aspectos desse ponto de vista na sua concepção de relações com a América Latina.

Um dos exemplos mais marcantes nesse sentido foi o de Waldo Frank. Embora sua viagem tenha sido subsidiada pelo Departamento de Estado, Waldo era um desses intelectuais independentes, que deu sua contribuição sem que oficialmente tenha feito parte do Office of the Coordinator of Inter-American Affairs.

Waldo chegou ao Brasil em abril de 1942, dois meses depois de Orson Welles. Intelectual nova-iorquino, sua formação, como vimos, assentava-se num racionalismo socialista e humanista, suficiente para suas críticas à sociedade americana. No Novo México, Frank ficou fascinado com a população da região, que, a seu ver, vivia em harmonia com o meio ambiente. Essa qualidade, segundo ele, não era uma herança só dos índios Pueblo, mas também da colonização ibérica.[217]

Frank, quando estava sobrevoando a Amazônia, em 1942, já era conhecido por seus romances, ensaios e livros de poesias. Gilberto Freyre, em *Casa-grande & senzala*, cita um artigo de autoria de Frank. Não era a primeira vez que ele cruzava o equador e visitava o Brasil, mas nunca havia estado na Amazônia. Frank, no momento em que o hidroavião *Catalina* se preparava para pousar no porto de Belém, ficou impressionado com o avermelhado-escuro do rio Amazonas: "Era o continente sangrando", como registrou em seu livro, *South American Journey.*

Essa visão telúrica estava em sintonia com o pensamento dos intelectuais outsiders dos Estados Unidos da época. Através da atuação pública, de artigos e estudos das relações interamericanas,

19. Cartaz adverte para o perigo de bombardeios noturnos pelos aviões da Luftwaffe. Exagerar o poderio militar alemão era uma das armas do esforço de guerra.

20. O futuro historiador Jordan Young (com a mão no bolso) no Alto Xingu, em dezembro de 1942. Young fez uma peregrinação pelo interior do Brasil, a serviço do Office of the Coordinator of Inter-American Affairs e do Serviço Especial de Saúde Pública.

Portinari

EM NOVA YORK

A abertura da exposição Portinari no "Museum of Modern Art" de Nova York, constituiu um acontecimento quasi sem precedentes. Cerca de duas mil pessoas da melhor sociedade de Nova York, artistas, jornalistas, etc., alli compareceram.

Antes da abertura, o sr. John Hay Whitney, personalidade de destaque nos meios sociaes e financeiros de Nova York, offereceu um jantar no elegante restaurante "21" da Rua 52, ao qual compareceram a embaixatriz Carlos Martins, o commissario geral do Brasil, sr. Armando Vidal e esposa, sr. e sra. Candido Portinari, e sr. e sra. Stephen Clark, vice-presidente do Museu e possuidor de uma das mais ricas galerias dos Estados Unidos; sra. Henry Luce, notavel escriptora americana, sr. e sra. John Abott, director do "Museum"; sr. Frank Crowninshield, "trustee" do Museu, sr. e sra. W [illegible] eller e sr. e sra. Polez.

Além das exposições do "Riverside Museum", promovido pelo commissario do Brasil na Feira de Nova York, e os de Detroit e do Museu de Arte Moderna, o sr. Armando Vidal recebeu pedidos de cerca de trinta museus e galerias de todos os Estados Unidos pedindo a remessa de quadros de Portinari para exposições parciaes. Todos estes pedidos foram encaminhados a Portinari que vae organisar varias séries de trabalhos para attender ás solicitações.

(Photos de Paul Nunes, Nova York). (Divulgação do Bureau Interestadual de Imprensa).

O celebre pintor ao desembarcar em Nova York com seu filhinho.

Aspecto do "hall" de entrada das salas de exhibição do Museu de Arte Moderna de Nova York, onde estão expostos os trabalhos de Portinari. Esta photographia foi tirada na noite da inauguração. Compareceram mais de duas mil pessoas, a convite do Museu, incluindo os criticos de arte de todos os jornaes e revistas de Nova York e de outras partes dos Estados Unidos; membros de destaque daquella capital e outras cidades visinhas; o mundo official brasileiro em Nova York e membros de destaque da nossa colonia; innumeros artistas e vindos de Washington especialmente para a occasião, a exma. sra. embaixatriz do Brasil, madame Carlos Martins Pereira e Souza e a exma. sra. do Ministro do Exterior adjunto dos Estados Unidos, madame Adolf A. Berle Jr.

Da esquerda para a direita: o sr. Frank Crowninshield, um dos fundadores do Museu de Arte Moderna onde estão expostos os trabalhos de Portinari; o grande pintor brasileiro; sua esposa; e o sr. John Abott, director-secretario do Museu.

Nesta photographia, da esquerda para a direita: o sr. Victor de Carvalho, do Consulado do Brasil em Nova York; senhorita Portinari, irman do pintor; dr. Roberto de Assumpção, do Consulado do Brasil em Chicago.

O pintor Portinari ao lado do dr. Armando Vidal, em frente a um dos tres grandes muraes do artista patricio que estiveram expostos no salão de honra do Pavilhão do Brasil em Nova York, por uma feliz e intelligente iniciativa do dr. Vidal. Esses tres muraes foram pintados por Portinari especialmente para o nosso pavilhão em Nova York e, de accôrdo com suggestões do dr. Vidal, representam scenas do Norte, do Centro e do Sul do Brasil. O mural que aqui apparece, como se vê, apresenta aspectos do Rio Grande do Sul, representado por um vaqueiro da região da fronteira.

11

21. Suplemento de *O Estado de S. Paulo*, por ocasião da exposição de Cândido Portinari no Museu de Arte Moderna de Nova York, inaugurada em 1940.

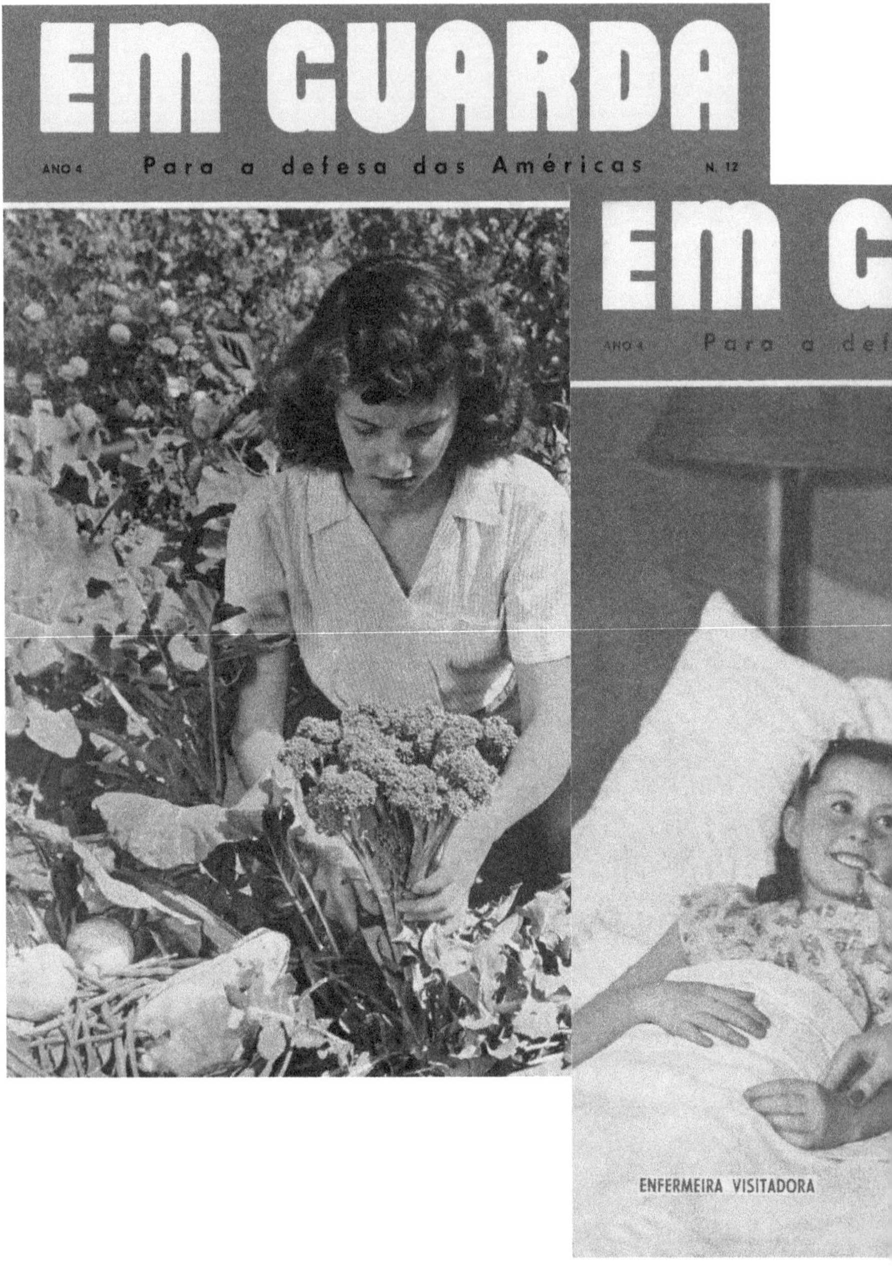

22, 23 e 24. Legumes, saúde ou guerra.
O Brasil tinha muito o que aprender com os americanos.

ARDA
s Américas
GUARDA
a defesa das Américas
TE DE UM DESTRUIDOR DE TANQUES PREPARA-SE PARA ENTRAR EM COMBATE

25. Com seu exotismo, a soprano amazonense Olga Coelho (na foto, nos estúdios da CBS) fez sucesso nos Estados Unidos.

26. O maestro Burle Marx e a cantora Elsie Houston em uma apresentação em Washington, em 1942. Sobre Elsie, Manuel Bandeira disse: "Trazia-a [nossa música popular tradicional] no sangue. Porque o nome de Houston era de empréstimo e serviria, ah, isso sim, a um agente de publicidade norte-americano '*to create a sensation*', dando a brasileira como descendente do desbravador do Texas [...] Elsie era Elza, brasileira da gema, nos olhos, na boca, em todo o corpo, na voz, no riso, na alma [...]".

27. As lentes americanas da Rolleyflex de Genevieve Naylor captaram manifestações da "democracia" racial carnavalizada do Rio de Janeiro. Os americanos apreciaram esta e outras imagens brasileiras na mostra fotográfica Faces and Places in Brazil, apresentada em Nova York, em 1943, no Museu de Arte Moderna (MoMA).

PROGRAMAS DE ONDAS CURTAS *em português* DOS EE.UU. PARA O BRASIL

Transmitindo simultaneamente das seguintes estações:

WCBX - 17.83 Mgcs.	(Faixa de 16 ms.)	das 18.00 às 20.45	★
" - 9.49 "	(Faixa de 31 ")	das 21.00 às 24.30	
WRCA - 15.15 "	(Faixa de 19 ")	das 18.00 às 24.30	★
WGEA - 11.85 "	(Faixa de 25 ")	das 18.30 às 24.30	

Domingo
Hora do Rio

18:00 Sinfonia da NBC
19:00 **O Mundo Hoje**
19:10 **Resumo dos Programas**
19:15 Melodias da Broadway
19:30 A Vida em Hollywood
19:45 Seleções de Opereta
20:00 **Rádio Jornal**
20:15 Salão de Concerto
20:45 Música Semi-Clássica
21:00 **Resenha dos Programas**
21:02 **Notícias**
21:15 Música da América
21:45 Bandas Militares
22:00 **Notícias**
22:15 Olga Coelho e Trio Charro Gil
22:30 Reinaldo Henriquez e a Orquestra Panamericana
23:00 **Notícias**
23:15 Orquestra Filarmônica de Nova York
00:00 **Resumo das Notícias**
00:15 Devaneio Musical
00:30 Encerramento

Segunda
Hora do Rio

18:00 **Resumo dos Programas e Notícias**
18:15 Magia Tropical
18:30 A Semana em Revista
18:45 Divirtam-se Conosco
19:00 **Notícias**
19:15 Tesouro Musical das Américas
19:45 Música de Dansa
20:00 **Rádio Jornal**
20:15 Sammy Kaye e sua Orquestra
20:45 Música Semi-Clássica
21:00 **Resenha dos Programas**
21:02 **Notícias**
21:15 Orquestra de Walter Gross
21:30 Música de Manhattan
22:00 **Notícias**
22:15 Eva Garza e Trio Charro Gil
22:30 O Desfile das Américas
23:00 **Notícias**
23:15 Trio Charro Gil
23:30 Convite à Música
00:00 **Resumo das Notícias**
00:15 Orquestra de Raymond Scott
00:30 Encerramento

Terça
Hora do Rio

18:00 **Resumo dos Programas e Notícias**
18:15 Canções das Nações Unidas
18:45 Resenha Literária
19:00 **Notícias**
19:15 Chopiniana
19:30 Conheça Nova York
20:00 **Rádio Jornal**
20:15 Enoch Light e sua Orquestra
20:45 Fred Waring e sua Orquestra
21:00 **Resenha dos Programas**
21:02 **Notícias**
21:15 Orquestra de Raymond Scott
21:30 Notícias Desportivas
21:45 Música por Tucci
22:00 **Notícias**
22:05 André Kostelanetz e sua Orquestra
22:30 Eva Garza e Orquestra Panamericana
23:00 **Notícias**
23:15 Trio Charro Gil
23:30 A Ópera Municipal de St. Louis
00:00 **Resumo das Notícias**
00:15 Orquestra Panamericana
00:30 Encerramento

Quarta
Hora do Rio

18:00 **Resumo dos Programas e Notícias**
18:15 Valsas Famosas
18:45 Serenata Tropical
19:00 **Notícias**
19:15 Seleções de Ópera
19:45 Dinah Shore — canções
20:00 **Rádio Jornal**
20:15 Contrastes Musicais
20:30 Aviação Americana
20:45 Música Semi-Clássica
21:00 **Resenha dos Programas**
21:02 **Notícias**
21:15 Orquestra de Walter Gross
21:30 Notícias de Hollywood
21:45 Concertos de Jazz
22:00 **Notícias**
22:15 Eileen Farrell e a Orq. da CBS
22:30 Reinaldo Henriquez e a Orquestra Panamericana
23:00 **Notícias**
23:15 Eva Garza e Orquestra Panamericana
23:30 Música de Manhattan
00:00 **Resumo das Notícias**
00:15 Quarteto Golden Gate
00:30 Encerramento

Quinta
Hora do Rio

18:00 **Resumo dos Programas e Notícias**
18:15 O Clube do Swing
18:30 Música Norte Americana
19:00 **Notícias**
19:15 Orquestra "Pops" de Boston
20:00 **Rádio Jornal**
20:15 Enoch Light e sua Orquestra
20:45 Fred Waring e sua Orquestra
21:00 **Resenha dos Programas**
21:02 **Notícias**
21:15 Orquestra de Raymond Scott
21:30 Notícias Culturais por Gaspar Coelho
21:45 A América do Norte Canta
22:00 **Notícias**
22:15 Olga Coelho
22:30 Eva Garza, Trio Charro Gil e a Orquestra Panamericana
23:00 **Notícias**
23:15 Trio Charro Gil
23:30 Banda da Marinha dos EE. UU.
00:00 **Resumo das Notícias**
00:15 Devaneio Musical
00:30 Encerramento

Sexta
Hora do Rio

18:00 **Resumo dos Programas e Notícias**
18:15 Momento Musical
18:45 Revista Cultural
19:00 **Notícias**
19:15 Música do Novo Mundo
19:45 Música de Dansa
20:00 **Rádio Jornal**
20:15 A Página Feminina
20:45 Música Semi-Clássica
21:00 **Resenha dos Programas**
21:02 **Notícias**
21:15 Orquestra de Walter Gross
21:30 Cartas em Revistas
21:45 Alma de Minha Pátria
22:00 **Notícias**
22:05 Pelos Sendeiros da Música
22:30 **Comentário**
22:35 R. Henriquez e Orq. Panamer.
23:00 **Notícias**
23:15 Trio Charro Gil
23:30 Orq. de Concertos CBS e Solistas
00:00 **Resumo das Notícias**
00:15 Orquestra de Paul Barron
00:30 Encerramento

Sabado
Hora do Rio

18:00 **Resumo dos Programas e Notícias**
18:15 Orq. de Alfred Wallenstein
18:45 **Bolet. Latino-Americano**
19:00 **Notícias**
19:15 Chopiniana
19:30 Música Popular
20:00 **Rádio Jornal**
20:15 Caravana Tropical
20:45 Fred Waring y sua Orquestra
21:00 **Resenha dos Programas**
21:02 **Notícias**
21:15 Orquestra de Raymond Scott
21:30 Notícias de Hollywood
21:45 Bandas Militares
22:00 **Notícias ou Comentário**
22:15 **A Hit Parade**
22:45 R. Henriquez e Orquestra Panamericana
23:00 **Notícias**
23:15 Orquestras de Variedades
23:30 Música de Hoje e Ontem
00:00 **Resumo das Notícias**
00:15 Orquestra de Harry James
00:30 Encerramento

TRANSMISSÕES EM "ONDAS DIRIGIDAS" PARA O BRASIL.

28. A programação das emissoras americanas de ondas curtas era publicada em diferentes revistas e jornais brasileiros, como parte do esforço de guerra.

29. Roosevelt, Vargas e militares americanos e brasileiros na base americana em Natal, conhecida como Parnamirim Field. Neste encontro, realizado em 1943, negociou-se a participação militar do Brasil na guerra.

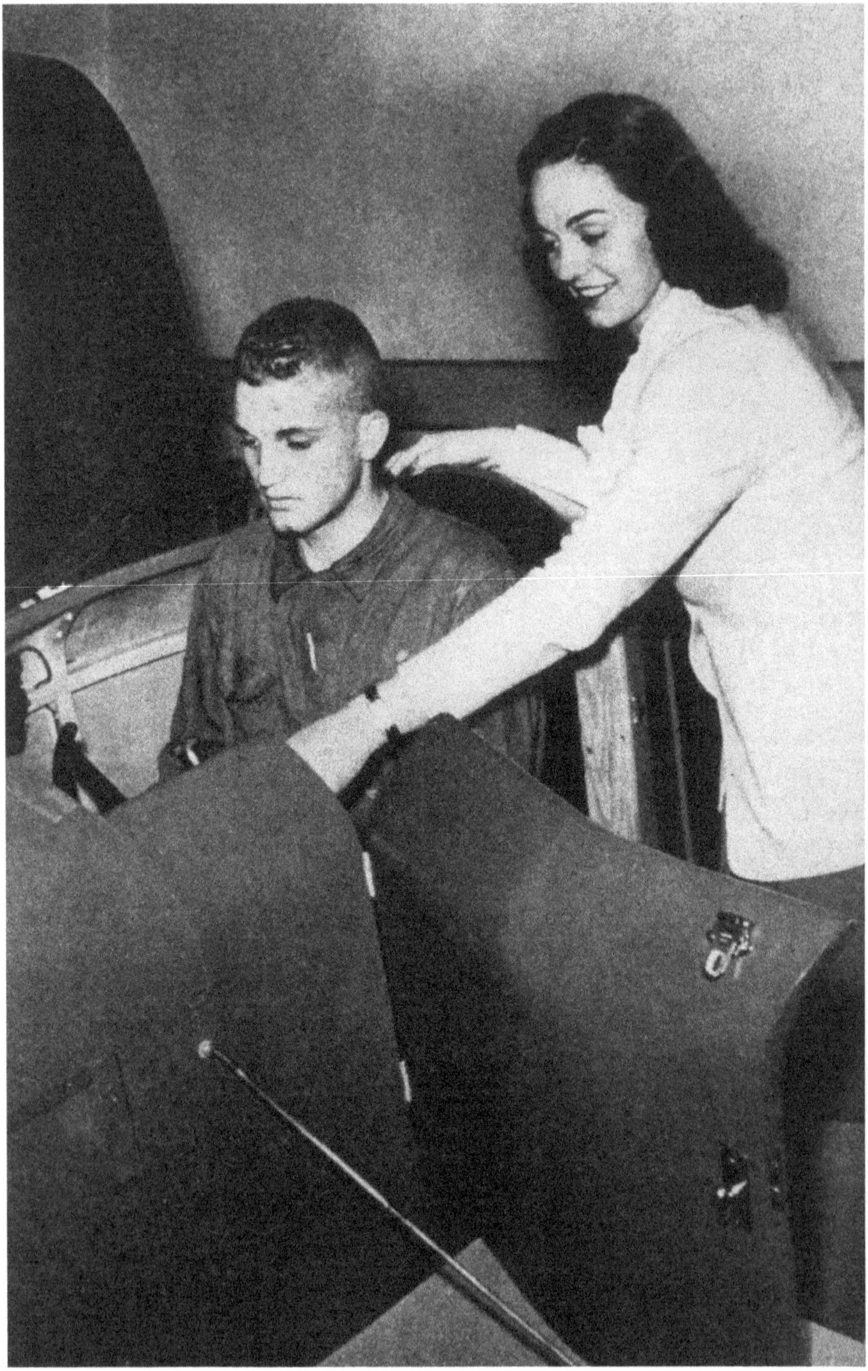

30. Para treinar pilotos brasileiros, os americanos usaram sua tecnologia e seus encantos.

31. Eleanor Roosevelt, de chapéu, autografa a pele de uma cobra em Natal, em 1944: a imagem que prevalecia era a de um país selvagem, a ser explorado.

32. Soldados brasileiros na Estação da Luz, em São Paulo, em agosto de 1945: branco, negro e nissei convivendo pacificamente. A democracia racial brasileira chamava a atenção dos soldados negros americanos, submetidos à *color line*.

33. Oficiais do 5º Exército Americano cumprimentando Vargas, no fim da Segunda Guerra Mundial. Mas o Brasil já não era tão importante para os Estados Unidos.

34. O dr. Silva Mello, médico mineiro de formação humanista, condenava, já nos anos 1920 e 1930, os alimentos enlatados. Os urbanitas brasileiros preferiam relacionar a potência dos motores V-8 ao suco de vegetais americano.

Down Argentine Way
(20th Century-Fox, 1940)
Costume designer: Travis Banton

35. Carmen Miranda:
uma boneca de papel para as crianças
vestirem com roupas de "todas as Américas".

Two costumes from
That Night in Rio
(20th Century-Fox, 1941)
Costume designer: Travis Banton

36. A cobra fumando, símbolo da FEB, foi originalmente desenhada por Walt Disney e mostrava uma cobra atirando com dois revólveres de grosso calibre. Esta versão, menos belicosa e que se tornou oficial, foi elaborada por um sargento brasileiro.

eles esperavam estancar, metaforicamente, a sangria continental provocada pela "ganância" do capitalismo norte-americano.

Waldo foi fisgado pela Amazônia, a porta do Brasil, segundo ele. Nas ruas de Belém, no meio de árvores frondosas, em especial das mangueiras, o seu ouvido atento captou os sons de um samba, vindos de um alto-falante. O samba — produto da cultura urbana carioca da era do rádio — estava presente também na Amazônia. Segundo a acurada interpretação de Valter Krausche, o Brasil, na década de 1940, já havia sido "abraçado" de norte a sul pelos "Cantores do rádio", de Lamartine Babo.[218] O nacional se sobrepondo ao regional.

O olhar do americano intranquilo fixou-se nas mulheres brasileiras. Na mistura das raças. As mulheres, "com cabelos longos, pele de mel e olhar melancólico, são bonitas como em nenhuma outra parte do mundo".[219] Beleza resultante da fusão de negros, índios e portugueses. O judeu nova-iorquino, de cultura refinada, socialista, navegando entre o misticismo e o racionalismo, surpreendia-se com o melting pot brasileiro. Toda a repulsa da nossa aristocracia branca não evitou que o sangue do índio e do negro fosse transferido "pela 'capilarização' progressiva dos mestiços superiores".[220] Waldo percebeu o que Oliveira Vianna e Gilberto Freyre, cada um a seu modo, estavam investigando quase na mesma época. Formulado no mundo intelectual anglo-saxão da costa leste americana, o mito do melting pot realizava-se nos trópicos.

Além da beleza das mulheres, Waldo detectou também nossas mazelas. Povo pobre. Pobreza nas roupas, nas moradias... mas não na alimentação. Waldo concluiu que, apesar de pobre, o brasileiro, pelo menos o da Amazônia, não passava fome. O peixe, a banana e, principalmente, a mandioca, a "rainha do Brasil", no dizer de Luís da Câmara Cascudo,[221] garantiam uma dieta alimentar balanceada.

Frank chegou a pensar que aqui também havia uma *color line*, mas teve a sensibilidade para perceber a diferença: a separação era mais econômica que racial.[222] Uma *dollar line*.

Observando as mulheres brasileiras, Waldo fazia a comparação com a mulher americana. "Elas [as brasileiras] são livres, todas em sua profunda aceitação de seu próprio sexo, e, nisso, são diferentes de nossas mulheres."[223] Talvez pelo fato de os homens americanos não gostarem de mulheres, argumentava o outsider. Usam-nas, mas o essencial das mulheres passa despercebido aos homens americanos. De certa forma, isso já havia sido notado por Sarmiento no século XIX. Para o argentino, os ianques de ambos os sexos pareciam impenetráveis à paixão e as mulheres eram "homens do sexo feminino".[224] Monteiro Lobato, nos anos 1920, também já havia se intrigado com a esquisita relação entre os gêneros nos Estados Unidos. Não achava, como Waldo, que o homem americano tinha medo das mulheres, mas respeito exagerado. O que não deixa de ser uma forma de medo. Daí a contida insatisfação da mulher americana. "[...] Entre o respeito e o amor ela prefere o amor. O exagerado respeito com que o americano a trata é uma astúcia protetora. Colocando entre si e ela a espada nua do puritanismo, o homem guarda-se da tentação [...] Esse gigante do *business* durante o dia, no seu escritório, onde lança as redes por sobre o mundo inteiro, está à noite cansado — e o amor é noturno. E, cansado que está, foge à mulher sob a capa protetora do respeito."[225]

Os americanos sempre se intrigaram com as mulheres brasileiras. Quinze anos depois da visita do americano Waldo Frank ao Brasil, o brasileiro Juscelino Kubitschek visitou os Estados Unidos. Numa entrevista dada à imprensa americana no National Press Club, em Washington, um dos jornalistas perguntou a JK: "Por que as mulheres brasileiras são tão atraentes?". O presidente brasileiro respondeu: "As mulheres brasileiras são atraentes principalmente porque nós, os homens brasileiros, as tratamos muito bem".[226]

Em Belo Horizonte, Waldo confirmaria de forma mais concreta a sua visão acerca das mulheres brasileiras. Travou conhecimento, em um bar da cidade, com um jornalista-dentista de esquerda. Conversaram sobre a situação política brasileira e sobre quanto era enigmática, para ele, a figura de Vargas. O dentista, que já havia estado na cadeia por causa de suas ideias, garantiu que Getúlio era um grande político, preocupado com os homens. Comparou-o a Lincoln. Waldo parece ter ficado mais confuso ainda. A conversa continuou, mas sua atenção estava agora centrada em Ifigênia, a garçonete que servia a mesa ao lado.

> Ela é uma garota de seus dezoito anos [...] uma mulata com um pouco de sangue índio, o que dava à sua pele um brilho de mel. Tinha pesados cabelos negros, compleição forte e perfeita, lábios não muito cheios. O rosto irradiava alegria, vitalidade e beleza, com um leve toque de tristeza. Voltei ao meu hotel para jantar e depois do café retornei ao bar [...]. A moça ainda estava lá, ocupada no outro lado do balcão. Ela sentiu que chegávamos e sorriu. E notei uma coisa um pouco estranha para mim: todos no bar pareciam saber do meu interesse pela moça e demonstravam indulgência e afeição. Onde, além do Brasil, isso poderia acontecer? A moça também sabia de meu interesse. Ela veio em nossa direção e sentou-se à nossa mesa. Disse seu nome: Ifigênia Silva. Ela sorriu e eu sorri. E todos no bar estavam esperando eu dizer como ela era bonita. E eu lhe disse, com a ajuda de meus amigos, que traduziram meu espanhol. Todos no bar estavam como que irmanados, ingênua e discretamente, no meu interesse. [...] A porta do quarto estava aberta. Sentei-me na cama e fiquei em silêncio observando aquele cenário. Em silêncio o olhar de Ifigênia encontrou o meu e ela sentou-se ao meu lado.[227]

Frank acabou indo para a cama com a singela Ifigênia, que queria saber se ele conhecia Robert Taylor. Não foi, segundo Frederick Pike, tão somente uma relação carnal. Para Frank, a mulata brasileira era o arquétipo da América Latina, e seu corpo, representação do próprio Brasil, seria o ponto de fusão das duas culturas.

Numa perspectiva bastante ingênua, Waldo parece encarnar o espírito de Simón Bolívar. Para ele, unidas, as Américas poderiam ter um mercado comum, facilitando o comércio intercontinental. O resultado, no plano político-institucional, seria um só continente, forte para lutar, num mundo perigoso, em defesa de sua independência. Essa preocupação fazia sentido no momento em que Waldo escreveu: tanto a Alemanha como o Japão estavam no auge de sua expansão anexionista. E o Brasil, como vimos, não era desprezado pelos planos dos racistas de *Wilhelmstrasse*. Uma América una poderia canalizar suas energias e poderes nacionais para garantir riqueza e harmonia no continente; isso tudo cimentado pela democracia, destino comum de nossas Américas. A visão utópica de Waldo entrava em conflito com uma América Latina coalhada de governos autoritários. Claro que havia conceitos e conceitos de democracia. No caso do Brasil, Vargas, em diversas ocasiões, formulara uma concepção de democracia bem diferente da liberal: criticava os monopólios ao mesmo tempo que propugnava um Estado forte que garantisse os direitos essenciais do povo. Não custa lembrar que Vargas não chegou ao poder por meio de eleições diretas, como manda o figurino liberal. Para Frank, um governo de feições autoritárias não combinava com democracia.

O misticismo de Frank desembocou numa visão utópica de América. Aqui seria construída a Cidade dos Homens, semelhante à Cidade do Sol do renascentista Campanella. A América seria a ilha utópica onde os homens encontrariam a paz e a prosperidade. Crente na democracia americana, Waldo invocava Jeffersons e Franklins para soldar a sua *Hispanic America*, na qual incluía o Brasil. Essa inclusão criou desconforto durante um jantar no Jockey Clube do Rio, oferecido ao visitante americano pelo ministro Oswaldo Aranha. Waldo havia publicado, em 1931, *America hispana*, livro de ensaios sobre a cultura e a sociedade latino-americanas. A inclusão do Brasil na América Hispânica deu argumentos para que Herbert Moses, Afrânio de Mello Franco, Paulo Bittencourt e Assis Chateaubriand, capitaneados por Oswaldo Aranha, crivassem Frank de críticas por esse "erro". Éramos, isto sim, lusitanos, e não hispanos. Frank tentou se defender citando Camões. Também com citações camonianas foi contestado. Exigia-se, numa futura edição, um lugar especial para o Brasil. Os paradigmas jeffersonianos e de outros *founding fathers* não eram criticados diretamente, mas a repulsa a eles estava, de certa forma, ancorada na verve de um Eduardo Prado.

Uma América unida e democrática não passava de uma ilusão. Não tinha sido o próprio Jefferson quem havia negado ajuda aos inconfidentes nos fins do século XVIII? E, por acaso, não teria o governo dos Estados Unidos denunciado à repressão portuguesa o emissário pernambucano que fora ao país norte-americano pedir ajuda para a insurreição de 1817?[228] Embora esses questionamentos não tenham vindo à tona no almoço do Jockey, eles existiam no ideário dos que governavam o Brasil na época.

Mas Frank não desistia. Da mesma forma que enfrentara em seu país a Ku Klux Klan, o cavaleiro socialista-místico-humanista queria ver uma América una. Os pontos básicos do programa de Waldo para a união americana eram: *a*) as riquezas naturais — minas e poços de petróleo — deveriam retornar às mãos dos próprios latino-americanos; as empresas americanas deveriam facilitar a compra dessas companhias pelos latino-americanos;

b) não reconhecimento de governos ditatoriais; *c*) os norte-americanos deveriam assumir que a sua democracia era capenga num ponto importante: as relações entre as raças.

Waldo achava que os Estados Unidos não poderiam obter a confiança das outras Repúblicas enquanto, em sua própria casa, houvesse discriminação e racismo explícitos. Ensinar às crianças americanas matérias que comparassem entre si as culturas existentes na América. Culturas africanas e ameríndias deveriam ser conteúdos escolares obrigatórios. A história de Portugal e a da Espanha deveriam receber a mesma atenção que a da França e a da Inglaterra.

Todas essas formulações foram feitas depois que ele voltou ao seu país, já em fins de 1942. Quando chegou ao Rio de Janeiro, não esperava nenhuma recepção oficial. Ao descer no aeroporto Santos Dumont, esperava encontrar somente a chilena Gabriela Mistral, mas lá estavam jornalistas e toda uma comitiva liderada por Graça Aranha, o representante oficial do governo brasileiro para assuntos culturais.

Waldo Frank teve a sorte de chegar exatamente em 23 de abril, dia da festa de são Jorge, "o maior de todos os santos no coração do povo do Rio de Janeiro, *the* cariocas".[229] Se já havia ficado fascinado com as relações entre homens e mulheres e entre as raças, agora o americano intranquilo, como que tomado por Ogum, estava diante de mais uma demonstração da democracia brasileira: são Jorge não fazia distinção de classe, raça, sexo ou idade. Todos veneravam o santo. "Ao cair da noite, as ruas que desembocavam na praça da República estavam tomadas por uma massa de homens, mulheres, crianças, mães carregando seus filhos, todos em fila e, sem o auxílio de nenhum policial, caminhando pacientemente em direção à igreja."[230] As diferentes classes e raças que beijavam a fita de são Jorge confirmavam o caráter democrático do santo.

Em determinado momento, Waldo usa em seu texto a primeira pessoa do plural. O "nós" foi a forma utilizada pelo autor de *The South American Journey* para apresentar seus cicerones: Vinicius de Moraes e amigos. Vinicius deu algumas explicações ao americano e o levou para outro locus democrático: o Mangue, a zona do meretrício pobre do Rio. Frank demonstrou certa familiaridade com o objeto de estudo e arriscou uma interpretação freudiana: "Para o homem que trabalha, prostituição é muito mais uma procura materna do que simples satisfação sexual".[231]

O programa oficial de Waldo era intenso. Mencionei o embaraçoso almoço no Jockey Clube. Conferências improvisadas e entrevistas. Waldo foi entrevistado por Samuel Wainer, diretor da *Diretrizes*, revista de esquerda que gozava de liberdade no repressivo Estado Novo. Depois da entrevista, jantar no Copacabana. Ali foi quase convencido de que a ditadura de Vargas não poderia ser analisada segundo modelos conhecidos. O ubíquo Assis Chateaubriand convidou-o para um de seus indefectíveis batismos de avião.

Intuitivamente, Waldo aceitou um convite para jantar na casa de Jorge de Lima, o que lhe permitiu alguns momentos de tranquilidade e de introspecção. Jorge de Lima, médico alagoano, sanitarista formado na Bahia e no Rio de Janeiro, havia se destacado por sua contribuição à saúde pública e às letras. "O acendedor de lampiões" e "Mulher proletária" eram poemas já conhecidos, mas foi com a tese "O romance de Proust" que ele recebeu a cátedra em literatura. Foi na casa desse brasileiro, negro, católico e intelectual respeitado, que Waldo cimentou a ideia de uma América comunitária. Ela podia abrigar "irmãos", desde Franklin Delano Roosevelt, passando pelo próprio Waldo, por Jorge de Lima, Lourival Fontes, até Getúlio Vargas. O intelectual negro Jorge de Lima prendia a atenção de Waldo. O americano parecia estar em sintonia com a sensação de paz que emanava do ambiente na casa do poeta brasileiro. Ali as relações familiares pareciam confirmar mais ainda a "democracia racial" de nosso país. A mulher de Jorge, branca, e os dois filhos tão brancos quanto o intelectual nova-iorquino. "As diferenças da cor da pele, dos olhos e dos cabelos das pessoas daquela casa não causavam infelicidade e eram absolutamente normais."[232] Sem dúvida, este era um ponto importante para o pensamento humanista do outsider americano: tentar apreender, na Ibero-América, fórmulas de expurgar os conflitos de gêneros e raças existentes na América de cultura anglo-saxônica. O Brasil como paradigma.

No entanto, setores importantes da classe dominante brasileira viravam as costas para o Brasil. O paradigma era a cultura europeizada ou o materialismo modernizante americano. Vacilava-se. Naquele momento, as máquinas de guerra nazista e nipônica ainda não tinham sido barradas. Os americanos mal haviam se recuperado do choque de Pearl Harbor e sofriam derrotas nas Filipinas. Embora os *B-25* ianques tivessem bombardeado Tóquio, os japoneses ainda pareciam invencíveis. O mesmo podia ser dito dos alemães. Os comandantes Manstein e Kleist haviam se aproximado do Cáucaso. Stalingrado estava para começar e Leningrado sofria com o pesado cerco dos exércitos nazistas. Mesmo assim, para a elite brasileira, a paulista em especial, o espírito constitucionalista liberal, modelado no federalismo americano e repensado desde Tavares Bastos, estava presente no ideário dos "latifundiários em armas" de 1932. A criação da Universidade de São Paulo foi o prêmio de consolação de Vargas para os paulistas, depois da derrota da Revolução Constitucionalista.[233] E será exatamente da USP, que abrigou a fina flor do pensamento europeu, que sairão os conceitos da democracia, liberal ou socialista, ambas de matizes antiautoritários e, principalmente, antigetulistas.

Waldo parecia querer chamar a atenção de nossas elites intelectualizadas para o fato de que o Brasil não precisava de paradigmas. Pelo contrário, ele era o paradigma, pelo menos no que se referia às relações de raça e gênero.

O americano foi sacudido ainda pelo encontro com Oswald de Andrade. Barulhento, efusivamente acolhedor, Oswald chegou de São Paulo dizendo que tinha ido ao Rio especialmente para ver Waldo Frank. O americano não acreditou em nenhuma palavra do nosso dândi comunista. Frank estranhou que Oswald, dizendo-se comunista, não estivesse na cadeia, como Luís Carlos Prestes. Estranhou também quando soube, pelo próprio Oswald, que ele era casado com a irmã da mulher de seu filho. Uma demonstração exagerada da democracia dos gêneros.

Vinicius de Moraes, que como vimos foi guia de Waldo no Rio de Janeiro, ajudando-o a conhecer a cultura carioca, descobriu o resto do Brasil conduzido pelo americano. Vinicius havia sido incumbido pelo governo brasileiro de viajar com o americano pelo Norte e Nordeste. O poeta brasileiro pisava, pela primeira vez, nos mocambos de Recife. Pela primeira vez assistiu a um jogo de capoeira, em Salvador.[234]

O anti-hollywoodianismo de Frank ajudou a soldar a amizade entre os dois contestadores:

> Não me lembro se foi José Lins do Rego ou Octavio Tarquínio de Souza que lhe perguntou se já tivera algum de seus livros postos em cinema. A conversa viera a propósito de *Moby Dick*, o grande romance de Melville, cuja filmagem, há tempos, com John Barrymore, revelou bem a nu a irremediável incompetência e corrupção de Hollywood. Waldo Frank salientava justamente esse ponto quando ouviu a pergunta. "Nunca deixei!", disse com um gesto desgostoso. "Hollywood é corrupta até a alma. Sei muito bem o

que fariam com um livro meu. Não seria difícil ganhar dinheiro assim, mas não é o que quero, como escritor." Imediatamente senti o homem nessa resposta.[235]

Ainda no Rio, Waldo foi convidado por Orson Welles para visitar o local onde estava sendo rodada parte do famoso e inacabado *It's All True*. Lá, viu cariocas cantando e dançando como nunca tinha visto. O pôr do sol de abril era o pano de fundo do espetáculo que ele presenciava. O americano estava fascinado. E tinha razões de sobra para isso.

> Eu poderia ficar eternamente ouvindo música popular brasileira. Ela é incrivelmente bela e profunda. Sua superfície é feita de mel, pétalas suaves, tem o perfume das flores. Suas raízes são complexas como um corpo orgânico, e escuras como uma tragédia. Ao lado da música brasileira (e estou falando da melhor delas), a nossa música popular (jazz, swing, *torch song*, canções de caubóis e pioneiros), é repulsiva com seu "nervosismo" na pele, tensão [...] mesmo nosso melhor spiritual negro revela certa diluição e o simplismo excessivo de uma cultura estranha à cultura negra. A música brasileira não é africana ou negra. Ela é brasileira. Seus componentes — africanos, portugueses e índios — estão organicamente fundidos em um só corpo.[236]

Não sei se Waldo Frank leu *Ueber Fetischcharakter in der Musik und die Regression des Horens*, o "Fetichismo da música e a regressão da audição", de Adorno, mas sua análise aproxima-se muito das conclusões do filósofo da Escola de Frankfurt. O "nervosismo" da música americana já havia sido registrado por Adorno, em 1938, no famoso estudo citado: "O fenômeno apresenta traços convulsivos, que lembram a doença denominada dança de são Guido ou os reflexos de animais mutilados. A própria paixão parece provocada por determinadas falhas funcionais. O ritual do êxtase revela-se como pseudoatividade através do momento mímico".[237]

Na verdade, a afinação entre Waldo e Adorno se dá pela ideia de que o mercado deterioraria a criatividade da música popular. Ou, no axioma de José Ramos Tinhorão, quanto mais sofisticada a "parafernália tecnofonológica", maior o prejuízo da audição coletiva. Na época em que Waldo se apaixonava pela música brasileira, ainda não havia aqui a apropriação ampla da canção pelo mercado, que, segundo Adorno, já havia ocorrido nos Estados Unidos.

A música brasileira era uma das manifestações culturais mais refratárias à americanização. A referência a elementos da cultura americana em letras de músicas brasileiras dos anos 1940 não significava que a nossa música havia absorvido o "nervosismo na pele, a tensão" da música americana.

BOOGIE-WOOGIE NA FAVELA[238]

Várias canções dos anos 1930 e 1940 tinham a americanização como tema. Algumas com mensagens nacionalistas de defesa de nossa cultura. Um quase movimento anti-imperialista da música popular. Outras satirizavam ou referendavam a ideia da americanização como forma de superarmos "nosso atraso". A lista é grande, mas para ficar só com alguns exemplos cito "Boogie-woogie do rato", de Denis Brean; "Oh! Boy", de Haroldo Lobo e Ciro de Souza; "Cowboy do amor", de Wilson Batista e Roberto Martins; "Dança do boogie-woogie", de Carlos Armando; "Samba de casaca", de Pedro Caetano e Walfrido Silva; "Gosto mais de swing", de Lauro Maia; "O samba agora vai", de Pedro

Caetano, e o clássico "Yes, nós temos bananas", de Alberto Ribeiro e João de Barro.

Assis Valente, o mulato baiano suicida, e um dos maiores do samba, compôs, em 1940, a emblemática "Brasil pandeiro", canção produzida em plena implantação do "imperialismo sedutor". Sete anos antes, Carmen Miranda havia gravado, do mesmo Assis, a graciosa melodia "Good Bye! Boy", na mesma época em que Noel havia composto "Não tem tradução". "Good Bye! Boy" fazia parte de uma fase da música brasileira que eu chamo nacionalista — ou, entre aspas, "anti-imperialista", para diferenciá-la da patriótica:

> Good bye, good bye boy, *deixa a mania do inglês*
> *Fica tão feio pra você moreno frajola*
> *que nunca frequentou as aulas da escola*
> Good bye, good bye boy, *antes que a vida se vá*
> *Ensinaremos cantando todo mundo (e com prazer)*
> *b-e-bé, b-i-bi, b-a-bá*
> *Não é mais boa noite, nem bom dia*
> *Só se fala* good morning, good night
> *Já se desprezou o lampião de querosene*
> *Lá no morro só se usa a luz da Light* (oh! yes)

Em 1940, sambas "anti-imperialistas", como "Good Bye! Boy", eram coisa do passado. Noel havia morrido em 1937, Carmen já estava na Broadway — embora tivesse gravado uma espécie de mea culpa com "Disseram que voltei americanizada" —, e Assis havia composto "Brasil pandeiro":

> *Chegou a hora dessa*
> *gente bronzeada*
> *mostrar seu valor!*
> *Eu fui à Penha*

E pedi à padroeira
Pra me ajudar
Salve o morro do Vintém
Pindura-Saia
eu quero ver
eu quero ver
eu quero ver
O Tio Sam tocar pandeiro
Para o mundo sambar
O Tio Sam está querendo
conhecer a nossa batucada
anda dizendo
que o molho da baiana
melhorou seu prato
Vai entrar no cuscuz
acarajé e abará
Na Casa Branca
já dançou a batucada
com Ioiô e Iaiá

Brasil esquentai
vossos pandeiros
Iluminai os terreiros
Que nós queremos sambar!!!

Há quem sambe diferente
Outras terras, outras gentes
Num batuque de matar
A batucada
reúne nossos valores
Pastorinhas e cantores
Expressões que não têm par

Brasil esquentai
vossos pandeiros [...]

O valor a que Assis se refere era o valor de sambista. Antes a gente bronzeada ficava restrita ao bairro da Saúde e aos morros cariocas. Agora havia chegado sua vez. Aproveitar o momento para mostrar o seu valor no sentido cosmopolita. Deixar o morro do Vintém e do Pindura-Saia para se internacionalizar. O samba só poderia ser conhecido mundialmente pelas mãos do Tio Sam. Tio Sam tocando pandeiro para o mundo sambar. Antropofagicamente, Assis sugeria uma deglutição. Outros sambas, outras terras e outras gentes. O mundo vai sambar conforme a música de Tio Sam, só que na perspectiva brasileira. Não éramos os "Estados Unidos" da América do Sul? Não éramos, de certa forma, assemelhados? No sentido musical também poderia haver uma parceria. O fox ou o swing poderiam aderir ao samba e a música americana deveria ser ritmada pelo pandeiro brasiliano.

Nelson A. Rockefeller era a encarnação do Tio Sam. Roosevelt tinha lhe dado carta branca para exercer esse papel. E ele, como vimos, fez muito para não trocarmos o fácil foxtrote por alguma versão wagneriana da canção. Ele seria capaz até de aprender nossa batucada e nos ensinaria o swing, o fox e o boogie-woogie. O insosso hot dog ficou melhor com o molho da baiana e prometia entrar no cuscuz e no abará. Poderia até engoli-los como sapo, mas por enquanto adotaria nossa culinária, nosso samba meio rumba.

Assis havia composto esse samba depois que Carmen, sua confessada paixão, mais sobriamente vestida, dançou para Roosevelt e Eleanor. Daí a Casa Branca ter dançado com Ioiô e Iaiá, os míticos nomes dos terreiros de candomblé e das rodas de samba.

Um jornal de 1940 trouxe uma reportagem sobre o sucesso de Carmen em Washington. A "baiana" Carmen descrevia emocionada sua visita à Casa Branca. Disse que cantou para o presidente Roosevelt e para Eleanor. Franklin Roosevelt, que já tinha visto um show no Cassino da Urca, em novembro de 1936, não se surpreendeu da mesma forma que a mulher. Carmen era o samba reconhecido: no camarim recebeu cumprimentos dos mais célebres artistas de Hollywood. Disse ainda que nos Estados Unidos havia um grande interesse pela nossa música popular e que seu figurino tinha sido o fator determinante de sua vitória. O Brasil era reconhecido em Carmen no plano político e no plano da cultura de massa. A presença de um artista de sucesso, no sentido adorniano, legitimava nosso país, e esse, na letra do samba de um dos nossos grandes compositores, era o único jeito de a gente bronzeada ter seu valor reconhecido.

Se, em 1940, esperávamos que Tio Sam dançasse nosso samba e usasse os nossos temperos, em 1945 a favela já estava dançando o boogie-woogie. O campineiro Denis Brean compôs, e Ciro Monteiro gravou, o grande sucesso "Boogie-woogie na favela":

Chegou o samba minha gente
Lá da terra do Tio Sam
Com novidade
Ele trouxe uma cadência
Que é maluca
Pra mexer toda a cidade
É o boogie-woogie,
boogie-woogie,
boogie-woogie
A nova dança
que balança
mas não cansa

A nova dança
Que faz parte da
Política da Boa Vizinhança

E lá na favela
toda batucada já tem boogie-woogie
Até as cabrochas já dançam
Já falam no tal boogie-woogie

E nosso samba foi por isso
que aderiu
do Amazonas, Rio Grande, São Paulo e Rio
ao boogie-woogie, a nova dança que surgiu
[...]

Denis Brean, paulista de cultura mais cosmopolita, entendeu o "novo samba". Se a nossa música havia sido levada para os Estados Unidos e apresentada por Carmen Miranda, Bando da Lua, Romeu Silva e outros, agora ela voltava travestida de boogie-woogie, um gênero com raízes no blues. Embora a Política da Boa Vizinhança estivesse nos seus últimos momentos, nosso samba aderiu à nova dança que surgiu. Dançávamos nós desta vez. Não mais em parceria com o Tio Sam, como havia proposto Assis, mas nossas cabrochas aderiram, quase incondicionalmente, à música que era parte da Política da Boa Vizinhança. Se antes o samba podia ser parceiro na *Good Neighbor Policy*, agora ele deveria dançar conforme a música que vinha das terras do Tio Sam. Os movimentos do boogie-woogie eram menos exigentes que o samba dançado pela menina negra que Disney havia visto no morro da Portela, quatro anos antes. O grande abraço — que nos "Cantores do rádio", de Lamartine Babo, reunia o Brasil de norte a sul — se confirmou com a adesão do

Amazonas, da Grande São Paulo e do Grande Rio à nova dança que surgiu.

Como vimos, as pesquisas realizadas pelo Ibope demonstraram que o brasileiro ainda dava preferência à música brasileira. Embora incorporássemos elementos da música americana em alguns Carnavais, isso não significava, como havia notado Waldo Frank, simples imitação. Não revelava o *simplismo de uma cultura estranha à cultura negra*. Era, pelo menos na época, uma americanização sob condições.

A americanização não foi imitação

A Política da Boa Vizinhança foi obra do governo de Franklin Delano Roosevelt. Na gestão anterior, do republicano Hoover, houve um primeiro movimento que buscou melhorar as relações entre os Estados Unidos e a América Latina. A própria expressão — Política da Boa Vizinhança —, como vimos, havia sido cunhada por Hoover. Mas foi Roosevelt quem deixou claro, em palavras e ações, o sentido da nova política para a América Latina. Logo depois de sua posse, ele declarou: "[...] Eu me empenharei no estabelecimento de uma política de respeito para com nossos vizinhos [...] numa política de respeito aos direitos de nossos bons vizinhos. Bons vizinhos devem cumprir acordos e respeitar tratados [...]".[239] E na 7ª Conferência Pan-Americana, realizada em Montevidéu em 1933, Cordell Hull, o secretário de Estado, disse: "Nenhum Estado tem o direito de intervir nos assuntos internos e externos de qualquer outra nação".[240]

Apesar das declarações do presidente e do secretário, houve intervenções veladas e não armadas. O exemplo mais evidente foi o caso de Cuba. A formidável pressão exercida pelos Estados

Unidos abriu caminho para a ditadura de Fulgencio Batista. No entanto, essa pequena demonstração de força da política externa de Franklin Delano Roosevelt fazia as brutais intervenções do começo do século parecerem coisa de um passado que nunca voltaria a se repetir. A mudança nos rumos da política americana confirmou-se com a primeira visita que Franklin Roosevelt fez ao Brasil, em novembro de 1936.

No plano das representações, foi no Rio de Janeiro que sua política para a América Latina ganhou contornos mais definidos. Aqui, foi recebido com toda a pompa. "Enorme multidão recebeu no cais do porto o sr. Roosevelt. O cruzador que conduzia o presidente norte-americano transpôs a barra comboiado por aviões civis e militares e sob salva das fortalezas", escreveu um jornal da época.[241] O presidente Getúlio Vargas ofereceu-lhe um banquete. O discurso de agradecimento proferido por Roosevelt nessa ocasião pode ser considerado uma importante peça de oratória da nova e sedutora diplomacia americana. Logo no início da fala, o presidente americano lembrou que havia tido seu primeiro contato com o Brasil em Paris. Na capital francesa, o menino Franklin ficou feliz ao ser apresentado ao imperador exilado d. Pedro II. Nosso ícone da nacionalidade, que no século XIX soube enfrentar diplomaticamente a arrogante Inglaterra, era reconhecido pelo representante da agora grande potência continental. Esse foi só o começo do discurso.

Na sequência, procurou mostrar os erros e acertos dos Estados Unidos. Sugeriu que o Brasil deveria evitar os equívocos cometidos pelo país norte-americano. Reconheceu também que eles não ajudaram o Brasil na mesma medida em que nós os ajudamos:

> [...] V. Exª fez muito para ajudar os Estados Unidos em muitas coisas do passado. Nós, penso eu, temos feito muito pouco para vos

> ajudar [...] E eu posso sugerir que vós, com esse grande domínio de milhões de milhas de quadras, das quais grande parte ainda está aberta à ocupação humana, podeis aprender muito com os enganos dos Estados Unidos. E assim eu vos convido a vir beneficiar-vos não somente das boas coisas que fizemos, mas também dos erros cometidos no passado [...].[242]

O grande trunfo do discurso, no entanto, o presidente americano reservou para o final, e atingiu em cheio o coração de Vargas: "[...] há, porém", disse ele, "uma coisa que eu quero lembrar. Existem duas pessoas no mundo que inventaram o New Deal: o presidente dos Estados Unidos e o presidente do Brasil [...] E assim vou deixar-vos esta noite muito pesaroso".[243] Isso significava que a ideia de um Estado forte e equipado para reorganizar a sociedade era comum aos dois países. De certa forma, não era somente retórica. Roosevelt tinha uma parcela de razão, pois a Revolução de 1930 antecedia, programaticamente, em alguns anos a gestão do democrata norte-americano.

Vargas anotou em seu diário, a respeito do dia 27 de novembro de 1936:

> [...] chegou o homem. Tudo ocorreu de acordo com o programa estabelecido e que consta nos jornais. Mas a impressão deixada pelo homem foi realmente profunda e agradável: de uma simpatia irradiante, de um idealismo pacifista sincero, o próprio defeito físico que o torna um enfermo de corpo aperfeiçoa-lhe as qualidades morais e aumenta o interesse pela sua pessoa. É um orador claro, simples e cheio de imaginação, mas despido das hipérboles *criollas*. Mostrou-se muito interessado em auxiliar o Brasil na solução dos problemas de sua defesa militar e econômica. Prometeu que o sr. Sumner Welles, regressando de Buenos Aires, aqui ficaria uns dias para tratarmos de vários desses assuntos.[244]

O discurso de Roosevelt, em 1936, foi um gesto notável que ajudou a melhorar as relações entre os Estados Unidos e o Brasil. O projeto de Rockefeller inspirava-se nos temas propostos na fala do presidente, feita no Brasil quatro anos antes da fundação do Office. A ideia dos Estados Unidos como modelo era um dos pontos centrais da filosofia de Nelson e de seu pessoal. As transmissões de rádio, o cinema, os projetos de saneamento e saúde e os programas econômicos tinham um sentido paradigmático, isto é, os Estados Unidos possuíam o segredo do progresso e, o que era mais importante, pareciam "dispostos" a compartilhá-lo com o Brasil.

Se havia por parte do OCIAA a preocupação de construir uma imagem modelar dos Estados Unidos, isso não era feito de forma prepotente. Procurava-se, pelo contrário, atenuar a imagem de superiores com a mediação de artistas, músicos e intelectuais. Para fazer valer esse projeto, Nelson teve de, em diversas ocasiões, enfrentar partidários de métodos mais violentos para garantir a ajuda brasileira no esforço de guerra.

Vimos que as formulações do Office of Strategic Service — de Bill Donovan — traziam, no subtexto, o americanismo que enfatizava a superioridade da raça branca, protestante, e o imperialismo apaixonado. A documentação analisada indica que Donovan, entre outros, era partidário, inclusive, da intervenção militar em certas regiões do Brasil.[245] O Office of the Coordinator of Inter-American Affairs — de Nelson Aldrich Rockefeller — era também um veículo do americanismo, não em sua feição tradicionalista, mas muito mais próximo do enaltecimento dos valores do progresso. Por isso mesmo, não precisava de demonstrações de arrogância.

A vitória da estratégia de Rockefeller foi significativa. Vitória do programa de "conquista dos corações e mentes" dos brasileiros, em vez da submissão militar. Na verdade, dupla vitória do

OCIAA. Uma sobre os setores do governo americano que tinham como filosofia a americanização pela força. E outra sobre as propostas nazistas de germanizar a região ("Devemos criar uma nova Alemanha", havia sugerido o nazista Rauschning), baseadas num projeto racial ariano. Dupla vitória porque as propostas do OSS de Donovan ou do Special Intelligence Service (SI), do FBI de Hoover — criado, em 3 de junho de 1940, para "vigiar" a costa leste da América Latina —, supunham o uso da força e da espionagem.

Tanto americanos como alemães viam os *caipiras* ou *cholos* latino-americanos com ar de superioridade racial. Na interpretação de Rauschning, o Brasil, por ser mestiço, não ofereceria resistência à implantação de uma nova Alemanha na América. A análise do OSS não era menos racista, pois usou expressões como *half-cast* para designar os mestiços, num documento intitulado *Preliminary Report on the Dossier of Insecurity in Brazil*,[246] datado de 13 de outubro de 1941. O problema da raça e suas implicações nunca deixou de estar presente nas análises dos órgãos de inteligência da época e nas interpretações do "simpático" OCIAA, que, a rigor, não deixava de ser um organismo de informação. Basta lembrar a Bahia sem negros de Walt Disney.

Mesmo com todo o esforço de forjar uma imagem mais simpática dos americanos, manifestações de arrogância eram, às vezes, inevitáveis. O aclamado Orson Welles teve, em algumas ocasiões, comportamento pouco recomendável. O episódio mais conhecido foi quando, completamente embriagado, jogou pela janela os móveis do apartamento onde morava, no Rio. Todos os vizinhos, perturbados pela impetuosidade de Welles, fizeram reclamações e queixas. Welles não sofreu nenhuma sanção, nem sequer atendeu os queixosos. Ele era imune. E impune. Se lá, nos Estados Unidos, havia a lei, aqui ele se comportava como se tivesse lido o texto de Pero de Magalhães Gandavo, escrito cerca de quatrocentos anos antes: "[...] a lingua que [os índios] usam, toda pela costa, he huma [e] carece de tres letras, convem a saber, nan se acham nella F, nem L, nem R, cousa digna de espanto porque assi nam tem Fé, nem Lei, nem Rei, e desta maneira vivem desordenadamente sem terem alem disso conta, nem peso nem medido [...]".[247] Aqui, achava Welles, era uma terra sem lei, ou melhor, uma versão do Oeste bravio, onde imperava a lei do mais forte. Aqui ele podia fazer tudo.

Comportamentos como o de Welles eram compensados com o esmero dedicado a criar uma imagem de que os americanos eram um povo hospitaleiro, educado e atencioso. Uma dessas iniciativas foi a formação de um Departamento de Hospitalidade,[248] idealizado por Rockefeller. Esse pequeno departamento recebia os visitantes latino-americanos que chegavam aos Estados Unidos, providenciando hospedagem, ciceroneando, organizando as atividades do visitante etc.

Outra forma de manter uma imagem favorável aos Estados Unidos era o cuidado dispensado pelos funcionários da seção brasileira do Office, sediada no Rio, aos filmes comerciais exibidos aqui. Num memorando de maio de 1942,[249] a Brazilian Division analisa *Ao compasso do amor* (*You Can't Get Rich*), filme da Columbia Pictures dirigido por Sidney Lanfield, com Fred Astaire e Rita Hayworth. O autor do memorando mostrava-se bastante preocupado. Como, perguntava ele, alguém poderia confiar no Exército americano se o filme com Fred Astaire, representando um soldado, mostrava um quartel completamente avacalhado? Como um Exército sem disciplina, no qual Rita Hayworth deixava os soldados fora de controle, poderia lutar contra o, até então, invencível Exército alemão?

O mesmo tipo de preocupação aparecia num outro memorando, também de 1942, acerca de um filme sobre a Marinha. Os conhecidos comediantes Abbott e Costello faziam o papel de dois marinheiros em *Bud Abbott e Lou Costello na Marinha* (*In the Navy*), da Universal. Os funcionários da Brazilian Division do OCIAA recomendavam que não se exibisse esse tipo de filme aqui, pois mostrava uma força naval sem nenhuma responsabilidade:

> [...] Lemos nos nossos jornais que uma grande batalha nas ilhas Coral, no Pacífico, custou a vida de centenas, talvez milhares, de nossos soldados, e, se mostrarmos um filme com cenas algo estúpidas de nossos marinheiros, será difícil imaginar os brasileiros nos levando a sério. Alguém em Nova York deveria interceder junto à Universal e a todas as outras produtoras para impedir a apresentação de tais filmes na América do Sul. A situação presente é muito séria para nos apresentarmos em situações ridículas [...][250]

Os analistas do Office que trabalhavam aqui estavam preocupados também com o modo como poderíamos interpretar o tratamento que os estúdios de Hollywood dispensavam a artistas brasileiros que iam trabalhar lá. A brasileira Eros Volúsia havia contracenado com Bud Abbott e Lou Costello em *Rio Rita*, filme que fez algum sucesso entre nós. O motivo da preocupação do Office foi o descontentamento de Volúsia com a Metro-Goldwyn-Mayer Film, que não cumprira o contrato assinado com a artista. Além do mais, reclamava Eros, o preço da alimentação nos Estados Unidos era muito alto. Nem todos os artistas recebiam salários milionários, como o de Carmen Miranda. De qualquer forma, o cuidado dispensado pelos funcionários da seção carioca do Office ao caso da "[...] moça de bastante talento, a quem o filme deu uma grande oportunidade [...]",[251] comprova os esforços para manter uma imagem positiva dos americanos.

No entanto, toda a preocupação com a América Latina mostrada por essa política foi perdendo força a partir do quarto ano da guerra. A vitória dos aliados no Norte da África e a invasão da

Sicília desmontaram o estado de tensão que existia nos Estados Unidos quanto à vulnerabilidade do flanco sul de sua área de influência. Não havia mais o perigo de uma invasão do subcontinente americano. Depois desses fatos, os interesses do OCIAA na América Latina voltaram-se, paulatinamente, para o campo econômico, com o objetivo de superar o nosso estado de pobreza, considerado foco de instabilidade.

Simultaneamente à mudança de rumo nas frentes de batalha, ocorria uma transformação gradativa na política americana em relação à América Latina. Os constantes conflitos entre Cordell Hull e o subsecretário Sumner Welles terminaram com a demissão deste último, em setembro de 1943. Adolf Berle, o secretário-assistente para assuntos latino-americanos, perdeu grande parte de seu poder e, mais tarde, foi afastado do cargo. Nelson Rockefeller não podia mais contar com esses dois importantes aliados. Nossa política externa sentiu os reflexos dessa mudança: Oswaldo Aranha perdia o interlocutor e amigo Sumner Welles.

Os atos de Hull demonstravam a perda da importância dos vizinhos do continente. Em agosto de 1944, na conferência para a formação das Nações Unidas, em Dumbarton Oaks, não havia lugar para nenhum país da América, excetuando, evidentemente, os Estados Unidos. Vários representantes latino-americanos responsabilizaram Hull pelo descaso com os países que deram todo o apoio aos Estados Unidos na guerra.[252] Soldados brasileiros, a propósito, estavam na Itália, preparando-se para lutar contra as formidáveis forças alemãs, no momento em que se realizava a conferência.

A Argentina (que ainda não havia declarado guerra ao Eixo) continuava a ser um problema para a diplomacia de Hull. Rockefeller tentou pressioná-la para que se buscasse uma solução para o caso, mas o secretário de Estado não aceitou a ingerência do chefe do OCIAA. Habilmente, Nelson ajudou o presidente Roosevelt a se decidir pela demissão de Cordell Hull, em novembro de 1944. Para o seu lugar foi convidado o homem forte da poderosa United States Steel, Edward R. Stettinius Jr.

Numa sequência de atos bem articulados, Stettinius indicou Rockefeller para o cargo de secretário-assistente para a América Latina, e este, por sua vez, indicou seu amigo Adolf Berle para embaixador no Brasil, no lugar do experiente diplomata Jefferson Caffery. Todas as indicações foram devidamente referendadas pelo presidente Roosevelt. Esvaziava-se a função do OCIAA.

Nelson Rockefeller dominava, praticamente sozinho, a política de seu país para a América Latina. Foi na condição de secretário-assistente que ele participou da Reunião de Chapultepec, no México, em janeiro de 1945. Esse congresso de países americanos, marcado pelo anticomunismo, tinha por objetivo traçar o futuro das relações entre os países da América, depois da guerra.

O raciocínio de Nelson Aldrich Rockefeller incorporava os temores do grande capital americano. A América Latina apresentava riscos: nacionalismo, fascismo, socialismo e comunismo. Essas ideologias representavam obstáculos à expansão do liberalismo anglo-americano.

Mesmo os mais hábeis assessores de Nelson não conseguiam, com sua cultura calvinista-capitalista, distinguir comunismo de nacionalismo, no contexto latino-americano do pós-guerra. Não conseguiam e não queriam. Para os nacionalistas, assim como para a esquerda, a ganância das empresas estrangeiras, em especial as americanas, sugava as riquezas da região. Basta lembrar como Nelson Rockefeller, o governo americano e os homens de negócios de Wall Street foram pegos de surpresa quando Lázaro Cárdenas, presidente do México, nacionalizou a indústria petrolífera do país. A retaliação — que, aliás, era defendida inclusive pelo "amável" Nelson — só foi evitada pela interferência do embaixador americano, Josephus Daniel, que, embora fosse contra as expropriações, preferia a via da negociação.

A América Latina transformava-se numa região experimental para a nação mais poderosa do mundo. Os Estados Unidos esperavam, com a Política da Boa Vizinhança, promover e melhorar o nível de vida dos países da América Latina, em especial do Brasil. Para isso, Nelson Rockefeller defendeu, na conferência do México, o aumento dos investimentos estrangeiros na região, mas dentro do espírito de defesa do livre mercado.[253] O mercado era a melhor arma para combater o nacionalismo estatizante e a disseminação das ideias comunistas. Com isso, os arquitetos da moderna relação entre os Estados Unidos e a Ibero-América esperavam combater o atraso econômico e social dos países latino-americanos.

Combater o nacionalismo e o socialismo, com a inserção da periferia no mercado, implicava desenvolver essa periferia. A preocupação manifestada por Nelson, pelo vice-presidente Henry Wallace e outros influentes americanos em relação à Política da Boa Vizinhança indicava que o projeto não era só retórica. James Reston, conhecido jornalista do *The New York Times*, afirmava, já em 1941, que o objetivo do OCIAA era

> [...] persuadir a América Latina a cerrar fileiras com nossas forças em ações defensivas contra a ameaça alemã [...] convencê-la de que temos a resposta para as questões econômicas e militares [...] e acima de tudo convencer todos os latino-americanos de que a Política da Boa Vizinhança não é um expediente temporário para nos ajudar nessa dura tarefa, mas uma atitude sincera e permanente, exatamente o contrário de nossa "diplomacia do dólar" e do Destino Manifesto, no século XIX.[254]

Dois anos depois de Reston, Wallace mostrava-se preocupado com o esvaziamento gradativo da Política da Boa Vizinhança. Isso ocorria à medida que as forças do Eixo iam sendo vencidas no campo de batalha. Wallace escreveu, em dezembro de 1943, que era "[...] bastante perturbador pensar que nós, os Estados Unidos, tivemos um profundo interesse pela América Latina, mas somente enquanto tínhamos vantagens com isso [...]".[255] Pan-americanista sincero que era, Wallace se aproximava da visão de um Waldo Frank. Por isso mesmo manifestava esperanças ingênuas de que, nos anos subsequentes, a América Latina percebesse que os Estados Unidos eram realmente um país amigo, do qual poderia esperar uma ajuda desinteressada.[256] A esse respeito, Nelson Rockefeller tinha uma posição semelhante à de Wallace. Em janeiro de 1945, ele afirmou que somente com a expansão da indústria e da agricultura e com um intercâmbio educacional "[...] temos esperança de alcançar a estabilidade econômica, social e política entre as nações do hemisfério. Sem isso, nunca poderemos realizar a verdadeira união americana".[257] A diferença entre Nelson e Wallace era que o primeiro era um homem de negócios, estava de olho no mercado, e o segundo, um utópico pan-americanista.

A integração entre os países americanos com base no mercado, proposta por homens como Rockefeller e Kaiser, era paradoxal. A dinâmica do capitalismo, ao qual seus nomes estavam indelevelmente ligados, era vista pelos nacionalistas latino-americanos como algo que conduzia à exploração das regiões periféricas pelos Estados Unidos. Os capitalistas americanos ofereciam-nos, com aparente sinceridade, uma associação para superarmos o atraso. Mas muitos latino-americanos tinham dúvidas se essa era realmente uma via para o desenvolvimento.

Já em fevereiro de 1942, Valentin Bouças, que integrou a missão Souza Costa, encarregada de negociar com os Estados

Unidos a exploração da nossa borracha, escreveu a Vargas, alertando-o para os interesses de Rockefeller na região amazônica. O governo brasileiro achava que aquele era um momento propício para negociar com vantagem sua participação na economia de guerra. Tentaria, dessa vez, não incorrer no mesmo erro do final do século XIX, durante o chamado ciclo da borracha. "Não podemos perder mais tempo", escrevia Vargas a Souza Costa, "não podemos nos deixar iludir com festas e demonstrações de boa vontade. Temos pessoal pronto para cumprir o seu dever. Só nos falta material [...] Este é o momento do Brasil."[258]

Bouças desconfiava de homens como Rockefeller, os *dollar-a-year-men*, isto é, magnatas que trabalhavam para o governo e recebiam, simbolicamente, um dólar ao ano. Achava que esses homens de negócios não tinham a mesma sinceridade dos verdadeiros *new-dealers* (partidários da política do New Deal e da Política da Boa Vizinhança).[259]

O OCIAA de Nelson propunha, no caso da borracha amazônica, a formação da Amazon Valley Corporation, ou, na versão brasileira, Corporação do Brasil para o Desenvolvimento da Bacia Amazônica. A presidência de honra seria dada a brasileiros, mas a parte executiva ficaria com técnicos americanos. Um dos "técnicos" que estavam assessorando Nelson nesse caso era o coronel J. C. King, vice-presidente da Johnson & Johnson, a gigantesca empresa do setor de medicamentos, e futuro dirigente da CIA. Ora, a Amazônia é riquíssima em matérias-primas para a indústria farmacêutica. Sintomaticamente, Nelson ficara impressionado com a leitura de um livro chamado *Journey to Manaos*, de Earl Parker Hanson, publicado em 1938. Nelson havia ficado fascinado, principalmente, pelo que lera na página 306: "[...] a colonização do interior da América do Sul daria um novo alento ao nosso mundo civilizado [...] confronto-me a todo momento com o argumento romântico de que a conquista do sertão bravio da América do Sul daria para o hemisfério ocidental o que a conquista do Oeste deu para os Estados Unidos, em um momento crítico".[260]

Cerca de meio século antes (1893), Frederick Jackson Turner, jovem historiador de Wisconsin, escreveu *The Significance of the Frontier in American History*. Nesse ensaio, o autor procura mostrar que os Estados Unidos, país moderno, dinâmico, rico, só existiam graças à histórica expansão para o Oeste. Ora, para o autor de *Journey to Manaos*, que tanto agradava a Rockefeller, a riqueza do hemisfério ocidental se efetivaria com a expansão pelo sertão (*frontier*) da América do Sul.

Há, no entanto, uma diferença entre Turner e Hanson. O primeiro entendeu que a riqueza do seu país se fez com a conquista do Oeste, integrando-o àquele mundo de prosperidade. Já o segundo, ao referir-se ao *hemisfério ocidental*, exclui a América Latina. O subtexto de Hanson deixa claro para o leitor atento que nós estaríamos excluídos daquele "novo alento" do mundo civilizado, *a ser obtido com a exploração do nosso sertão.*

Quando *Journey to Manaos* foi publicado, em 1938, os Estados Unidos ainda estavam em crise, apesar dos esforços de Roosevelt. Desemprego e pobreza eram parte do cenário americano. A "nova vida" do mundo civilizado significaria a superação da crise dos Estados Unidos. Bouças tinha boas razões para desconfiar de homens como Rockefeller!

Em 1944, e principalmente em 1945, as razões para essa desconfiança eram ainda maiores. Oswaldo Aranha, o nosso ministro americanista, acreditou nas palavras de Berent Friele, subalterno e homem de confiança de Rockefeller, chefe do OCIAA em nosso país. Segundo Friele, podíamos ficar tranquilos, pois o nosso lugar no Conselho de Segurança das Nações Unidas estava praticamente assegurado.

O novo secretário de Estado americano, Stettinius, passou pelo Brasil ao retornar da Conferência de Yalta. Roosevelt, o americano paralítico que havia fascinado Vargas em 1936, estava nos últimos dias de vida. As fotos da época mostram o semblante cansado do mais popular presidente americano. Stettinius não negou mas também não garantiu o lugar de destaque prometido ao Brasil na nova ordem mundial.

Roosevelt morreu. A guerra acabou. Passaram-se dias, meses. Vargas foi deposto. E o Brasil ficou sem a cadeira prometida no Conselho de Segurança. O posto foi ocupado, graças às injunções americanas, pela França.

Além da Europa, a atenção dos americanos deslocava-se rapidamente do subcontinente americano para a Ásia. A Guerra Fria fazia da China, da Coreia e mesmo da Índia áreas cruciais para a política externa dos Estados Unidos. Lá o comunismo e o nacionalismo eram mais perigosos do que aqui. Não havia uma "ameaça comunista" tão iminente na América Latina.

A agência criada em 1940, sob o nome de Office for the Coordination of Commerce and Cultural Relations between the American Republics, que em 1941 mudou seu nome para Office of the Coordinator of Inter-American Affairs e, em 1944, passou a chamar-se Office of Inter-American Affairs, foi finalmente extinta por um ato do presidente Harry Truman, em maio de 1946.

A "fábrica de ideologias" havia sido fechada. Não tinha mais serventia.

Critiquei, na introdução, a corrente que responsabiliza, de forma peremptória, os meios de comunicação do imperialismo pela inoculação sorrateira de culturas estranhas em nosso meio.[261] Objetivo: destruir a cultura nacional. Seria necessária uma distinção entre dominação econômica e dominação cultural. Caso contrário, haveria o risco de fetichizar os meios de comunicação. Para isso, seria preciso demonstrar que não houve um projeto cultural dos Estados Unidos com o objetivo de garantir a supremacia americana em países como o Brasil. Não havia a intenção, na atuação dos meios de comunicação de massa, de formar uma mentalidade que influísse na opinião pública brasileira. Pelo seu próprio caráter, os meios de comunicação de massa atuariam orientados pelo mercado, concorrendo entre si para conquistar um público maior. A pesquisa, no entanto, mostra-nos uma realidade diferente.

Os meios de comunicação, pelo menos no período estudado, foram usados pedagogicamente para americanizar o Brasil. Houve um projeto de americanização, quer dizer, ações deliberadas e planejadas visando a um objetivo. A existência desse projeto não exclui o processo de americanização conduzido pelas forças do mercado. Ao contrário, há evidências da imbricação dos dois processos.

Nossa americanização não se deu, obviamente, de forma passiva. Houve uma interação entre a cultura americana e a brasileira. O "choque cultural" provocado pela forte presença dos meios de comunicação norte-americanos não destruiu nossa cultura, mas, por certo, acabou produzindo novas formas de manifestação cultural. Para entender esse processo, lançar mão do conceito de resistência cultural é de grande valia, mas não suficiente. Ao longo do texto, esse conceito é usado com uma variação de alcance muito mais ampla, aproximando-o da ideia de antropofagia cultural, tão cara aos modernistas como Oswald de Andrade. Ainda assim, não basta para a compreensão dessa complexidade. Talvez a conjugação dessas ideias possa dar conta de nossa singular americanização.

Uma manifestação simbólica e explícita de resistência deu-se, a meu ver, em Tarquínia, na Itália, onde nossas forças se preparavam para combater os alemães enquistados nas montanhas. Os soldados brasileiros, ali acantonados, iam receber a visita do general americano Mark Clark, para uma revista às tropas. Segundo o depoimento de um pracinha, os soldados receberam

> [...] uns papeizinhos datilografados com o texto de "Deus salve a América" em português [...] O general da infantaria, gordo, atarracado, tomou lugar ali, de frente para a tropa. Ao lado do estrado, ficou um sargento músico, empunhando a batuta.
>
> O general comandou: "Sexto Regimento!". O sargento ergueu a batuta, mas nenhuma voz se ergueu. Os soldados se recusavam a entoar aquela canção em louvor à América, evidentemente a América do Norte e não a do Sul. [...][262]

Resistíamos a essa "imposição" contra nossa identidade.

Num filme de propaganda da Marinha americana, de 1942, chamado *Sing with the Stars*, Carmen Miranda interpretou uma canção dos soldados americanos. Tratava-se de "K... K... K... Katy":

> *KKK Katy*
> *Pegando a cuíca*
> *Eu sou brasileira*
> *Morena faceira*
> *Não posso negar* [...]

Ela canta um trecho em português e, logo em seguida, o "mestre de cerimônias" pede que ela cante em inglês. E, mesmo em inglês, a canção se transforma, na voz e na interpretação de Carmen, em irreverência pura, em uma certa resistência à americanização. Mesmo a emblemática americanização de Carmen se fazia de forma antropofágica.

Talvez a americanização do Brasil, nos anos 1940, tenha se dado sob condições. Ficamos fascinados por Hollywood, mas em 1987 os americanos cantaram "Mamãe eu quero", em *A era do rádio*, de Woody Allen. Treze anos depois da guerra, Gordurinha parece ter compreendido melhor essa forma de condição: "Só boto be-bop no meu samba/ se o Tio Sam pegar no tamborim". Oliveira Vianna já havia sugerido que a cultura anglo-saxônica seria "bem-vinda" desde que "[...] fosse expurgada do americanismo, dos valores do indivíduo e da matriz utilitária [...]".[263]

Um povo só incorpora um determinado valor cultural de outro povo se ele fizer sentido no conjunto geral da sua cultura. Isso significa que a assimilação cultural não se faz por imitação, mas por um complicado processo de recriação. A assimilação cultural nunca ocorre em bloco. Um povo não aceita todos os elementos culturais do outro, mas apenas uma parte, e, mesmo assim, dando a eles novos sentidos. Essa assimilação envolve, portanto, uma escolha e uma recriação.

Resistência, antropofagia, condição e sincretismo ocorrem simultaneamente. Ou seja, a assimilação cultural não é uma simples imitação, como acentuam alguns de nossos críticos marxistas. A americanização "não é reprodução, nem repetição [...]".[264] Ela forma uma unidade, mas mantém a distinção. "Unidos mas distintos, como soldados de pelotão."[265]

Posfácio
O imperialismo ainda é sedutor?

A primeira edição de *O imperialismo sedutor* saiu há vinte anos. Bem recebido tanto pelo público acadêmico como pela crítica em geral, o livro foi objeto de numerosas resenhas no Brasil e no exterior. Em 2009, ganhou uma versão em inglês pela University of Texas Press com o título *The Seduction of Brazil*, após cuidadoso trabalho entre o autor e a tradutora, como se lê na "Translator's note": "Este livro não é uma simples tradução do original em português".

Nessas duas décadas, o tema sem dúvida não se esgotou. Ao contrário, a leitura posterior de publicações sobre o assunto e alguns achados de pesquisa em outras fontes primárias levantaram novas informações que vieram a enriquecer minhas interpretações iniciais. Daí a necessidade deste posfácio, em que espero preencher algumas lacunas presentes na primeira edição.

A tese desenvolvida no livro propõe que os Estados Unidos despenderam grande esforço para ganhar o apoio do Brasil no conflito mundial contra o Eixo, usando não só seu potencial econômico, mas, astutamente, lançando mão da cultura de massas — o cinema, o rádio, a indústria de discos, jornais e revistas — para conquistar, ou melhor, convencer nosso país a apoiar a causa dos aliados.

A hipótese é que nós, brasileiros, aceitamos o projeto de "americanização" do país, mas não como planejado pelos americanos. Acatamos a cultura americana, mas sob certas condições. Ou seja, uma americanização no condicional. O livro se encerra com um trecho da canção "Chiclete com banana", composta na década de 1950 pelo baiano Gordurinha e pela pernambucana Almira Castilho, em que os artistas deixam muito claro: "Só boto be-bop no meu samba/ se o Tio Sam pegar no tamborim". Ou então quando o Tio Sam, de frigideira, entrasse numa batucada brasileira... A canção é a metáfora perfeita para entendermos o mecanismo da americanização do Brasil, e ainda mantenho essa mesma interpretação. Entretanto, relendo o livro hoje, penso que não dei a devida atenção a outros fatores que exerceram papéis tão importantes quanto o da cultura no processo de americanização como uma via de nossa modernização.

Não mencionei, por exemplo, os esforços do governo para negociar a instalação de bases norte-americanas na região Nordeste do país.

O presidente Getúlio Vargas e os chefes das Forças Armadas impuseram condições que não pareceram exageradas ao governo americano. Nas tratativas entre os dois países, concluiu-se que a defesa do Atlântico sul era tão importante quanto a defesa do norte do oceano. Como a "corcova" do litoral do Nordeste era a porção do território mais próxima de antigas colônias africanas de metrópoles europeias, poderia, portanto, servir de base para forças do Eixo — que já estavam combatendo no norte da África —, num virtual salto para a América.

Os militares americanos pensavam uma grande estratégia que incluía a ocupação de áreas do Nordeste brasileiro, como se vê na introdução deste livro. O que pude perceber com novas leituras e pesquisas foi que a negociação que se deu dentro do governo brasileiro foi bastante árdua. O ministro da Guerra, general Gaspar Dutra, e o chefe do Estado-Maior, general Góis Monteiro, não podiam admitir a presença de soldados estrangeiros em solo brasileiro, pois isso significaria uma ofensa à nossa soberania. O solo pátrio não poderia ser conspurcado. Depois de longas deliberações e negociações, Vargas e os dois oficiais encontraram uma solução. O presidente brasileiro entrou em contato com Roosevelt por meio do embaixador americano, Jefferson Caffery, dizendo que autorizava a vinda de "técnicos" dos Estados Unidos para o trabalho — que já estava sendo feito de forma disfarçada. Em Natal, por exemplo, a companhia aérea Pan American World Airways construía um moderno aeroporto civil, mas com objetivos militares. Tanto os setores militares do Brasil quanto os dos Estados Unidos ficaram satisfeitos com a solução. Uma questão semântica, portanto, salvou a honra e o orgulho nacional: os soldados americanos seriam bem-vindos no Brasil desde que fossem identificados como técnicos, e não como soldados.[266]

Essa via de mão dupla, em que Estados Unidos e Brasil tentavam achar formas de negociação que contemplassem os dois lados, prosseguiu até o período do imediato pós-guerra. O ano de 1945 foi um momento de transição entre a ditadura de Getúlio Vargas e a chamada redemocratização. Um período bastante complexo e pouco estudado. Nesse contexto, as relações com os Estados Unidos oscilavam entre propostas amigáveis e desentendimentos.

A participação de soldados brasileiros no teatro europeu de operações bélicas foi objeto de divergências. O ministro da Guerra achava, com razão, que nossos soldados careciam de boa saúde, de treinamento e de armas. Mas mesmo especialistas na matéria se contradizem quanto à iniciativa da participação direta da Força Expedicionária Brasileira (FEB) nas batalhas do front ocidental. No livro *Relações Brasil e Estados Unidos: Séculos XX e XXI*, publicado em 2010, os autores afirmam que no

> encontro em Natal [1943], Roosevelt incentivou a ideia do envio de tropas brasileiras e chegou a afirmar a Vargas que o Brasil e os Estados Unidos deveriam estar juntos na mesa de paz. Se o Brasil enviasse seus soldados para lutar, poderia reivindicar um papel legitimamente mais importante na reestruturação do mundo pós-guerra.[267]

Três páginas adiante, os mesmo autores afirmam ser "importante ressaltar que a força expedicionária foi uma ideia brasileira, que resultou de uma política calculada do governo Vargas, e não de uma política americana de levar o Brasil diretamente para a batalha".[268] De qualquer forma, os brasileiros participaram de várias batalhas na Itália, com cerca de 25 mil soldados sob o comando do V Exército Americano.

Em *O imperialismo sedutor* não mencionei a Força Aérea Brasileira (FAB), criada no começo de 1941 e bastante ativa nos combates aéreos no norte da Itália. Aos pilotos era exigida longa permanência nos Estados Unidos para treinamento. Portanto viveram o cotidiano americano intimamente. É prova disso, por exemplo, o caso do tenente Fernando Corrêa Rocha, que, em julho de 1943, escreveu para os pais da base aérea Kelly Field, em San Antonio, no Texas: "[...] o melhor ano da minha vida é esse que estou passando aqui nos Estados Unidos. Aqui tenho muita distração, um ótimo povo, bom dinheiro, pequenas do outro mundo e a aviação como o centro [...] de tudo isso".[269] Penso ser possível dizer que a experiência vivida pelo tenente Fernando exemplifica emblematicamente o processo de americanização das Forças Armadas brasileiras.

Senta a pua!, livro-depoimento escrito com paixão pelo tenente Rui Moreira Lima, que na guerra "cumpriu 94 missões de combate", registrou outros casos notáveis protagonizados por pilotos da FAB. No dia 29 de janeiro de 1945, o tenente Josino Maia de Assis teve seu caça *P-47*, o possante avião americano usado pela FAB, abatido pelas baterias antiaéreas nazistas na região do lago de Como, no norte da Itália. Salvou-o da morte um paraquedas, mas caiu prisioneiro dos alemães. Ficou até o fim da guerra, juntamente com americanos, ingleses, canadenses, entre outras nacionalidades, no campo de Nuremberg, sendo depois transferido para Müsberg. Sofreu horrores. Emagreceu, teve disenteria aguda, piolho. Quase morreu.

No dia 29 de abril, os tanques americanos chegaram trazendo a liberdade. A guerra iria durar só mais uns poucos dias. Assis passou a ser tratado pelos enfermeiros e, como a maioria de seus companheiros, foi se recuperando. O atendimento que os americanos dispensavam aos enfermos era exemplar em matéria de higiene, alimentação e medicamentos. Os soldados foram removidos. Começava então o caminho de volta para milhares de ex-prisioneiros. O brasileiro conseguiu chegar a Paris, importante etapa da volta para casa. O tenente Assis e outro oficial da FAB, Correia Netto, foram recebidos pelos americanos, que os alojaram em um hotel com todas as comodidades. Entraram em contato com a embaixada, para sentirem-se amparados pelo diplomata brasileiro. Aí teve início a decepção. Os nossos aviadores precisavam de algum dinheiro para chegar à Itália, encontrar seus companheiros e embarcar de volta para o Brasil. O embaixador não os recebeu de pronto. Mas quando isso se deu,

> só faltou chorar. Parecia que ele é que era o ex-prisioneiro... e nós abastados turistas. Correia Netto [...] interrompeu o homem e disse-lhe a razão exata de nossa presença. Respondeu-nos que

nada poderia fazer por nós, ao contrário, nós é que poderíamos ajudá-lo, se pudéssemos adquirir para ele alguns pacotes de gilete na Cantina Americana. "Tenho a barba difícil e só me dou bem com gilete americana."[270]

Voltaram decepcionados com o nosso governo. Mas os americanos levantaram o astral dos pilotos brasileiros. O cabo que os acompanhava os levou para um centro militar na frente da famosa Opéra de Paris, onde um general os recebeu de maneira amigável e permitiu que um avião lhes desse carona até a Itália, para que se encontrassem com as tropas de seus conterrâneos. Antes de embarcarem, tiveram uns dias para conhecer a capital francesa. Mas as melhores surpresas estavam por vir. Uma WAAC (integrante do Women's Army Auxiliary Corps) ciceroneou a dupla de brasileiros. A moça, que segundo a descrição do tenente Assis era muito bonita, levou-os para conhecer o Follies Bergère, o Bal Tabarin, o Louvre, o Pigalle. E os brasileiros ficaram encantados pela forma como a bela americana lhes mostrava a cidade.

Como se vê, nossas Forças Armadas, pelo menos boa parte delas, foram seduzidas pelo modelo americano, que se revelava na perfeita organização e na *American ingenuity*, capaz de criar soluções para situações aparentemente insolúveis. Mas o modelo admirado pelos nossos militares só era factível numa democracia. Ora, combater o autoritarismo fora de casa e mantê-lo na própria terra parecia um contrassenso. Alguns sinais demonstravam que os militares já não queriam a continuidade do Estado Novo. Uma pequena nota no jornal *Correio da Manhã* de 3 de janeiro de 1945 pode desvelar as sutilezas que passavam pelas cabeças de oficiais mais graduados e instruídos. A chamada do pequeno artigo já dava uma noção da matéria: "A artilharia a serviço da infantaria". E seguia o texto: "O espirito da artilharia da FEB reflete o espirito liberal, nobre e esclarecedor do seu jovem e ilustre comandante, general Cordeiro de Farias". Um liberal militar e de alta patente era visto por Vargas como um perigo contra o Estado Novo.

No Brasil, o ambiente já era bastante tenso. No início de 1945, Getúlio pedira a Marcondes Filho, ministro da Justiça e do Trabalho, que elaborasse um documento com alguma proposta de transição política. Marcondes, sem alterar a estrutura da Constituição autoritária de 1937, sugeriu a continuidade do mandato de Vargas. Embora os militares não houvessem tido conhecimento da proposta, o clima de indefinição do presidente acirrava os ânimos na caserna. Já no fim de 1944 o general Góis Monteiro dera claro sinal de impaciência: foi ao Palácio Guanabara dizer ao presidente que era preciso acabar com o Estado Novo.[271] O próprio Góis Monteiro já havia alertado em conversa privada que os militares tinham voltado transformados da guerra e estavam preparados para assumir o poder no Brasil. Vargas, por sua vez, tentava ficar a cavaleiro dessa difícil situação.

Também em 1944, Oswaldo Aranha, o ministro mais importante na arquitetura da aliança com os Estados Unidos, pedira demissão irrevogável. A causa do rompimento entre Aranha e Vargas, amigos de longa data, fora a dissolução violenta da Sociedade dos Amigos da América, codirigida por Aranha e fundada para demonstrar a amizade com os Estados Unidos. A relação entre os dois países se turvava com acontecimentos como esse e dava sinais de mudanças de rumos. As notícias vindas da Itália sobre as atividades da FEB não melhoravam o panorama.

Como se não bastasse, a nora de Vargas passara a ser vigiada nos Estados Unidos pelo FBI. Ingeborg Anna Elizabeth Tenn Haeff Vargas era casada com Luthero Vargas, filho do presidente, que atuava como tenente médico nas Forças Armadas brasileiras na Itália. Os dois haviam se conhecido na Alemanha pouco antes da guerra. Inge, como era conhecida, era monitorada pelo FBI porque, segundo a agência, ela tinha pertencido à Juventude Hitlerista antes de ir para o Brasil.

Mas o que ocorria, na verdade, era mais um caso de relacionamento extraconjugal que um episódio de espionagem. Inge estava se relacionando com um arquiteto de Nova York, enquanto Luthero se relacionava com uma socialite americana. Para que não se tornasse um escândalo diplomático, o acontecimento exigiu a mediação de Nelson Rockefeller, que, na época, já era subsecretário de Estado para assuntos latino-americanos.

Vargas parecia não notar que o Brasil perdia importância como protagonista de destaque na guerra, que se definia claramente para os aliados. Em outras palavras, a participação no conflito ao lado dos Estados Unidos representava para Vargas e Aranha a esperança de um caminho mais curto para a modernização do país. No entanto, o interesse pelo Brasil já não era mais o mesmo. Não era tão indispensável, segundo os *policy makers* americanos, despender tanto esforço e investimento para transformar o país numa potência regional. Roosevelt tocara no assunto num memorando secreto de 1943, do Departamento de Estado: "Já foi discutido que nossas promessas de ajudar os países latino-americanos a melhorar a produtividade e os padrões de vida vão acabar baixando os nossos próprios padrões de vida...".[272] O ofício era secreto, e, claro, os brasileiros não tiveram acesso a ele. Entretanto, Aranha e Vargas continuavam pressionando os Estados Unidos para que ajudassem na transformação de um Brasil agrário para um Brasil industrial e urbano. Eles seguiam à risca a ideia desenvolvida por intelectuais estadunidenses de que "o lugar mais moderno do mundo era a América".[273]

O ano de 1945 foi um *turning point* na história recente do Brasil. Sinais de transformação eram indicativos de que a política de modernização poderia se concretizar. Notavam-se traços de um welfare state singular ensaiado já na Revolução de 1930 e no Estado Novo. Infraestrutura em algumas cidades, melhoria das condições do trabalho assalariado. De qualquer forma, foi a Segunda Guerra que mudou o Brasil. Os aeroportos, que tinham sido construídos pelos Estados Unidos, serviam agora uma frota de aviões para voos domésticos e internacionais impensáveis pouco tempo antes. A construção da Usina Siderúrgica Volta Redonda, no Rio de Janeiro, representou o marco fundador do país moderno, que contava com uma crescente população urbana e uma classe média despontando nos negócios e na política. Expandia-se também, em Minas Gerais, a fábrica de motores e aviões de Lagoa Santa e a exploração de minérios no vale do rio Doce, além do reaparelhamento da Marinha de Guerra com unidades adquiridas dos Estados Unidos e novos navios para a Marinha Mercante. No entanto, antigos problemas continuavam impedindo o funcionamento do sistema viário de comunicação. Era um gargalo que coibia a circulação de produtos exigidos por um mercado em expansão.

A guerra chegava ao fim na Europa, e nosso projeto de modernização vinha sendo observado por personagens nacionais e norte-americanas do período. Anísio Teixeira, o conhecido educador baiano, por exemplo, realizou, em 17 de abril de 1945, prognósticos da complicada situação da transição do Estado Novo para a democracia.[274] Para Teixeira, o Estado Novo configurava uma ditadura fascista à brasileira que calou a imprensa e as forças do movimento liberal democrático. Ele emprega os conceitos "liberal" e "democrata" sob influência da cultura política anglo-americana, relativamente estranhos para nós. Entende-se essa peculiaridade porque Anísio Teixeira fez mestrado no Teachers College da Universidade Columbia, em Nova York, em 1929, e manteve contato com o professor e filósofo John Dewey. O pensamento liberal do intelectual americano tem origens no progressivismo dos fins do século XIX, que se pautou na luta contra a iniquidade, a corrupção e a concentração da riqueza nas mãos de poucos, e não significou somente "trabalhar, produzir, ganhar dinheiro e consumir", como afirmo na introdução deste livro. No Brasil, o paulatino desmantelamento do Estado Novo abriu espaço para discussões que tomavam de empréstimo tais conceitos. Segundo Teixeira, a aproximação do fim da ditadura promoveu "a liberdade de pensamento" e trouxe "de volta os liberais e a esquerda",[275] e "com isso velhos problemas afloravam". Teixeira concluiu que as esquerdas demonstravam mais interesse no poder do que em discutir um projeto para o futuro do Brasil.[276]

Ele previa um período de longos sacrifícios, e isso só seria possível com a colaboração de todos os brasileiros. E achava, por princípio, que uma luta democrática não divide nenhum país. Mas no Brasil, dizia ele, o funcionamento político é diferente. Aqui não se cuidava da luta democrática, "mas de intriga revolucionária". Por "intriga revolucionária" Teixeira se referia à forma que as lutas sociais tomaram nos anos 1920 — ou seja, uma mistura de tenentismo com marxismo rústico da época. Revolução não no sentido clássico de ruptura, como na história europeia e anglo-americana, mas no de acordos que podem resultar, no máximo, em pequenas reformas. Só o uso da expressão "intriga revolucionária" poderia dispensar um maior aprofundamento do sentido de conceito de revolução.[277] Basta consultar um dicionário da língua portuguesa para o significado de "intriga": "aquilo que é falado ou comentado reservadamente, ou espalhado como boato ou suposição; mexerico".[278]

Anísio procurava uma brecha. Lamentava a falta de união da oposição. O caminho da luta, dizia ele, era a democracia liberal, e dentro dela uma política de impostos. Um imposto para acabar com as desigualdades e proporcionar educação aos mais pobres. Note-se que em nenhum momento ele propõe uma solução que tenha algum sinal de cunho marxista. A formulação de Teixeira antes se apoia em bases do americanismo/progressivismo: impostos para "corrigir as desigualdades da distribuição da fortuna".

Na introdução, mencionei a obra de Monteiro Lobato como uma das tentativas de entender a americanização. Depois disso, descobri uma obra menos conhecida do criador da Emília. Trata-se de um opúsculo publicado em 1948, chamado *Georgismo e comunismo*,[279] no qual endossa a ideia "progressivista" do economista americano Henry George, que em *Progress and Poverty*, de 1879, afirmava que quanto maior fosse o avanço da civilização, maior seria o crescimento da pobreza. "Essa associação entre progresso e pobreza é o grande enigma de nossos tempos."[280] Como solução para o enigma, Henry George propunha impostos sobre as propriedades improdutivas para promover o bem-estar social. Era essa solução que Lobato buscava adaptar para a singularidade brasileira. O comunismo criticado por Anísio Teixeira seria, segundo Lobato, substituído pelo georgismo. Não adiantava se valer da força, como fez o governo Dutra, cassando o Partido Comunista de Prestes em 1947.

Monteiro e Anísio não estavam apenas imitando o modelo americano. Nossa "revolução" talvez não aceite rupturas semelhantes às Revoluções Americana e Francesa, por exemplo. O iberismo pode até pegar emprestado certos traços de um estado do bem-estar, mas não aceita — ou pretende não reconhecer

— a existência de rupturas. Queríamos, sim, acelerar nosso processo de modernização tomando algumas lições da América* e do "excepcionalismo americano", mas havia os limites impostos pela singularidade do processo da Independência: a revolução nacional libertadora fora abortada aqui "pelo episódio da transmigração da família real, quando a colônia acolhe a estrutura e os quadros do Estado metropolitano".[281]

Na primeira edição de *O imperialismo sedutor*, publicada em 2000, havia lacunas que este posfácio ambiciona preencher. Citei as difíceis negociações políticas e militares entre o Brasil e os Estados Unidos para formar uma aliança, que haviam sido abordadas muito rapidamente. Enfatizei também o papel que a americanização exerceu sobre as Forças Armadas, criando bases para que tivessem importante participação na democratização do Brasil em 1945. O leitor pode indagar se os temas abordados aqui de fato cumprem o prometido. Posso adiantar que isso seria impossível. Com certeza novas fontes documentais serão descobertas, novos artigos serão escritos, tanto em jornais como em revistas acadêmicas. Uma rica e numerosa bibliografia foi e está sendo publicada, e muito ainda será revelado sobre o passado recente da história do Brasil e da América. Apenas a constante escrita e reescrita da história poderá iluminar o presente, que tem gerado tantas dúvidas aparentemente sem respostas.

* Uso, em certos momentos, a palavra "América" em referência aos Estados Unidos para melhor compreensão do conceito de americanismo explorado ao longo do livro.

Notas

1. "Concordando com as coisas excelentes, minha mulher instintivamente aperta o lóbulo da orelha. Meus netos erguem o polegar. Esse gesto popularizou-se no Brasil depois de 1942, trazido pelos aviadores norte-americanos. Os mecânicos levantavam os polegares, *thumbs up*, para os pilotos quando os motores, depois de revistos, funcionavam bem. Dos aeroportos espalharam-se numa rápida divulgação que dura trinta anos. Em Roma, republicana e dos imperadores, significava conceder vida ao gladiador derrotado no Circo quando os romanos faziam o *dextram pollice*. Ao inverterem, *pollice verso!*, o vencido seria sacrificado pelo vencedor. É um gesto clássico no mínimo de 2 mil anos." Luís da Câmara Cascudo, *História de nossos gestos*, p. 154.

2. Monteiro Lobato, *América*, pp. 66-7.

3. Ariel Dorfman e Armand Mattelart, *Para ler o Pato Donald: comunicação de massa e colonialismo.*

4. José Ramos Tinhorão, *Música popular: um tema em debate*, p. 58.

5. Ciro Marcondes Filho, "Imperialismo cultural, o grande vilão da destruição da 'nossa' cultura", pp. 79-84.

6. Carlos Drummond de Andrade, *Obras completas*, pp. 553-6, citado por José Carlos Sebe Bom Meihy, *A colônia brasilianista: História oral de vida acadêmica*, p. 50.

7. Sérgio Buarque de Holanda, "Considerações sobre o americanismo", pp. 23-4.

8. Luís da Câmara Cascudo, *Locuções tradicionais no Brasil*, p. 204. Ver também Peter Fry, *Para inglês ver*, pp. 17-8.

9. "[...] [A] americanização exige um certo ambiente, uma determinada estrutura social (ou vontade decidida de criá-la) e um determinado tipo de Estado. O Estado é o Estado liberal." Antonio Gramsci, *Maquiavel, a política e o Estado moderno*, p. 388.

10. Vianna Moog, *Bandeirantes e pioneiros, paralelo entre duas culturas*, pp. 123-4 ss.

11. Ver ibidem.

12. Termo criado por Roquette-Pinto para identificar o "verdadeiro" brasileiro.

13. Essas reflexões se basearam nas propostas contidas em Gary Gerstle, *Working-class Americanism: The Politics of Labor in a Textile City, 1914-1960*; Luiz Werneck Vianna, *O problema do americanismo em Tocqueville*; Antonio Gramsci, op. cit., e James Olivier Robertson, *American Myth, American Reality.*

14. Gumercindo Saraiva, *Câmara Cascudo, musicólogo desconhecido*, pp. 83-6.

15. Ver Luiz Werneck Vianna, op. cit., p. 23.

16. Ver ibidem, loc. cit.

17. Dunshee de Abranches, *A illusão brasileira (justificação histórica de uma attitude)*, p. 353.

18. Ver Jean-Paul Sartre, *La Mort dans l'âme* (1949). Citado por Susan Sontag, "Fascinante fascismo", pp. 59-83.

19. Ibidem.

20. Joseph McBride, *Frank Capra, the Catastrophe of Success*, p. 466.

21. Para os modernistas reacionários — usando o típico conceito ideal criado por Jeffrey Herf —, um projeto para a Alemanha deveria se basear no princípio do *Innerlichkeit*, somado à tecnologia moderna. O grande paradoxo alemão resultava da combinação de *Volkisch Kultur* e *Zivilisation*, isto é, a cultura tradicional da "raça" e o racionalismo. Ver Jeffrey Herf, *O modernismo reacionário: Tecnologia, cultura e política na República de Weimar e o III Reich*, p. 15.

22. Ibidem.

23. Frank D. McCann, *The Brazilian-American Alliance: 1937-1945*, p. 153.

24. Os jornais americanos do começo do século publicaram várias caricaturas nas quais sempre se viam a América Latina representada por uma mulher e os Estados Unidos, pelo tradicional Tio Sam. Ver John J. Johnson, *Latin American in Caricature.*

25. Edgard Carone, *A Terceira República (1937-1945)*, p. 60.

26. Getúlio Vargas, *Diário*, v. 2: *1937-1942*, pp. 319-20.

27. Ibidem, p. 320.

28. "I come to pay a call of friendship [...] I would wish to symbolize the friendly visit of one good neighbor to another. In our daily life good neighbors

call upon each other as the evidence of solicitude for common welfare and to learn of circumstances and point of view of each, so that there may come both understanding and respect which are cementing forces of all enduring society." Ver Alexander de Conde. *Herbert Hoover's Latin American Policy*, p. 18.

29. Os brasileiros tinham lhe oferecido "a welcome such as few men ever received in Brazil [...] or in any other South American nation [...]". *The New York Times*, 22 de dezembro de 1928. Ver Alexander de Conde, op. cit., p. 23.

30. A *color line*, que Mário de Andrade critica acidamente nesta "Nova canção dixie" (1944), era a linha ou barreira que separava os negros dos brancos em locais públicos. Essa prática era comum principalmente nos estados do Sul dos Estados Unidos. Citado em Telê Ancona Lopez, *Mário de Andrade: Ramais e caminhos*, p. 64.

31. Essa reflexão baseia-se no interessante trabalho de Frederick Pike, "Latin-American and the Inversion of United States Stereotypes in 1920's and 1930's: The Case of Culture and Nature", pp. 131-62.

32. Ver Henry May, *The Discontent of the Intellectuals: A Problem of the Twenties*.

33. Monteiro Lobato, op. cit., pp. 126 e 128.

34. Citado por Warren I. Susman, *Culture as History: The Transformation of American Society in the Twentieth Century*, p. 105.

35. Irvin Nathan Huggins, *Harlem Renaissance*, p. 85.

36. Ibidem, p. 137.

37. Ibidem, p. 148.

38. John J. Johnson, *Latin American in Caricature*.

39. Marionilde Dias Brepohl de Magalhães, *Alemanha: Mãe-pátria distante; utopia pangermanista no Sul do Brasil*, p. 110.

40. "In 1942, Wallace phoned Waldo Frank on the eve of the latter's departure on a Latin American lecture tour. The phone conversation convinced the Jewish seer that Wallace was another true believer in the vision of creating a new American hemisphere." Frederick B. Pike, op. cit., p. 155.

41. Literalmente, "conversa ao pé do fogo". Tratava-se de mensagens radiofônicas, muitas vezes transmitidas diretamente da sala onde se localizava a lareira principal da residência de Roosevelt em Hyde Park, Nova York.

42. Ver Betty Houchin Winfield, *FDR and the News Media*.

43. Marshall W. Stearns, *The Story of Jazz*, p. 142.

44. Gary Gerstle, "Inventing Liberal Traditions in America, 1900-1945", p. 2.

45. José Enrique Rodó, *Ariel*, p. 69.

46. Ver Ricardo Antônio Silva Seitenfus, *O Brasil de Getúlio Vargas e a formação dos blocos: 1930-1942 — o processo do envolvimento brasileiro na II Guerra Mundial*, pp. 205-6.

47. Frederick B. Pike, *FDR's Good Neighbor Policy: Sixty Years of Generally Gentle Chaos*, p. 253.

48. Ver Lilly Library, Manuscript Department, Orson Welles Manuscripts, box 9, folder 37, tape 47/1. Bloomington, Indiana University.

49. Joan Hoff Wilson, "American Business and Foreign Policy", em Thomas G. Paterson, J. Garry Clifford e Kenneth J. Hagan, *American Foreign Policy: A History — since 1900*, p. 305.

50. Frederick B. Pike, op. cit., p. 253.

51. Monteiro Lobato, op. cit., p. 221.

52. Gerard Colby e Charlotte Dennett, *Thy Will be Done. The Conquest of the Amazon: Nelson Rockefeller and Evangelism in the Age of Oil*, pp. 37-9.

53. Ver *History of the Office of the Coordinator of Inter-American Affairs — Historical Report on War Administration*, documento editado pelo governo americano em 1946, sob a direção de Donald. W. Rowland. Trata-se da história oficial da agência de relações interamericanas dirigida por Rockefeller. Muitos dos dados contidos neste capítulo foram retirados desse documento.

54. Gerard Colby e Charlotte Dennett, op. cit., p. 79.

55. No capítulo 2, mostro como os jornalistas Drew Pearson e Bob Allen divulgaram pelo rádio esse ponto de vista.

56. Gerard Colby e Charlotte Dennett, op. cit., p. 93.

57. "Appendix", *History of the Office of the Coordinator of Inter-American Affairs*, op. cit., p. 279.

58. Gerard Colby e Charlotte Dennett, op. cit., p. 96.

59. Ao longo do texto uso, na maioria das vezes, a sigla OCIAA para identificar o organismo dirigido por Rockefeller. Outras vezes uso simplesmente Office ou agência.

60. Ver Gerard Colby e Charlotte Dennett, op. cit., p. 133.

61. Elizabeth A. Cobbs, *The Rich Neighbor Policy: Rockefeller and Kaiser in Brazil*, p. 9.

62. Donald W. Rowland (org.), op. cit., p. 12.

63. Cary Reich, *The Life of Nelson A. Rockefeller: Worlds to Conquer, 1908-1958*, p. 211.

64. Citado por Vicente A. Aquino de Figueiredo, "As artimanhas na busca de um consenso — o DIP, o DEIP-SP e a II Guerra Mundial".

65. Ver John Kenneth Galbraith, *Uma vida em nossos tempos*, p. 168.

66. Donald W. Rowland (org.), op. cit., p. 20.

67. Ibidem, p. 21.

68. A coleção completa encontra-se na Biblioteca Nacional do Rio de Janeiro.

69. *Other American republics in films — a list of 16 mm motion picture films on South and Central America and where they can be secured — Released by Coordinator of Inter-American Affairs*, Columbia University Library, School of Library Services, Government Papers.

70. Ver Martha Gil-Montero, *Carmen Miranda, a Pequena Notável*, p. 103.

71. "Report of John Hay Whitney from Rio de Janeiro", 29 de agosto de 1941, Rockefeller Archive Center (RAC), Record group 4, series 0, box 7, folder 56.

72. Douglas Fairbanks Jr., entrevista concedida em Nova York em 1º de abril de 1989. Ver também Douglas Fairbanks Jr., *The Salad Days*, pp. 380 ss.

73. Ibidem.

74. Ver Clayton R. Koppes e Gregory D. Black, *Hollywood Goes to War: How Politics, Profits, and Propaganda Shaped World War II Movies*, especialmente caps. 2 e 3.

75. Martha Gil-Montero, op. cit., pp. 102-3.

76. Steven Watts, "Walt Disney: Art and Politics in the American Century", pp. 84-110.

77. Ver Donald W. Rowland, op. cit., p. 72.

78. *Brazilian Quartz Goes to War*, Washington, National Archives of the United States (NAUS), Motion Picture Division (MPD), Section M 1495, reel EF 119.

79. Cinejornais da United News, NAUS, MPD, Section M 1495, reels 208 UN 23 a 208 UN 59.

80. Walt Disney/OCIAA, NAUS, MPD, Section M 1515, reels 306.241-306.252.

81. O líder dos jangadeiros desapareceu nas águas do mar durante a filmagem de sua chegada ao Rio de Janeiro.

82. Catherine Benamou, "It's All True".

83. "[...] As a matter of fact both Jacaré and his family were more than generously paid for all that they did. Mr. Welles paid Jacaré an almost fantastic salary during the filming of the picture, and after his death the family received about 40:000$000 in insurance. When it is considered that Jacaré in his life time probably never earned more than 200$000 (US$10.00) per month, it is evident this payment was a very liberal indemnity." NAUS, MPD, memorando CO-nº 1692, "To the Coordinator, From Brazilian Division, Rio de Janeiro, August 15, 1942".

84. Ver pp. 84-5.

85. *Brazil*, NAUS, MPD, Section M 1492, 226 D 6221.

86. RAC, Record group 4, series 4, box 9, folder 73. No mesmo documento, Don Francisco esclarece que a transmissão de programas para a América Latina era uma tarefa que exigia grandes esforços, porque "we are dealing not

with one area, but with twenty different Nations, each varying according to political and psychological background. Programs suitable for US may not be suitable for any part of Latin America, and programs suitable for Mexico may not be appropriate for Argentina. Likewise, the question of Brazil, where programs must be written in Portuguese, is a problem itself".

87. "Südamerika — Programm des Deutschen Kurzwellenfenders", Fundação Getúlio Vargas, CPDOC, 7238/83.

88. Fred Fejes, *Imperialism, Media, and Good Neighbor: New Deal, Foreign Policy and US Short Wave Broadcasting to Latin America*, p. 126.

89. CBS News, Library Special Projects, Latin American Section, Nova York, 5 de junho de 1940.

90. *Vida Doméstica*, setembro de 1943, p. 11.

91. "Data and rates of radio stations in the other American republics and Puerto Rico, prepared by The Office of Inter-American Affairs" (Washington, D. C., 1945) contém várias e preciosas informações sobre a Divisão de Rádio, e encontra-se na Columbia University Library, Government Papers.

92. Num artigo sobre o período, a revista *Realidade* (nº 37, abril de 1969, p. 101) diz que "no setor de divulgação Rockefeller contratou cinquenta redatores [...] para alimentar emissoras de ondas curtas funcionando 24 horas por dia [...]". A informação é incorreta, pois a própria programação distribuída pelo Office às revistas brasileiras comprova que o noticiário e o restante da programação eram transmitidos em determinados horários, e não 24 horas por dia.

93. *History of the Office of the Coordinator of Inter-American Affairs*, op. cit., p. 66.

94. RAC, Record group 4, box O, 12, folder 92, "Program during his visit in Brazil — September, 1 to 12, 1942".

95. Sobre a relação entre Hollywood e a guerra, ver Robert Sklar, *Movie-Made America: A Cultural History of American Movies*, pp. 250 ss.

96. A Varig estava, já no final da década de 1930, operando os poderosos *Junker 52/3m*, e a Pan American-Panair do Brasil contava com os hidroaviões *Catalina* e *Consolidate-Comodoro*. A disputa era acirrada e envolvia questões de segurança aérea. Portanto, não foi pequeno o esforço dos Estados Unidos para conseguir derrotar os alemães. Ver Ronald Edward George Davies, *A History of the World's Airlines*, pp. 152-3, e também Frank McCann Jr., "The Brazilian-American Alliance: 1937-1945", op. cit., pp. 213 ss.; Moniz Bandeira, *Presença dos Estados Unidos no Brasil (Dois séculos de história)*, p. 282.

97. RAC, Record group 4, series O, box 9, folder 70, circular do Office for Emergency Management para o OCIAA.

98. RAC, Record group 4, series O, box 5, folder 40, memorando "Funds for vocational training".

99. Pedro Martinello, *A "Batalha da Borracha" na Segunda Guerra Mundial e suas consequências para o vale Amazônico*, p. 87.

100. Ver Thomas G. Paterson, J. Garry Clifford e Kenneth J. Hagan, op. cit., p. 309.

101. "Report of John Hay Whitney from Rio de Janeiro", doc. cit.

102. Philip F. Dur, *Jefferson Caffery of Louisiana: Ambassador of Revolutions — An Outline of His Career*.

103. Cary Reich, op. cit., p. 232.

104. RAC, Record group 4, series O, box 5, folder 37, carta do presidente F. D. Roosevelt para Way Coy, do Office for Emmergency Management, datada de 14 de julho de 1941.

105. Otto R. Tannemberg, "La Plus Grande Allemande, l'œuvre du XXe siècle". Lausanne, Payot, 1916. Apud Ricardo Antônio Silva Seitenfus, op. cit., pp. 71-2. As intenções dos alemães de colonizar o Brasil não eram novas. Colonizar não com a vinda de colonos — como, aliás, já havia acontecido com a política imigratória do Império —, colonizar no sentido imperialista. A realpolitik bismarckiana induziu o historiador Von Tritschke a elaborar, na década de 1870, a seguinte proposta:

> Para uma nação que sofre de contínua superprodução [populacional] e envia, anualmente, 200 mil de seus filhos ao estrangeiro, a questão da colonização é vital.
>
> A emigração alemã será, por muito tempo, uma necessidade inevitável e é dever da mãe-pátria cuidar para que seus filhos errantes continuem fiéis à sua nacionalidade e abram novos canais para seu comércio. Isso é mais importante do que nosso controle político sobre as terras colonizadas.
>
> Portanto, é justificável dirigir as correntes de emigrantes alemães para as terras onde eles não correm perigo de perder a sua nacionalidade. Tal território já foi encontrado no Sul do Brasil. Ali, a nacionalidade alemã permanece intacta, e nosso crescente comércio exportador com essa região mostra lucros proporcionais para a velha pátria, devido à lealdade de seus filhos emigrados.

Ver também Marionilde Dias Brepohl de Magalhães, *Alemanha: Mãe-pátria distante; utopia pangermanista no sul do Brasil*, op. cit.

106. "We shall create a new Germany there. We shall find everything we need there. All the pre-conditions for a revolution were there, a revolution which in a few decades or even years, would *transform a corrupt mestizo state into a German dominion* [...] We shall give them [...] our philosophy [...] *a place*

where democracy is senseless and suicidal [...]. Let us wait a few years, and in the meantime do what we can to help them. But we must send our people out to them. [...] We shall not land troops like William the Conqueror and gain Brazil by the strength of arms. Our weapons are not visible ones. Our conquistadores [...] have more difficult task than the original ones, and for this reason, they have more difficult weapons" (grifos meus). Citado por Frank D. McCann Jr., op. cit., p. 80.

107. Biblioteca Central da Faculdade de Ciências e Letras, Unesp-Araraquara, microfilme, reel VI, OSS/State Department, Intelligence and Research Report, XIV Latin American, 1941-61.

108. Ibidem.

109. Ibidem.

110. Ver *O triunfo da vontade*, filme clássico e polêmico de Leni Riefenstahl.

111. Bradley F. Smith, *The Shadow Warriors: OSS and the Origins of the CIA*. Nova York: Basic Books, 1983, p. 70. O agente disse: "[We] want to take off the gloves and emulate Goebbels".

112. RAC, Record group 4, series O, box 5, folder 37.

113. O episódio do conflito entre Rockefeller e Donovan é descrito, de forma pitoresca, no livro de Richard Dunlop, *Donovan, America's Master Spy*:

> One day, an angry Nelson Rockefeller strode into Bill Donovan's office. The CIAA had an information program that Rockefeller told [...] was now superseded by that of the COI. Donovan pointed out that the president [...] knew his own mind and that Rockefeller's service should be incorporated into COI. Rockefeller stomped out of the office. He returned in a few days and insisted that he be allowed to keep his information service in Latin America. Rockefeller returned to his [...] office, telephoned the White House, and learned that COI had indeed won authority over his information program. He dispatched Anna Rosemberg to [...] see the President. Another Rockefeller advocate, John Whitney, also saw the President [...] FDR had invited the Whitneys to dinner with him that night, and Jock Whitney was certain that he would be able to put in a good word for Rockefeller. But when the Whitneys arrived at the White House they discovered that a smiling William Donovan was also a dinner guest [...] neither Whitney [...] nor Donovan could mention the subject that was uppermost in both of their minds. Perhaps Anna Rosemberg's intersection was decisive. In any event, next morning FDR issued an order keeping the CIAA's information program out of COI. [R. Dunlop, op. cit., pp. 304-5.]

114. Donald W. Rowland (org.), op. cit., p. 197.

115. RAC, Record group 4, series O, box 9, folder 10, documento de circulação interna.

116. "Transmissão radiofônica de anteontem para os EUA. Rio, 9":

> Conforme antecipamos, ao microfone da Radiobraz, diretamente ligado para os EUA em serviço conjunto com setenta emissoras americanas, o Ministério das Relações Exteriores respondeu ontem um questionário do padre Morris Sheehy, da Universidade Católica de Washington. O padre perguntou se Oswaldo Aranha achava que o rádio poderia ajudar no melhor entendimento de nossos povos. Oswaldo respondeu: "O rádio deveria ser um criador de boa vontade [...] é lamentável que nestes últimos tempos o rádio tenha sido desviado para propaganda de ideologias que procuram escravizar os homens. A nós cabe adotar esse maravilhoso instrumento para desenvolver a boa vontade e a boa vizinhança". [*O Estado de S. Paulo*, 10 de janeiro de 1939]

117. Coube à NBC a primeira transmissão de televisão. A NBC fazia parte do grupo RCA e era conhecida como "The world's greatest broadcasting system". Ver *Broadcasting*, 15 de maio de 1939, pp. 16-7.

118. Library of Congress, Motion Picture, Broadcasting, Record & Sound Division (MPBRSD), RWA 4792.

119. A NBC tinha duas importantes networks chamadas "'blue' and 'red' because of the colored lines with which affiliated stations were linked on company maps". A Red Network — NBC Red, WEAF ou WRCA e finalmente WVBC — havia sido comprada à AT&T em 1926 e tinha grande prestígio. A sede da Blue Network ficava na cidade de Nova York, nas instalações da RCA na Radio City Music Hall. In: J. Fred. MacDonal, *Don't Touch that Dial: Radio Programming in American Life 1920-1960*, p. 27.

120. Armando Vidal (comissário-geral do Brasil), "O Brasil na Feira Mundial de Nova York", Relatório Geral. Rio de Janeiro: Imprensa Nacional, 2 partes, v. 1, 1942.

121. Ver ibidem, p. 283.

122. "É digno de nota o fato de o festival ter gozado da excepcional publicidade de dez horas e quarenta minutos de irradiação. Quem está habituado a avaliar o custo das irradiações nos Estados Unidos e a repercussão decorrente das mesmas pode fazer uma ideia do significado desse tempo de irradiação pelas estações de Nova York." Ibidem, p. 283.

123. *The New York Times*, 13 de outubro de 1940.

124. Ibidem.

125. "[...] The great national holiday plays such an important part in life of the Brazilian people that it is often said 'the Carnival can prevent a revolution'." Ibidem.

126. Library of Congress, MPRBSD, RWA 2361.

127. O jornal *Evening Sun*, de Nova York, em sua edição de 14 de outubro de 1940, apresentou uma pequena biografia de Elsie Houston:

> Spang in the middle of the Brazilian Music Festival this week at the Museum of Modern Art will be Elsie Houston, charming descendent of Texas' Sam Houston, but a born Brazilian nevertheless.
>
> Fifty years ago her father [...] settled in Rio de Janeiro and drilled a career for himself as a dentist. Six presidents of Brazil have been his patients [...] The dentist's daughter has been exciting the town for some time now — or that part of it which goes expensives night clubs, for Town Hall and New York Philarmonic concerts — as she excited concert audiences in Europe before that with throaty, deep and troubled voodoo songs, performed to best effect by candlight. The candle flickers in the air, the song flickers in your ear, your heart flickers in your throat and Miss Houston averages better than $ 500 a week [...].

O texto adquire um tom de thriller ao descrever a situação do marido de Elsie, que se encontrava na França, nas mãos dos nazistas, por ser um pacifista confesso. Ver op. cit.

128. *Daily Worker*, Nova York, 17 de outubro de 1940, citado pelo relatório do comissário-geral do Brasil.

129. NAUS, Associated Recorded Program Service, Record group 229, "Let us visit our Americas in story and in song".

130. Ibidem, LWO 9334, R-383.

131. Pelo menos foi assim que o DIP o apresentou, segundo um telegrama de Berent Friele, chefe do OCIAA no Brasil. NAUS, Record group 229, 05. 4 (2), "Telegram to New York", Rio de Janeiro, 26 de maio de 1943.

132. Ver Sérgio Cabral, *No tempo de Ary Barroso*, pp. 207 ss.

133. RAC, Record group 4, series O, box 9, folder 70, "Brazilian composer arrives to visit United States Music Centers", 5 de fevereiro de 1942.

134. OCIAA, NAUS, Record group 229, 05. 4(2), "Coordinator of Inter-American Affairs of the United States — São Paulo, inter-organization letter only, Rio/644".

135. Library of Congress, MPBRSD, RWA 57-63, box 43-108.

136. *Pan American Radio*, nº 3, v. 1, abril de 1942, p. 5.

137. Library of Congress, MPBRSD, 5554, Record group 15.

138. Ver Vasco Mariz, *Heitor Villa-Lobos, compositor brasileiro*, p. 72.

139. *O Estado de S. Paulo*, janeiro de 1941, segunda quinzena, nº 174.

140. *O Estado de S. Paulo*, 7 de março de 1940.

141. Ver Carlos Guilherme Mota, "Cultura e Política da Boa Vizinhança: dois artistas norte-americanos no Brasil", p. 491.

142. Da mesma forma que a *color line* — que representava separação ou segregação —, as *Jim Crow Laws* eram uma maneira pejorativa de se referir à lei que dizia: "Iguais, porém separados".

143. Library of Congress, MPBRSD. O programa de notícias patrocinado pelo Brasil foi levado ao ar até março de 1941. Ao todo foram ouvidos seis programas da dupla de jornalistas, os quais se encontram registrados sob diferentes títulos: *News of the World*, RWA 574; *Evening News World*, RWA 5694-R674 B1; *News of the World*, RWA 5678-R658 B1; *The Good Neighbor Program*, RWA 5682 R662 AL; *Good Neighbors*, 16659-96 A disc 18395A 95 A box 41-38; *United States of Brazil World News*, RWA 570.

144. No original: "[...] every time that you drink Brazilian coffee you are buying Good Neighbor Policy [...] buy Brazilian coffee or blend Brazilian coffee [...] if you are in favor of Good Neighbor Policy — and of course you are — take Brazilian coffee [...]".

145. Seção *Review and Financial Review*, 3 de janeiro de 1943, p. 3.

146. Biblioteca Central da Faculdade de Ciências e Letras, Unesp-Araraquara, doc. cit., p. 6.

147. Doc. cit., p. 9.

148. Gravação disponível na Special Features, *Believe it or Not*. Radio Yesteryear, 1991.

149. Dois legendários aviões — o primeiro, inglês, e o segundo, alemão — que se enfrentaram nos céus europeus durante a Segunda Guerra.

150. Martha Gil-Montero, op. cit., p. 81.

151. Ibidem, p. 87.

152. O programa de Rudy Vallee era relativamente simples. O patrocinador podia mudar, mas o programa tinha sempre a mesma estrutura. Sempre havia convidados especiais. No rádio, Carmen Miranda contracenou muitas vezes com artistas de Hollywood, antes mesmo de ir para o cinema. Trechos do roteiro de um programa dão uma ideia de como era essa mistura de música e programa humorístico:

> *Music (orchestra) theme*
> BILL [um dos apresentadores]: The Sealtest System of Laboratory Protection presents [...] Rudy Vallee, with John Barrymore, Susan Miller [...] and our special guests Carmen Miranda and Jimmy Durand.

> *Music (Rudy, glee club, and orchestra):*
> *You must remember me*
> *as time as goes by...*
>
> RUDY: Good evening ladies and gentlemen. This is Rudy Vallee, welcoming you to another Sealtest program. Tonight we're blazing a trail [...]

Seguia-se a abertura de uma peça humorística, geralmente longa — de cerca de quinze minutos —, com nomes conhecidos, como Jimmy Durand. Orson Welles esteve presente em diferentes ocasiões no programa de Rudy Vallee. A peça humorística era entremeada de números musicais "leves" ou interpretações de convidados, como Carmen Miranda. O programa era encerrado por Rudy Vallee, despedindo-se com uma canção standard do repertório norte-americano. Ver Max Wyllie, *The Best Broadcasts of 1940-41*, p. 49.

153. Library of Congress, MPBRSD. Foram ouvidos quatro programas de Rudy Vallee, registrados sob os números RWA 3602, RWA 3813, LWO 12736 e RWA 3811.

154. Soldado das Forças Armadas americanas.

155. Martha Gil-Montero, op. cit., p. 88.

156. *Chess Review*, outubro de 1945, p. 27.

157. Ver Martha Gil-Montero, op. cit., p. 110.

158. Vinicius de Moraes, *O cinema de meus olhos*, p. 86.

159. Ver Sérgio Augusto, *Este mundo é um pandeiro: A chanchada de Getúlio a JK*, p. 40.

160. Indiana University, Bloomington, Lilly Library, Manuscript Department, Orson Welles Manuscript, box 9, folder 37, "President Vargas birthday". Com exceção das canções interpretadas por artistas brasileiras e algumas palavras introduzidas pelo próprio Welles, todo o programa foi irradiado em inglês. Segue um trecho do programa:

> This is Orson Welles, speaking from South America, from Rio de Janeiro and United States of Brazil. This is a special broadcast commemorating a special occasion. This is a birthday party [...] under the honor of the President of the United States of America, tonight's birthday party is in honor of the President of Brazil, Mr. Roosevelt's great and good friend Dr. Getúlio Vargas. This radio show is for all his friends. From Maine to Manaus, from São Paulo to Chicago, from São Salvador to San Francisco. This is being transmitted over most of the stations of Brazil and over a hundred stations in America [...] many of those friends who were possible to come came to the same party and join us here in Rio and sending to Brazil's president heartiest congratulation from all Americans [...]

I can see people from most of our twenty two Republics from where I'm standing right now. A good representative from the United Nations [...] nothing official mind you? [...]

161. Ver *The Memoirs of Cordell Hull*, v. 2, p. 1149.

162. Orson Welles, Peter Bogdanovich e Jonathan Rosenbaun (org.), *This is Orson Welles*, p. 112.

163. "PB: And they didn't trust you? OW: No. Also, they had people like Sid Rogell [. . .] at their ear. But I can't really blame them. Their only mistake was that they thought it was my idea to be down there spending that money. It wasn't. I didn't even like it particularly. I liked samba, but I didn't want to go down and live in South America — it's my least favorite part of the world." Ibidem.

164. Ver Philip F. Dur, op. cit., p. 36.

165. Cf. Irwin F. Gellman, *Good Neighbor Diplomacy: United States Policies in Latin America, 1933-1945*, p. 211.

166. Arquivo Nacional, Rio de Janeiro, Acervo Sonoro da Agência Nacional, Divisão de Documentação Audiovisual. CBS, Nova York, fita cassete LB 318-427, 10 min, em inglês. Comentário sobre o discurso do presidente Getúlio Vargas na comemoração do dia da Independência do Brasil, DNI, 1945.

167. NAUS, MPD, United News Reels, 208 UN 182.

168. Tradução de Reinaldo Moraes. No original: "I've seen too many movies,/ And all they prove is/ Too idiotic/ They all insist that South America's exotic, / When it couldn't be more boring if it tried.// She said with most refreshing candor/ That Carmen Miranda was subversive propaganda/ and she should rapidly be shot./ She didn't care a jot/ Whether people quoted her or not". Ver Allen L. Woll, *The Latin Image in American Film*, p. 66.

169. Franklin Delano Roosevelt Library, Hyde Park, Nova York, PPF--6697, carta de Errol Flynn a Franklin D. Roosevelt, 15 de junho de 1940. Segue a transcrição integral do texto lido no rádio:

Boa noite!

The Department of Press and Propaganda has been kind enough to invite me to address the people of Brazil. This I consider a great honor and a wonderful opportunity for me to express a little of the very deep and sincere emotion that you people have inspired in me by your extraordinarily kind reception.

There I was at the airport — a stranger who can't even speak your language, but when I arrived and saw all around me hundreds and hundreds of happy, smiling, friendly faces, somehow I didn't feel a stranger any longer [...] I would like to take this opportunity to speak to you of other things [. . .]

I like to feel that perhaps my visit down here has helped in a very small way to forge one more link in the great chain that binds South America and North America.

[...] For in these days, when the world is resounding to the tramp of armies [...] it seems to me, in my humble but sincere opinion, that perhaps the very hope for world's future may lie in Pan Americanism.

North and South America stand united, strongly bound together by a sense of right [...] Brazilians, please forgive me for being so seriously [...] Perhaps I will have another opportunity to speak to you — next time I hope not so seriously. Perhaps then I shall be able to tell you about our country in the North, of Hollywood, and what we are doing in the picture world. Once more — let me thank you from the bottom of my heart. *Terei saudade.*

170. Getúlio Vargas, *Diário*, v. 2, p. 323.

171. *O Diário de São Paulo*, 10 de fevereiro de 1940.

172. Ibidem.

173. *O Diário de São Paulo*, 1º de março de 1940.

174. "[...] após uma demorada permanencia no Rio de Janeiro, onde tractaram do desenvolvimento das actividades daquella organização cinematographica, e sendo a agência de São Paulo a que apresenta uma somma de maior actividade em virtude do desenvolvimento do nosso estado, essa visita se relaciona com os planos do citado desenvolvimento." *O Diário de São Paulo*, 22 de outubro de 1940, p. 7.

175. *O Diário de São Paulo*, 26 de julho de 1940, nº 3785.

176. Sérgio Augusto, op. cit., p. 43.

177. *O Diário de São Paulo*, 22 de agosto de 1940, p. 4.

178. *O Diário de São Paulo*, 7 de agosto de 1940, p. 5.

179. *O Diário de São Paulo*, 27 de outubro de 1940, p. 5.

180. Propaganda na contracapa de *O Globo Juvenil*, 24 de janeiro de 1942.

181. *Cinejornal Brasileiro*, v. II, nº 106, 12 de março de 1942, Cinemateca Brasileira-IPHAN.

182. *A Noite*, Rio de Janeiro, 4 de abril de 1942.

183. NAUS, MPD, Record group 229, memorando CO nº 1810, 4 de setembro de 1942.

184. Roberto da Matta, "On Animals in Popular Culture: Brazil and the United States", trabalho apresentado no encontro *Popular Culture: America and the World*, promovido pelo Wilson Center, Washington D. C., de 8 a 10 de outubro de 1998.

185. Memorando CO nº 1810, doc. cit.

186. Ariel Dorfman e Armand Mattelart, op. cit., pp. 25-39.

187. *O Estado de S. Paulo*, 10 de setembro de 1943, p. 2.

188. Ver Alfredo Oscar Salun, "Zé Carioca vai à guerra", pp. 104-5.

189. NAUS, MPD, United News Reels, MCMXLII, 208 UN 23.

190. NAUS, MPD, 05. 4 (2), Record group 229, carta de Frank E. Natier, Jr., representante especial interino do OCIAA no Rio, ao coronel José Bina Machado, do Ministério da Guerra, 19 de maio de 1944.

191. NAUS, MPD, 05. 4 (2), Record group 229, *Brazilian Military Effort*, *c.* 2 de fevereiro de 1943, "Motion picture budget n. 4 — 'Production of non--the-atrical motion picture'".

192. NAUS, MPD, "Translator Summary of Communication", 832. 406 1, Motion Picture/266.

193. José Carlos Sebe Bom Meihy, op. cit., p. 119.

194. Conversa com o quase octogenário Jordan Young, mantida num *Irish bar* em Manhattan, em março de 1996.

195. Entrevista de Jordan Young, concedida em Princeton, Nova Jersey, em abril de 1992.

196. *O Diário de São Paulo*, 12 de junho de 1940.

197. *Fortune*, abril de 1941, p. 77.

198. NAUS, MPD, Sound Division, Record group 229, telegrama da Postal Telegraph, 23 de maio de 1941.

199. *Acredite se quiser: As mulheres na guerra*, Arquivo Nacional, Rio de Janeiro, Acervo Sonoro da Agência Nacional, Divisão de Documentação Audiovisual. General Sound Corporation, Nova York, 1943, fita cassete LA 255-430, 15 min, programa nº 13, FC 51.

200. É interessante notar que, embora o esforço de guerra fosse aparentemente unânime, o depoimento a seguir aponta em sentido contrário: "(Peggy Terry) The first work I had after the Depression was at a shell-loading plant in Viol, Kentucky [...] We were just moving around, working wherever we could find work. I was eighteen. My husband was nineteen. We were living day to day. When you are involved in staying alive, you don't think about big things like war. It didn't occur to us we were making these shells to kill people. It never entered my head". Studs Terkel, *The Good War: An Oral History of World War II*, p. 108.

201. Avião de caça japonês, bastante conhecido nas batalhas do Pacífico. Denominação técnica: *Mitsubishi A6M3 ZERO*, de 1939.

202. Arquivo Nacional, Rio de Janeiro, Acervo Sonoro da Agência Nacional, Divisão de Documentação Audiovisual, doc. cit.

203. *Acredite se quiser: Três dias para construir um navio*, Arquivo Nacional, Rio de Janeiro, Acervo Sonoro da Agência Nacional, Divisão de Documen-

tação Audiovisual. General Sound Corporation, Nova York, 1943, fita cassete LA 260-435, 15 min, programa nº 6, FC 50.

204. Ver Elizabeth Cobbs, op. cit., pp. 209-11.

205. *Acredite se quiser: Os bombardeiros dos Estados Unidos*, Arquivo Nacional, Rio de Janeiro, Acervo Sonoro da Agência Nacional, Divisão de Documentação Audiovisual. General Sound Corporation, Nova York, 1943, fita cassete LA 256-432, 15 min, programa nº 6, FC 49. A datação deste documento está errada, pois é sabido que os *B-29* só entraram em ação a partir de junho de 1944.

206. No Acervo Sonoro da Agência Nacional, Divisão de Documentação Audiovisual, Arquivo Nacional do Rio de Janeiro, existem catalogados catorze programas da série *Acredite se quiser*, dezenove da série *Espírito de vitória*, doze da série *Este é o nosso inimigo*, catorze da série *Rádio teatro*, seis da série *A história em ação* e dezoito da série *Marcha dos tempos*.

207. Arquivo Nacional, Rio de Janeiro, Acervo Sonoro da Agência Nacional, Divisão de Documentação Audiovisual. General Sound Corporation, Nova York, 1943, fita cassete LB 221-301, 6 min, FC 26, Columbia Broadcasting System, *Noticiário Internacional*, transmitido de Nova York e Washington, via DIP, 31 de outubro de 1944.

208. *A história em ação: A guerra chega em Red Oak*, Arquivo Nacional, Rio de Janeiro, Acervo Sonoro da Agência Nacional, Divisão de Documentação Audiovisual. General Sound Corporation, Nova York, 20 de maio de 1943, fita cassete LA 00-431, 30 min, programa nº 53, FC 68.

209. Avião caça-bombardeiro de mergulho — *Junkers JU 87B Stuka* — da Luftwaffe utilizado, não em larga escala, na África. De qualquer forma, era um avião bastante conhecido durante a guerra.

210. *University of the Air: Portuguese Program for Brazil*. Library of Congress, MPBRS Division, LWO 16 798 R 79 B3 disc 2001-2b, box E 41-15.

211. Existem 35 programas da série *Noticiário Internacional*, todos eles sobre os primeiros dias do ataque dos aliados nas costas francesas, iniciados no dia 6 de junho de 1944. Arquivo Nacional, Rio de Janeiro, Acervo Sonoro da Agência Nacional, Divisão de Documentação Audiovisual. Fitas cassete LB 00-245, FC 18; LB, 00-250, FC 101 SS, Columbia Broadcasting System, *Noticiário Internacional*, transmitido de Nova York e Washington, via DIP.

212. Ver "A PRK-30 vale como exemplo admirável". *Revista do Rádio*, nº 102, 21 de agosto de 1951.

213. Arquivo Multimeios do Centro Cultural São Paulo, Secretaria Municipal de Cultura de São Paulo.

214. Arquivo Nacional, Rio de Janeiro, Acervo Sonoro da Agência Nacional, Divisão de Documentação Audiovisual, programa de intercâmbio entre o Brasil e os Estados Unidos, 30 de julho de 1945.

215. Ver capítulo 2, seção "Música e imagem do Brasil: Da Feira de Nova York para o resto dos Estados Unidos".

216. Arquivo Ibope/ E. Leuenroth, Unicamp, pesquisa realizada em julho de 1944.

217. Ver Frederick B. Pike, "Latin America and the Inversion of United States Sterotypes in the 1920's and 1930's: The Case of Culture and Nature", p. 133.

218. "As canções, segundo a marchinha, dirigiam-se para um 'grande abraço', um abraço de 'corações de norte a sul'; isto é, para homens e corações que se identificam através da música em várias regiões do país." Valter Krausche, *Música popular brasileira: Da cultura de roda à música de massa*, p. 39.

219. Waldo Frank, *South American Journey*, pp. 8-9.

220. Oliveira Vianna, "O *melting pot* e seus métodos de análise matemática".

221. Luís da Câmara Cascudo, *História da alimentação no Brasil*, v. 1, p. 103.

222. Waldo Frank, op. cit., p. 13.

223. "[...] Free they are, all, in their deep acceptance of their sex and this, different from our women [...]" Ibidem.

224. Richard M. Morse, *O espelho de Próspero: Cultura e ideias nas Américas*, p. 86.

225. Monteiro Lobato, op. cit., pp. 230-1.

226. Ver Edson Luís Nars, *Um olhar sobre o Brasil pelas lentes de Jean Manson: De JK a Costa e Silva*, p. 79.

227. Waldo Frank, op. cit., pp. 54-7.

228. Eduardo Prado, *A illusão americana*, pp. 31-2.

229. Waldo Frank, op. cit., p. 24.

230. Ibidem.

231. Ibidem, p. 27.

232. Ibidem, p. 47.

233. Gilberto Felisberto Vasconcellos, *1994: Trinta anos depois*, p. 78.

234. Ver José Castello, *Vinicius de Moraes — O poeta da paixão — Uma biografia*, p. 125.

235. Vinicius de Moraes, op. cit., p. 97.

236. Waldo Frank, op. cit., p. 43.

237. T. W. Adorno, "O fetichismo da música e a regressão da audição", p. 193.

238. "[...] Na verdade o que chegou aqui foi uma versão comercializada do boogie-woogie, conhecida como *jitterbug* ou *jive*, dança nascida de um estilo jazzístico de tocar blues ao piano." Jairo Severiano e Zuza Homem de Mello, *A canção no tempo: 85 anos de músicas brasileiras*, v. 1, pp. 231-2.

239. Ver Thomas G. Paterson, J. Garry Clifford e Kenneth J. Hagan, op. cit., p. 349.

240. Ibidem.

241. *O Estado de S. Paulo*, 28 de novembro de 1936.

242. *O Estado de S. Paulo*, 28 de novembro de 1936.

243. *O Estado de S. Paulo*, 29 de novembro de 1936.

244. Getúlio Vargas, *Diário*, v. 1, p. 563.

245. Ver Michael Gannon, "Invade Brazil", pp. 58-65.

246. Biblioteca Central da Faculdade de Ciências e Letras, Unesp-Araraquara, doc. cit.

247. Pero de Magalhães Gandavo, *História da província de Santa Cruz e Tratado da Terra do Brasil*, p. 54.

248. Ver Donald W. Rowland (org.), op. cit., p. 98.

249. NAUS, MPD, Record group 229, memorando CO-nº 1098, 19 de maio de 1942.

250. NAUS, MPD, Record group 229, memorando CO-nº 1110, 20 de maio de 1942.

251. NAUS, MPD, Record group 229, memorando CO-nº 229, 9 de janeiro de 1943.

252. As notícias de que o encontro dos quatro grandes não incluía a América Latina circulavam desde maio. Oswaldo Aranha ficou indignado com Hull e orientou nosso embaixador em Washington: "Vossa Excelência não deve nunca [...] perder a oportunidade de dizer que ao Brasil não interessa comparecer a reuniões diplomáticas para homologar decisões já tomadas pelas demais potências beligerantes". Ver Stanley Hilton, *Oswaldo Aranha, uma biografia*, p. 418.

253. Elizabeth A. Cobbs, op. cit., p. 3.

254. James B. Reston, "Our Second Line of Defense", *The New York Times Magazine*, 29 de junho de 1941, p. 7; ver Fred Fejes, op. cit., p. 134.

255. Ver Irwin F. Gellman, op. cit., p. 198.

256. Numa declaração de 1947, o presidente Truman rotulou Wallace de "comunista", "imoral" e "fascista", por criticar a política belicista do novo presidente. Gore Vidal, "As diversões imperiais", *Folha de S.Paulo*, *Mais!*, 7 de dezembro de 1997, p. 5.

257. Irwin F. Gellman, op. cit., p. 199.

258. Carta de Valentin Bouças a Getúlio Vargas, Fundação Getúlio Vargas, CPDOC, Arquivo Getúlio Vargas, 41. 01. 30, citado em Pedro Martinelli, op. cit., p. 92.

259. Ibidem.

260. Ver Gerard Colby e Charlotte Dennett, op. cit., p. 138.

261. Ver Gerson Moura, *Tio Sam chega ao Brasil*.

262. Boris Schnaiderman, *Guerra em surdina: Histórias do Brasil na Segunda Grande Guerra*, p. 79.

263. Ver Luiz W. Vianna, "Americanistas e iberistas: A polêmica de Oliveira Vianna com Tavares Bastos", p. 176.

264. Luís da Câmara Cascudo, *Sociologia do açúcar* (*Pesquisa e dedução*), p. 393.

265. Ibidem.

266. Frank D. McCann, *Brazil and the United States during World War II and Its Aftermath: Negotiating Alliance and Balancing Giants*, p. 120.

267. Frank D. McCann e Francisco Cesar Alves Ferraz, "A participação de brasileiros e norte-americanos na Segunda Guerra Mundial", p. 131.

268. Id., ibid.

269. Fernando Corrêa Rocha, *Cartas de um piloto de caça: O treinamento e o combate 1943-1945*, p. 31.

270. Rui Moreira Lima, *Senta a pua!*, p. 171.

271. Cf. Lira Neto, *Getúlio: Do governo provisório à ditadura do Estado Novo (1930-1945)*, p. 453.

272. Cf. Darlene Rivas, *Missionary Capitalist: Nelson Rockefeller in Venezuela*, p. 58.

273. Nils Gilman, *Mandarins of the Future: Modernization Theory in the Cold War America*, p. 205.

274. CPDOC-FGV — AT pi Teixeira, A. 1945.04.17.

275. Doc. cit.

276. Id.

277. Luiz Werneck Vianna, *A revolução passiva: Iberismo e americanismo no Brasil*, pp. 12-3.

278. Dicionário Eletrônico Houaiss da Língua Portuguesa.

279. Monteiro Lobato, *Georgismo e comunismo: O imposto único.*

280. Robert A. Rosenbaum, *The Penguin Encyclopedia of American History*, p. 299.

281. Vianna, op. cit., pp. 12-3.

Bibliografia e fontes

ABRANCHES, Dunshee de. *A illusão brasileira (justificação histórica de uma attitude)*. 3. ed. Rio de Janeiro: Imprensa Nacional, 1917.

ADORNO, T. W. "O fetichismo da música e a regressão da audição". In: Walter BENJAMIN et al., *Textos escolhidos*. Col. Os Pensadores. São Paulo: Abril, 1975.

ALEXANDER, Robert J. *Latin American politics and government*. Nova York: Harper & Row, 1965.

ANCONA LOPEZ, Telê. *Mário de Andrade: Ramais e caminhos*. São Paulo: Duas Cidades, 1972.

AQUINO DE FIGUEIREDO, Vicente A. "As artimanhas na busca de um consenso: O DIP, o DEIP-SP e a II Guerra Mundial", PUC/SP, 1997, mimeo.

AUGUSTO, Sérgio. *Este mundo é um pandeiro: A chanchada de Getúlio a JK*. São Paulo: Companhia das Letras, 1989.

BANDEIRA, Moniz. *Presença dos Estados Unidos no Brasil (Dois séculos de história)*. Rio de Janeiro: Civilização Brasileira, 1973.

BARNOUW, Erik. *A Tower in Babel: A History of Broadcasting in the United States to 1933*. Nova York: Oxford University Press, 1966.

BAXTER, John. *Hollywood in the Thirties*. Londres/Nova York: Tantivy Press/A. S. Barnes, 1975, 1968.

BELL-METEREAU, Rebecca Louise. *Hollywood Androgyny*. Nova York: Columbia University Press, 1985.

BEMIS, Samuel Flagg. *The Latin American Policy of the United States: An Historical Interpretation*. Nova York: Harcourt, Brace and Company, 1943.

BENAMOU, Catherine. "It's All True". In: *Orson Welles: Theater-radio-film*, catálogo da exposição, 25 de abril a 15 de maio de 1988. Nova York: New York University.

BENJAMIN, Walter. *Magia e técnica, arte e política: Ensaios sobre literatura e história da cultura, Obras escolhidas*, v. 1. São Paulo: Brasiliense, 1985.

BERLOWITZ, Leslie; DONOGHUE, Denis; MENARD, Louis. *A América em teoria*. Rio de Janeiro: Forense Universitária, 1993.

BERNSTEIN, Barton J. "The New Deal: The Conservative Achievements of Liberal Reform". In: *Towards a New Past: Dissenting Essays in American History*. Nova York: Vintage, 1960.

BILBY, Kenneth. *The General: David Sarnoff and the Rise of Communications Industry*. Nova York: Harper and Row, 1986.

BLACK, Jan Knippers. *United States Penetration of Brazil*. Filadélfia: University of Pensilvania Press, 1977.

BLUM, John M. et al. *The National Experience: A History of the United States. Part I & II*. Nova York: Harcourt Brace & World, 1963.

BOGDANOVICH, Peter. *John Ford*. Berkeley: University of California Press, 1978.

BRAISTED, Paul J. *Cultural Affairs and Foreign Relations*. Washington, D. C.: Columbia Book Publishers, 1968.

BUARQUE DE HOLANDA, Sérgio. *Considerações sobre o americanismo*. In: *Cobra de vidro*. São Paulo: Perspectiva, 1978.

BURLIGAME, Roger. *A sexta coluna*. Rio de Janeiro: Civilização Brasileira, 1964.

CABRAL, Sérgio. *No tempo de Ary Barroso*. Rio de Janeiro: Francisco Alves, [s. d.].

CANDIDO, Antonio. *A dialética da malandragem*. São Paulo: Revista do Instituto de Estudos Brasileiros, 1970.

CARDOSO JUNIOR, Abel. *Carmen Miranda: A cantora do Brasil*. Sorocaba: edição particular do autor, 1978.

CARONE, Edgard. *A Terceira República (1937-1945)*. Col. Corpo e Alma do Brasil. São Paulo/Rio de Janeiro: Difel, 1976.

CASCUDO, Luís da Câmara. *História de nossos gestos*. Belo Horizonte/São Paulo: Itatiaia/Edusp, 1987. (Reedição: São Paulo, Editora 34, 2000.)

_______. *Sociologia do açúcar (Pesquisa e dedução)*. Rio de Janeiro: Coleção Canavieira, nº 5, Divulgação do MIC, Instituto do Açúcar e do Álcool-Divisão Administrativa, Serviço de Documentação, 1971.

_______. *História da alimentação no Brasil*. Belo Horizonte/São Paulo: Itatiaia/Edusp, 1979. v. 1.

_______. *Locuções tradicionais no Brasil*. Recife: Universidade Federal de Pernambuco, 1970.

CASTELLO, José. *Vinicius de Moraes — O poeta da paixão — Uma biografia*. São Paulo: Companhia das Letras, 1994.

CHASE JR., Francis. *Sound and Fury*. Nova York/Londres: Harper and Brothers, 1942.
COBBS, Elizabeth A. *The Rich Neighbor Policy: Rockefeller and Kaiser in Brazil*. New Haven: Yale University, 1992.
COLBY, Gerard; DENNETT, Charlotte. *Thy Will Be Done. The Conquest of the Amazon: Nelson Rockefeller and Evangelism in the Age of Oil*. Nova York: Harper Collins Publishers, 1995.
CONSIDINE, B. *Bob Ripley, The Modern Marco Polo*. Garden City, NY: Double Day, 1961.
COWIE, Peter. *Hollywood 1920-1970*. Nova York: A. S. Barnes, 1977.
CULBERT, David Holbrook. *News for Everyman: Radio and Foreign Affairs in Thirties America*. Westport, Conn.: Greenwood Press, 1976.
_______; WOOD, Richard E. *Film and propaganda in America: A Documentary History*. Nova York: Greenwood Press, 1990.
DALLEK, Robert. *Franklin D. Roosevelt and American Foreign Policy, 1932--1945*. Nova York: Oxford University Press, 1979.
DALTON, W. M. *The History of Radio*. Londres: A. Hilger, 1975. 3 v.
DA MATTA, Roberto. "On Animals in Popular Culture: Brazil and the United States", apresentado no encontro *Popular Culture: America and the World*, promovido pelo Wilson Center, Washington, D. C., outubro de 1998.
DAVIES, Ronald Edward George. *A History of the World's Airlines*. Nova York/Londres: Oxford University Press, 1964.
DE CICCO, Cláudio. *Hollywood na cultura brasileira*. São Paulo: Convívio, 1979.
DE CONDE, Alexander. *Herbert Hoover's Latin American Policy*. Stanford: Stanford University Press, 1951.
DESMOND, James. *Nelson Rockefeller: A Political Biography*. Nova York: Macmillan, [1964].
DIVINE, Robert A. et al. *America: Past and Present*. 2. ed. Glenview: Foresman/L. Brown, 1990. 2 v.
DOOLEY, Roger Burke. *From Scarface to Scarlett: American Films in the 1930's*. San Diego: Harcourt Brace Jovanovich, 1984.
DORFMAN, Ariel; MATTELART, Armand. *Para ler o Pato Donald: Comunicação de massa e colonialismo*. Trad. Álvaro de Moya. Rio de Janeiro: Paz e Terra, 1980.
DOZER, Donald M. *Are We Good Neighbors?* Gainsville, Florida: University of Florida Press, 1959.
DUNER, Bertil. *Cultural Dimensions of Dependency: The Interamerican System*. Uppsala: Uppsala University, 1973.
DUNLOP, Richard. *Donovan, America's Master Spy*. Chicago: Rand McNally, 1982.
DUR, Philip F. *Jefferson Caffery of Louisiana: Ambassador of Revolutions — An*

Outline of His Career. Lafayette: University of Southwestern Louisiana Libraries, 1982.
EISENBERG, Peter Louis. *Guerra Civil americana*. São Paulo: Brasiliense, 1982.
ELDER, Robert Ellsworth. *The Information Machine: The United States Information Agency and American Foreign Police*. Nova York: Syracuse University Press, 1968.
ESPINOSA, J. Manuel. *Inter-American Beginnings of U. S. Cultural Diplomacy 1936-1948*. Rio de Janeiro: Civilização Brasileira, 1973.
FAIRBANKS JR., Douglas. *The Salad Days: An Autobiography*. Londres: Collins, 1988.
FEJES, Fred. *Imperialism, Media and Good Neighbor. New Deal Foreign Policy and United States Short-wave Broadcasting to Latin American*. Nova Jersey: Ablex Publishing Corporation, 1986.
FERRO, Marc. *Cinema e história*. Rio de Janeiro: Paz e Terra, 1992.
FISH, Hamilton. *FDR: The Other Side of the Coin. How We Were Tricked into World War II*. Nova York: Vintage Press, 1979.
FONSECA, Pedro Cezar Dutra. *Vargas: Capitalismo em construção (1906-1954)*. São Paulo: Brasiliense, 1989.
FONTAINE, Roger W. *Brazil and the United States: Toward a Maturing Relationship*. Washington: American Enterprise Institute for Policy Research, 1974.
FRANK, Waldo. *South American Journey*. Nova York: Durell, Sloan and Pearce, 1943.
FRY, Peter. *Para inglês ver*. Rio de Janeiro: Zahar, 1982.
FRYE, Alton. *Nazi German and the American Hemisphere, 1933-1941*. New Haven: Yale University Press, 1967.
FURTADO, Celso. *A hegemonia dos Estados Unidos e o subdesenvolvimento da América Latina*. Rio de Janeiro: Civilização Brasileira, 1973.
GALBRAITH, John Kenneth. *Uma vida em nossos tempos*. 2. ed. Brasília: Ed. da UnB, 1986.
GANDAVO, Pero de Magalhães. *História da província de Santa Cruz e Tratado da Terra do Brasil*. Introd. de Capistrano de Abreu. Col. Cadernos de História, dir. Brasil Bandecchi. São Paulo: Obelisco, [s. d.].
GANNON, Michael. "Invade Brazil". *Proceedings: US Naval Institute*, vol. 125, 10, 1160, outubro de 1999.
GANTENBEIN, James W. (Org.). *The Evolution of our Latin American Policy: A Documentary Record*. Nova York: Octagon Books, 1971.
GELLMAN, Irwin F. *Good Neighbor Diplomacy: United States Policies in Latin America, 1933-1945*. Baltimore: Johns Hopkins University, 1956.
GERSTLE, Gary. "Inventing Liberal Traditions in America, 1900-1945", paper. Washington, D. C.: The Catholic University of America, fevereiro de 1992.
_______. *Working-class Americanism: The Politics of Labor in a Textile City, 1914-1960*. Nova York: Cambridge University Press, 1989.

GIL, Federico G. *Latin American-United States Relations*. Nova York: Harcourt Brace Jovanovich, 1971.

GIL-MONTERO, Martha. *Carmen Miranda, a Pequena Notável*. Rio de Janeiro: Record, [s. d.].

GILMAN, Nils. *Mandarins of the Future: Modernization Theory in the Cold War America*. Baltimore: Johns Hopkins University Press, 2003.

GOLDMAN, Eric F. *The Crucial Decade: America, 1945-1955*. McClelland: A. A. Knopf, 1956.

GRAMSCI, A. *Maquiavel, a política e o Estado moderno*. Rio de Janeiro: Civilização Brasileira, 1976.

GREEN, Fitzhugh. *American Propaganda Abroad*. Nova York: Hippocrene Books, 1988.

GUERRANT, Edward O. *Roosevelt's Good Neighbor Policy*. Albuquerque: University of New Mexico Press, 1950.

HAINES, Gerald K. *The americanization of Brazil: A Study of US Cold War Diplomacy in the Third World, 1945-1954*. Wilmington: Delaware, SR Books, 1989.

HAMILTON, Alexander; MADISON, James; JAY, John. *The Federalist Papers*. Nova York: Mentor Book, 1961.

HANDERSON, John William. *The United States Information Agency*. Nova York: Praeger, [1969].

HELE, Julian Anthony Stuart. *Radio Power: Propaganda and International Broadcasting*. Filadélfia: Temple University Press, 1975.

HERF, Jeffrey. *O modernismo reacionário: Tecnologia, cultura e política na República de Weimar e o III Reich*. São Paulo/Campinas: Ensaio/Ed. da Unicamp, 1993.

HERRING, Hubert. *Good Neighbors: Argentina, Brazil, Chile, and Seventeen Other Countries*. New Haven: Yale University Press/Oxford University Press, 1946.

HIGHAM, Charles. *Hollywood in the Fourties*. Nova York: A. S. Barnes, 1968.

HILL, Lawrence. *Diplomatic Relations between the United States and Brazil*. Nova York: Kraus Reprint Co., 1969.

HILTON, Stanley. *Oswaldo Aranha, uma biografia*. Rio de Janeiro: Objetiva, 1994.

HOLT, Robert T. *Strategic Psychological Operations and American Foreign Policy*. Chicago: University of Chicago Press, [1960].

HOOPES, Townsend. *Driven Patriot: The Life and Times of James Forrestal*. Nova York: A. A. Knopf, 1992.

HUGGINS, Nathan Irvin. *Harlem Renaissance*. Nova York: Oxford University Press, 1971.

HULL, Cordell. *The Memoirs of Cordel Hull.* Nova York: Macmillan Co., 1948. 2 v.

HUMPHREY, R. A. *Latin American and the Second World War.* Londres: Athlone, 1981. 2 v.

JACOB, Lewis. *The Rise of the American Film: A Critical History.* Nova York: Harcourt, Brace and Company, 1939.

JOHNSON, John J. *Latin American in Caricature.* Austin: University of Texas Press, 1993.

JONES, Ken D. *Hollywood at War: The American Motion Picture and World War II.* South Brunswick: A. S. Barnes, [1973].

KOPPES, Clayton R. & BLACK, Gregory D. *Hollywood Goes to War: How Politics, Profits, and Propaganda Shaped World War II Movies.* Berkeley: University of California Press, 1990.

KRAUSCHE, Valter. *Música popular brasileira: Da cultura de roda à música de massa.* Col. Tudo é História. São Paulo: Brasiliense, 1983.

LATHAM, Michael E. *Modernization as Ideology: American Social Science and "Nation Building" in the Kennedy Era.* Chapel Hill: The University of North Carolina, 2000.

LAVINE, Harold. *War Propaganda and the United States.* New Haven: Yale University Press, 1940.

LEARS, T. J. Jackson. *No Place of Grace: Antimodernism and the Transformation of American Culture, 1880-1920.* Nova York: Pantheon Books, 1981.

LESSA, Orígenes. *Reportagens.* Col. Brasil Moço. Rio de Janeiro: MEC/José Olympio, 1973.

LICHTY, Lawrence W; TOPPING, Malachi C. *American Broadcasting: A Source Book on the History of Radio and Television.* Nova York: Communication Arts Books/ Hastings House Publishers, 1975.

LIMA, Rui Moreira. *Senta a pua!* 2. ed. Belo Horizonte: Itatiaia, 1989.

LOBATO, Monteiro. *Georgismo e comunismo: O imposto único.* São Paulo: Brasiliense, 1948.

_______. *América.* São Paulo: Brasiliense, 1959.

LOPEZ, Telê Ancona. *Mário de Andrade: Ramais e caminhos.* São Paulo: Duas Cidades, 1972.

LUDDEN, Howard Rowland. *The International Information Program of the United States: State Department Years, 1945-1953.* Nova Jersey: [s. n.], 1966.

MACDONAL, J. Fred. *Don't Touch that Dial: Radio Programming in American Life 1920-1960.* Chicago: Nelson Hall, 1979.

MACMAHON, Arthur Whittier. *Memorandum on the Postwar International Information Program of the United States.* Washington, D. C.: Government Printing Office, 1945.

MAGALHÃES, Marionilde Dias Brepohl de. *Alemanha: Mãe-pátria distante; utopia pangermanista no Sul do Brasil*. Tese de doutoramento. Campinas, Unicamp, 1993.

MARCONDES FILHO, Ciro. "Imperialismo cultural, o grande vilão da destruição da 'nossa' cultura". *Comunicação e Sociedade*, n. 9. São Paulo: Cortez/ CNPq/ IMS, 1983.

MARIZ, Vasco. *Heitor Villa-Lobos, compositor brasileiro*. Rio de Janeiro: Ministério da Cultura/ Fundação Nacional Pró-Memória/ Museu Villa-Lobos, 1977.

MARTINELLO, Pedro. *A "Batalha da Borracha" na Segunda Guerra Mundial e suas consequências para o vale Amazônico*. Série "C" Estudos e Pesquisas. Rio Branco: Universidade Federal do Acre, 1988.

MARTZ, John D.; SCHOULTZ, Lars (Orgs.). *Latin American: The United States and the Inter-American System*. Bouder, Colorado: Westview Press, 1980.

MAY, Henry. *The Discontent of the Intellectuals: A Problem of the Twenties*. Chicago: Rand McNally & Co., 1970.

MCBRIDE, Joseph. *Frank Capra: The Catastrophe of Success*. Nova York: Simon & Schuster, 1992.

MCCANN JR., Frank D. *The Brazilian-American Alliance: 1937-1945*. Princeton: Princeton University Press, 1973.

_______. *Brazil and the United States during World War II and Its Aftermath: Negotiating Alliance and Balancing Giants*. Cham (Suíça): Palgrave Macmillan, 2018.

_______; FERRAZ, Francisco Cesar Alves. "A participação de brasileiros e norte-americanos na Segunda Guerra Mundial". In: MUNHOZ, Sidnei J.; SILVA, Francisco Carlos Teixeira da (Orgs.). *Relações Brasil-Estados Unidos: Séculos XX e XXI*. Maringá: Eduem, 2010.

MEIHY, José Carlos Sebe Bom. *A colônia brasilianista: História oral de vida acadêmica*. São Paulo: Nova Stella, 1990.

MELOSH, Barbara. *Engendering Culture: Manhood and Womanhood in New Deal Public Art and Theater*. Washington, D. C.: Smithsonian Institution Press, 1991.

MENEGUELLO, Cristina. *Poeira de estrelas: O cinema hollywoodiano na mídia brasileira nas décadas de 40 e 50*. Dissertação de mestrado. Campinas, Unicamp, 1992.

MOOG, Vianna. *Bandeirantes e pioneiros: Paralelo entre duas culturas*. 9. ed. Rio de Janeiro: Civilização Brasileira, 1969.

MORAES, Vinicius de. *O cinema de meus olhos*. São Paulo: Cinemateca Brasileira/ Companhia das Letras, 1991.

MORGAN, Ted. *FDR, a Biography*. Nova York: Simon and Schuster, 1985.

MORRIS, Alex Joe. *Nelson Rockefeller: A Biography*. Nova York: Harper and Brothers, 1960.

MORSE, Richard M. *O espelho de Próspero: Cultura e ideias nas Américas*. São Paulo: Companhia das Letras, 1986.

MOTA, Carlos Guilherme. "Cultura e Política da Boa Vizinhança: Dois artistas norte-americanos no Brasil". In: COGGIOLA, O. (Org.). *Segunda Guerra Mundial — Um balanço histórico*. São Paulo: FFLCH-USP, 1995.

MOURA, Gerson. *Tio Sam chega ao Brasil*. São Paulo: Brasiliense, 1984.

_______. *Sucessos e ilusões — Relações internacionais do Brasil durante e após a Segunda Guerra Mundial*. Rio de Janeiro: Ed. da FGV, 1991.

NARS, Edson Luís. *Um olhar sobre o Brasil pelas lentes de Jean Manson: De JK a Costa e Silva*. Tese de mestrado. Araraquara, Unesp, 1996.

NETO, Lira. *Getúlio: Do governo provisório à ditadura do Estado Novo (1930--1945)*. São Paulo: Companhia das Letras, 2013.

OSTRANDER, Gilmar M. *American Civilization in the First Machine Age: 1890--1940*. Nova York: Harper Torchbooks, 1972.

PATERSON, Thomas G.; CLIFFORD, J. Garry; HAGAN, Kenneth J. *American Foreign Policy — A History — since 1900*. 3. ed. Lexington: D. C. Heath and Company, 1983.

PERSICO, Joseph E. *The Imperial Rockefeller: A Biography of Nelson A. Rockefeller*. Nova York: Simon and Schuster, 1982.

PIKE, Frederick B. *The United States and Latin America: Myths and Stereotypes of Civilization and Nature*. Austin: University of Texas Press, 1992.

_______. *FDR's Good Neighbor Policy: Sixty Years of Generally Gentle Chaos*. Austin: University of Texas Press, 1995.

_______. "Latin-America and the Inversion of United States Stereotypes in 1920's and 1930's: The Case of Culture and Nature". *The Americas: A Quarterly Review of Inter-American Cultural History*, v. XLII, n. 2, outubro de 1985. West Bethesda, MD.

PIRSEIN, Robert William. *The Voice of America: A History of the International Broadcasting Activities of the United States Government, 1940-1962*. Nova York: Arno Press, 1979.

PRADO, Eduardo. *A illusão americana*. Rio de Janeiro: Civilização Brasileira, 1933.

PRATT, Julius W. *A History of United States Foreign Policy*. 2. ed. Nova Jersey: Prentice Hall Inc./Englewood Cliffs, 1965.

RADLER, Don H. *El Gringo: The Yankee Image in Latin America*. Filadélfia: Chilton Co., Book Division, [1962].

RADOSH, Ronald; ROTHBAR, Murray N. "The Myth of New Deal". In: *A New*

History of Leviathan. Essays on the Rise of American Corporate State. Nova York: E. P. Dutton, 1972.

RAMA, Angel. *A Cidade das Letras.* São Paulo: Brasiliense, 1985.

RANGEL GUEVARA, Carlos. *The Latin Americans: Their Love-Hate Relationship with the United States.* Nova York: Harcourt Brace Joanovich, 1977.

REICH, Cary. *The Life of Nelson A. Rockefeller: Worlds to Conquer, 1908-1958.* Nova York: Doubleday, 1996.

RENOV, Michael. *Hollywood's Wartime Woman: Representation and Ideology.* Ann Arbor, Mich.: UMI Research Press, 1988.

RIBEIRO, Darcy. *As Américas e a civilização.* Rio de Janeiro: Civilização Brasileira, 1970.

RIVAS, Darlene. *Missionary Capitalist: Nelson Rockefeller in Venezuela.* Chapel Hill: The University of North Carolina Press, 2002.

ROBERTSON, James Oliver. *American Myth, American Reality.* Nova York: Hill & Wang, 1980.

ROBINSON, David. *Hollywood in the Twenties.* Nova York: A. S. Barnes, [1968].

ROCHA, Fernando Corrêa. *Cartas de um piloto de caça: O treinamento e o combate 1943-1945.* Rio de Janeiro: Ouro Sobre Azul, 2012.

RODÓ, José Enrique. *Ariel.* Campinas: Ed. da Unicamp, 1991, p. 69.

ROLO, Charles J. *Radio Goes to War.* Nova York: G. P. Putnam's Sons, 1942.

ROSENBAUM, Robert A. *The Penguin Encyclopedia of American History.* Nova York: Penguin, 2003.

ROTAGNO, Irene. "Waldo Frank's Crusade for Latin American Literature". *The Americas: A Quarterly Review of Inter-American Cultural History,* v. LXLVI, n. 1, julho de 1989, Washington D. C.: The Catholic University of America, pp. 41-69.

ROWLAND, Donald, W. (Org.). *History of the Office of the Coordinator of Inter--American Affairs: Historical Report on War Administration.* Washington, D. C.: U. S. Government Printing Office, 1947.

RUIZ GARCIA, Enrique. *America Latina Hoy II.* 2. ed. Madri: Guadarrama, 1971.

SALUN, Alfredo Oscar. *Zé Carioca vai à guerra.* Dissertação de mestrado. PUC/SP, 1996.

SARAIVA, Gumercindo. *Câmara Cascudo, musicólogo desconhecido.* Recife: Companhia Editora de Pernambuco, 1969.

SARRIS, Andrew. *Politics and Cinema.* Nova York: Columbia University Press, 1978.

SCHILLER, Herbert I. *Communication and Cultural Domination. White Plaine.* Nova York: International Arts and Sciences Press, 1976.

______. *Mass Communications and American Empire.* Boston: Beacon Press, 1971.

SCHNAIDERMAN, Boris. *Guerra em surdina: Histórias do Brasil na Segunda Grande Guerra*. São Paulo: Brasiliense, 1985.

SCHULMAN, Holly Cowan. *The Voice Of America: Propaganda and Democracy, 1941-1945*. Madison: University of Wisconsin Press, 1990.

SEITENFUS, Ricardo Antônio Silva. *O Brasil de Getúlio Vargas e a formação dos blocos: 1930-1942 — o processo do envolvimento brasileiro na II Guerra Mundial*. São Paulo: Companhia Editora Nacional, 1985.

SETTEL, Irving. *A Pictorial History of Radio*. Nova York: Grosset & Dunlap Publishers, 1967.

SEVERIANO, Jairo; MELLO, Zuza Homem de. *A canção no tempo: 85 anos de músicas brasileiras*. São Paulo: Ed. 34, 1997. 2 v.; v.1: 1901-57.

SHEINA, Robert L. *Latin America: A Naval History 1810-1987*. Annapolis: Naval Institute, 1987.

SHERWOOD, Robert E. *Roosevelt e Hopkins: Uma história da Segunda Guerra Mundial*. Brasília/Rio de Janeiro: Ed. da UnB/ Nova Fronteira/Faculdade da Cidade Editora, 1998.

SHINDLER, Colin. *Hollywood Goes to War: Films and American Society, 1939-1952*. Londres/Boston: Routledge & Kegan Paul, 1979.

SHUSTER, George N. "The Nature and Development of the United States Culture Relations". In: BRAISTED, Paul, J. (Org.). *Cultural Affairs and Foreign Relations*. Washington, D. C.: [s. n.], 1968.

SKLAR, Robert. *Movie-Made America: A Social History of American Movies*. Nova York: Random House, [1975].

_______. *Movie-Made America: A Cultural History of American Movies*. Nova York: Vintage Books, 1976.

SMITH, Bradley F. *The Shadow Warriors: OSS and the Origins of the CIA*. Nova York: Basic Books, 1983.

SMITH, Joseph. *Unequal Giants: Diplomatic Relations Between the United States and Brasil, 1889-1930*. Pittsburg: University of Pittsburg, 1991.

SOLEY, Lawrence C. *Radio Warfare: OSS and CIA Subversive Propaganda*. Nova York: Praeger, 1989.

SONTAG, Susan. "Fascinante fascismo". In: *Sob o signo de Saturno*. 2. ed. Porto Alegre/São Paulo: L&PM, 1986.

SORENSEN, Thomas C. *The Word War: The Story of American Propaganda*. Nova York: Harper & Row, [1968].

SPEARS, Jack. *Hollywood: The Golden Era*. South Brunswick: A. S. Barnes, [1971].

STEARNS, Marshall W. *The Story of Jazz*. Nova York: Mentor Book/New American Library, 1968.

SUMMERS, Harrison Boyd. *A Thirty-Year History of Programs Carried on National*

Radio Networks in the United States, 1926-1956. Nova York: Arno Press, 1971.

SUSMAN, Warren I. *Culture as History: The Transformation of American Society in the Twentieth Century*. Nova York: Pantheon, 1973.

SYRETT, Harold C. *Documentos históricos dos Estados Unidos*. São Paulo: Cultrix, 1960.

TERKEL, Studs. *The Good War: An Oral History of World War II*. Nova York: Pantheon Books, 1984.

THONSON, Charles Alexander; LAVES, H. C. *Cultural Relations and US Foreign Policy*. Bloomington: Indiana University Press, 1963.

TINHORÃO, José Ramos. *Música popular: Um tema em debate*. São Paulo: Ed. 34, 1997.

TOCQUEVILLE, Alexis de. *A democracia na América*. Belo Horizonte/São Paulo: Itatiaia/Edusp, 1977.

TOWSSEND, Joyce Carol. *Bureaucrating Politics in American Decision Making: Impact on Brazil*. Washington, D. C.: University Press of America, 1982.

TRASK, David F.; MEYER, Michael C. (Org.). *Bibliography of United States: Latin American Relations since 1810*. Lincoln: University of Nebraska Press, 1979.

TYSON, James L. *US International Broadcasting and National Security*. Nova York: Ramapo Press/National Security Information Center, 1983.

VARGAS, Getúlio. *Diário*. Rio de Janeiro/São Paulo: FGV-Siciliano, 1995. v. 2: *1937-1942*.

VASCONCELLOS, Gilberto Felisberto. *1994, trinta anos depois*. Juiz de Fora: Universidade Federal de Juiz de Fora, 1994.

_______. *O príncipe da moeda*. Rio de Janeiro: Espaço e Tempo, 1997.

VERISSIMO, Erico. *Gato preto em campo de neve*. Porto Alegre: Globo, 1984.

VIANNA, Luiz W. "Americanistas e iberistas: A polêmica de Oliveira Vianna com Tavares Bastos". *Dados* (*Revista de Ciências Sociais*), v. 34, n. 2, 1991.

_______. *A revolução passiva: Iberismo e americanismo no Brasil*. Rio de Janeiro: Revan/Iuperj, 1997.

VIANNA, Oliveira. "O *melting pot* e seus métodos de análise matemática". In: *Raça e assimilação* (*I Problema da raça. II Problema da assimilação*). 4. ed. Rio de Janeiro: José Olympio, 1959 (1ª ed. 1932).

VIRILLO, Paul. *Guerra e cinema*. São Paulo: Scritta, 1993.

WATTS, Steven. "Walt Disney: Art and Politics in the American Century". *The Journal of American History*, v. 82, n. 1, junho de 1995. Bloomington: Organization of American Historians.

WEBB, Michael. *Hollywood, Legend and Reality*. Boston: Little, Brown/Smithsonian Institution Traveling Exhibition Service, 1986.

WECHSLER, James Arthur. *Institute for Propaganda Analysis*. New Haven: Yale University Press, 1940.
WELLES, Benjamin. *Sumner Welles: FDR's Global Strategist*. Nova York: St. Martin's Press, 1997.
WELLES, O.; BOGDANOVICH, P.; ROSENBAUN, J. (Org.). *This is Orson Welles*. Nova York: Harper Collins Publishers, 1992.
WESSON, Robert G. *The United States and Brazil*. Nova York: Praeger, 1981.
_______. *The United States and Brazil: Limits of Influence*. Nova York: Praeger, 1981.
WHITTON, John B. *Propaganda by Short Wave Childs, Harwood Lawrence, 1898*. Londres: H. Milford/Oxford University Press, 1942.
_______; HERZ, John H. "Radio in International Politics". In: *Propaganda by Short Wave*. Princeton: Princeton University Press, 1942.
WINFIELD, Betty Houchin. *FDR and the News Media*. Urbana/Chicago: University of Illinois Press, 1990.
WINKLER, Allan M. *Home front USA: America during World War II*. Arlington Heights, Ill.: H. Davidson, 1986.
_______. *The Politics of Propaganda: The Office of War Information, 1942-1945*. New Haven: Yale University Press, 1978.
WOLL, Allen L. *The Latin Image in American Film*. Los Angeles: UCLA Latin American Center Publications, University of California, 1980.
WOOD, Bryce. *The Making of the Good Neighbor Police*. Nova York: Columbia University Press, 1961.
WOODS, Randal Bennett. *The Roosevelt Foreign Policy Establishment and Good Neighbor: US and Argentina*. Lawrence: Regent Press of Kansas, 1979.
WYLLIE, Max. *The Best Broadcasts of 1940-41*. Nova York: Whittlessy House, 1942.

ARQUIVOS

Acervo Sonoro da Agência Nacional, Divisão de Documentação Audiovisual, Arquivo Nacional, Rio de Janeiro.
Arquivo Multimeios do Centro Cultural São Paulo, Secretaria Municipal de Cultura de São Paulo.
Biblioteca Central da Faculdade de Ciências e Letras, Unesp-Araraquara.
Biblioteca Nacional, Rio de Janeiro.
Cinemateca Brasileira/IPHAN, São Paulo.
Columbia University Library, School of Library Services, Government Papers, Nova York.

CPDOC/Fundação Getúlio Vargas.
Franklin Delano Roosevelt Library, Hyde Park, Nova York.
Library of Special Projects, CBS News, Latin American Section, Nova York.
Motion Picture Division (MPD), National Archives of the United States (NAUS), Washington, D. C.
Motion Picture, Broadcasting and Recorded Sound Division (MPBRSD), Library of Congress, Washington, D. C.
Public Library, Nova York.
Rockefeller Archive Center (RAC), Terry Town, Nova York.

REVISTAS E JORNAIS

A Noite, Rio de Janeiro, 1942.
Broadcasting, Nova York, de 1939 a 1940.
Business Review and Financial Review Section (Sunday).
Chess Review, Nova York, 1945.
Diário de São Paulo, de 1940 a 1944.
Em guarda — Para a defesa das Américas, Washington, D.C., de 1941 a 1945.
Folha de S.Paulo, de 1939 a 1945.
Fortune, Nova York, 1941.
Harper's, Nova York, 1941.
O Estado de S. Paulo, de 1936 a 1943.
O Globo Juvenil, Rio de Janeiro, 1942.
Pan American Radio, Nova York, 1942.
Revista do Rádio, agosto de 1961.
Seleções do Reader's Digest, de 1942 a 1945.
The New York Times, de 1940 a 1945.
Vida Doméstica, 1943.

Créditos das imagens

Todos os esforços foram feitos para determinar a origem das fotos usadas neste livro. Nem sempre isso foi possível. Teremos prazer em creditar as fontes caso se manifestem.

1. FGV/CPDOC, Arquivo Getúlio Vargas.

2, 3 e 4. COHEN, Barbara et al. *Trylon and Perisphere: The 1939 New York World's Fair*. Nova York: Harry N. Abrams, 1989, pp. 18, 45.

5. WURTS, Richard et al. *The New York World's Fair — 1939-1940*. Nova York: Dover Publications, 1977, p. 122.

6. Franklin D. Roosevelt Library.

7, 8, 14, 15, 18 e 33. Arquivo Nacional, Fundo Agência Nacional, pp. 65, 836, 1603, 239, 1108, 1285.

9 e 11. Arquivo Nacional, fotos do *Correio da Manhã*, 26/8/41.

10. Copyright © The Disney Publishing Group.

12. REICH, Cary. *The Life of Nelson Rockefeller — Worlds to Conquer — 1908-1958*. Nova York: Doubleday, 1996. Foto cedida pelo Rockefeller Archives Center.

13. FGV/CPDOC, Arquivo Oswaldo Aranha.

16. *Fortune*, v. XXIII, n. 4, abril de 1941, p. 77.

17. *Vida Doméstica*, ano XXIV, n. 306, setembro 1943, p. 41.

19. Arquivo do autor.

20. Arquivo pessoal Jordan Young.

21. *O Estado de S. Paulo*, ano XI, n. 174, p. 11, segunda quinzena de janeiro de 1941, *Supplemento em Rotogravura*.

22, 23, 24, 26, 30 e 31. *Em Guarda*, ano IV, n. 12, capa; ano IV, n. 11, capa; ano II, n. 2, capa; ano I, n. 12, p. 25; ano III, n. 12, p. 29; ano III, n. 8, p. 38.

25. *Pan American Radio*, Nova York, 1942, p. 11.

27. Genevieve Naylor, *Faces and Places in Brazil*, seção Copacabana, foto 2.

28. "Programas de ondas curtas em português dos EE. UU. para o Brasil", anúncio. *Vida Doméstica*, ano XXIV, n. 306, setembro de 1943, p. 11.

29. Raymond Neilson, *Segunda visita de Roosevelt ao Brasil*. Óleo sobre tela. Imagem cedida por Franklin D. Roosevelt Library, Hyde Park, N.Y.

32. Associação dos Ex-Combatentes do Brasil, seção São Paulo, via Cesar Campiani Maximiano.

34. "Agora! Beba os vegetais — 8 de uma vez!", anúncio. *Seleções do Reader's Digest*, t. X, n. 57, outubro de 1946.

35. TIERNEY, Tom. *Carmen Miranda: Paper Dolls in Full Color*. Nova York: Dover Publications, 1982, pp. 1-2.

36. Arquivo do autor.

Índice onomástico

1ª EDIÇÃO [2000]

ESTA OBRA FOI COMPOSTA PELA PÁGINA VIVA EM MINION
E IMPRESSA PELA UMLIVRO EM PROCESSO DE IMPRESSÃO SOB
DEMANDA SOBRE PAPEL ALTA ALVURA DA SUZANO S.A. PARA
A EDITORA SCHWARCZ A PARTIR DE MAIO DE 2020